LOFTS LIVING & WORKING

LOFTS WOHNEN & ARBEITEN
LOFTS VIVRE ET TRAVAILLER
LOFTS WONEN & WERKEN

Edited by Macarena San Martín

Art director:
Mireia Casanovas Soley

Editorial coordination:
Simone Schleifer

Project coordination:
Macarena San Martín

Texts:
Marta Rodríguez

Layout:
Esperanza Escudero

Translations: Michael Heinrich (German), Robert Jones (English), Valérie Lavoyer (French), Mylène Delfos (Dutch)
Multilingual management: LocTeam, Barcelona

Editorial project:
2008 © LOFT Publications | Via Laietana, 32, 4.º, Of. 92 | 08003 Barcelona, Spain
Tel.: +34 932 688 088 Fax: +34 932 687 073 | loft@loftpublications.com | www.loftpublications.com

ISBN 978-84-96936-22-5   Printed in China

Cover photo: © Eugeni Pons
Back cover photo: © Jordi Miralles

LOFT affirms that it possesses all the necessary rights for the publication of this material and has duly paid all royalties related to the authors' and photographers' rights. LOFT also affirms that it has violated no property rights and has respected common law, all authors' rights and other rights that could be relevant. Finally, LOFT affirms that this book contains no obscene nor slanderous material.

The total or partial reproduction of this book without the authorization of the publishers violates the two rights reserved; any use must be requested in advance.

If you would like to propose works to include in our upcoming books, please email us at loft@loftpublications.com.

In some cases it has been impossible to locate copyright owners of the images published in this book. Please contact the publisher if you are the copyright owner of any of the images published here.

LOFTS LIVING & WORKING

LOFTS WOHNEN & ARBEITEN
LOFTS VIVRE ET TRAVAILLER
LOFTS WONEN & WERKEN

Edited by Macarena San Martín

KOLON

„Wir leben alle unter dem gleichen Himmel, aber wir haben nicht alle den gleichen Horizont."

Konrad Adenauer, deutscher Politiker

"We all live under the same sky, but we don't all have the same horizon."

Konrad Adenauer. German politician

« Nous vivons tous sous le même ciel, mais avec des horizons différents. »
Konrad Adenauer. Homme politique allemand

"We leven allen onder dezelfde hemel, maar we hebben niet allen dezelfde horizon."

Konrad Adenauer. Duits politicus

12 LOFTS WOHNEN
LIVING LOFTS
DES LOFTS POUR VIVRE
WOONLOFTS

14 N HOUSE

24 RESIDENCE IN MIAMI

34 DT LOFT

42 LAS MINAS STREET LOFT

52 LOFT IN BERGAMO

60 RESIDENCE FOR A DESIGNER

70 APARTMENT ON THE ATLANTIC COAST

76 LOFT IN CHAMBERÍ, MADRID

84 FRANKIE LOFT

92 DUPLEX IN GREENWICH VILLAGE

102 STUDIO ON MADISON AVENUE

110 PUTXET LOFT	118 NOHO LOFT
128 JORALEMON STREET LOFT	136 LOFTS ARBEITEN WORKING LOFTS DES LOFTS POUR TRAVAILLER WERKLOFTS
138 BORN DUPLEX	146 RESIDENCE IN BOGOTA

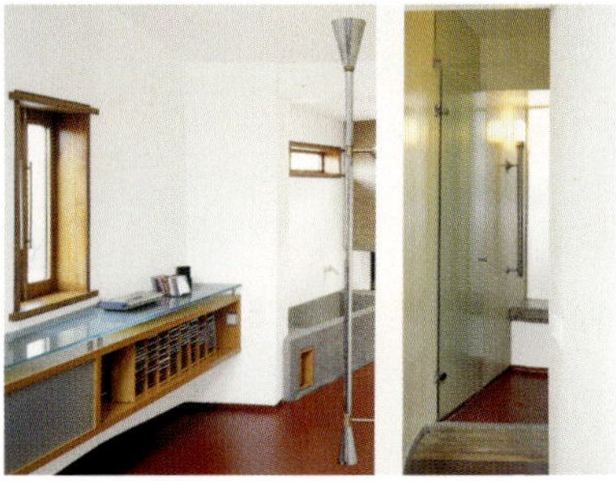

154　　STEVE HOUSE

164　　SILVIA LOFT

172　　ARCHITECT'S STUDIO

178　　LAIGUANA STUDIO

184　　WONG DOODY

192　　GREY WORLDWIDE

200 IWIN.COM

210 OLSON SUNDBERG KUNDIG ALLEN ARCHITECTS OFFICE

218 OFICINAS DE CODESA

226 LEHRER ARCHITECTS' OFFICE

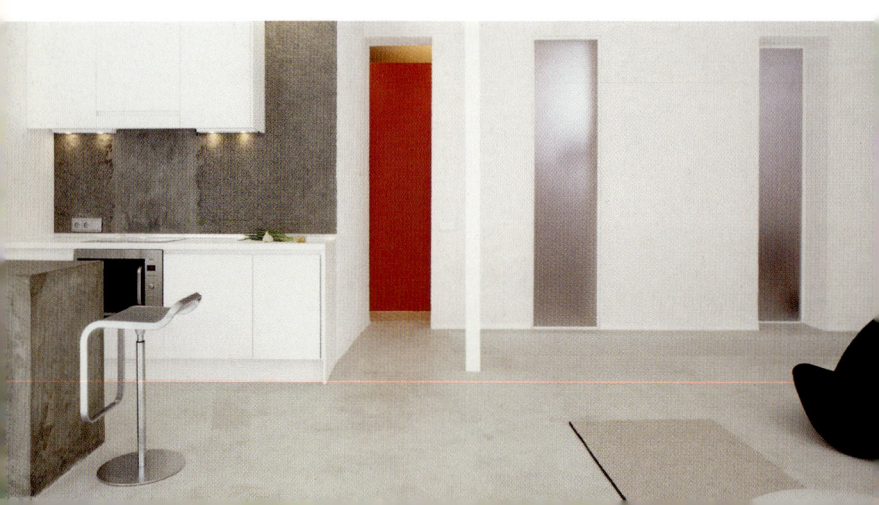

234   MINDFIELD

244   OGILVY & MATTHER

254   DIRECTORY

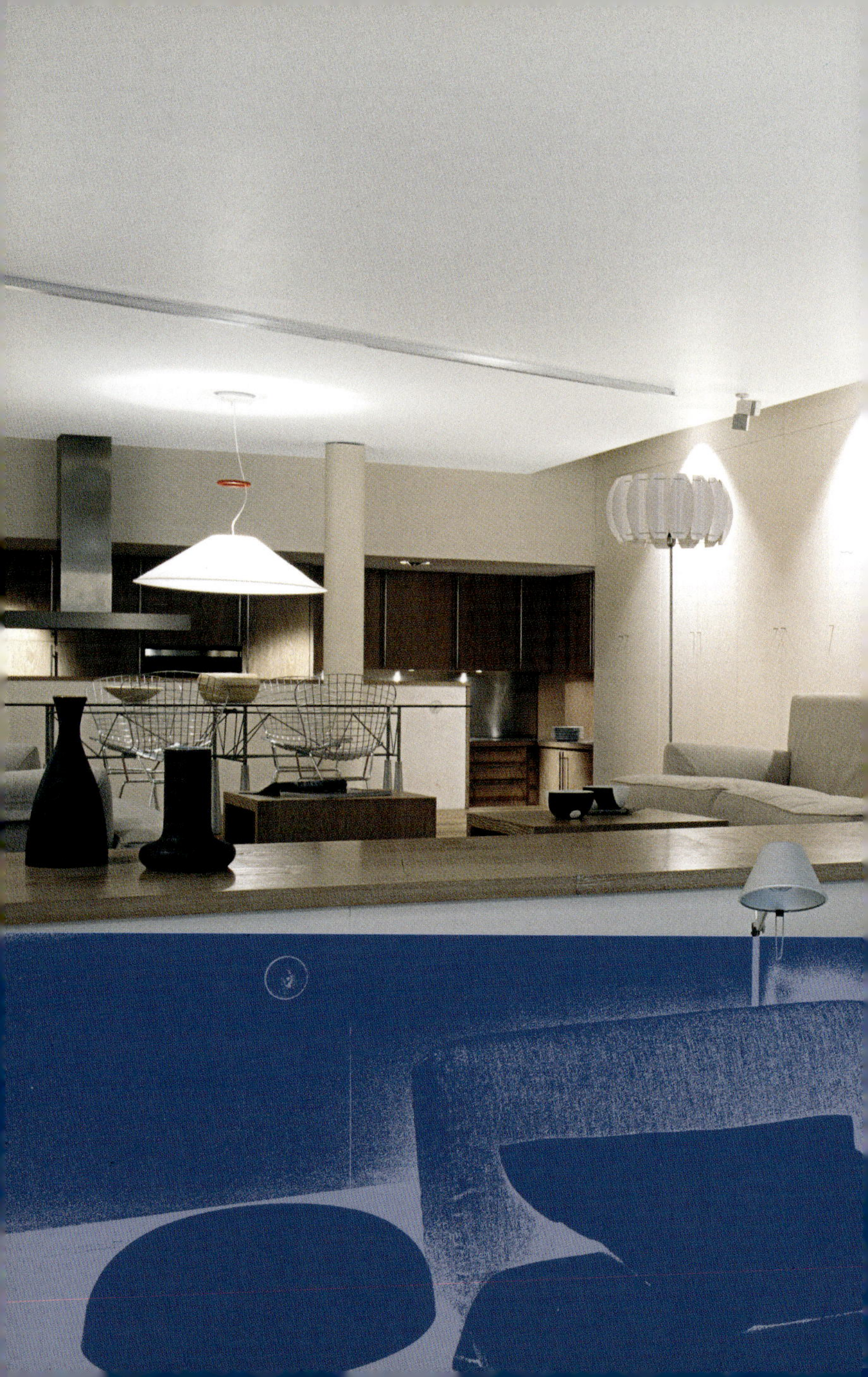

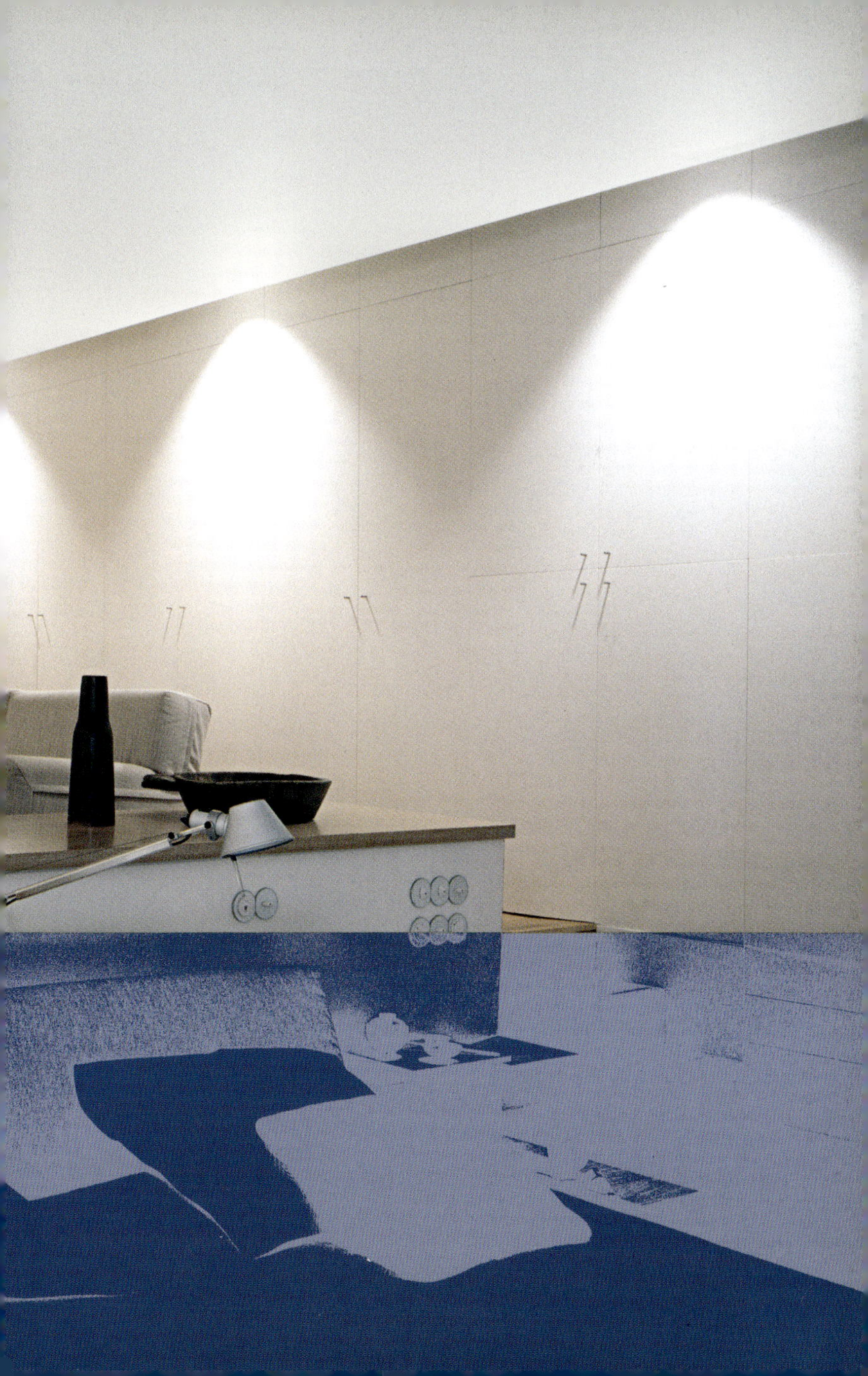

In dieser eleganten Zwei-Schlafzimmer-Wohnung wurden mit Hilfe von Paneelen verschiedene Bereiche abgegrenzt. Ein großes Innenfenster trennt Esszimmer und Wohnzimmer; ein Holzgitter trennt das Esszimmer von der Diele, und eine dritte Trennwand grenzt die Küche vom Rest der Wohnung ab. Die Farbe Weiß bildet einen Kontrast zum dunklen Holz und schafft ein vornehmes Ambiente.

This elegant two-bedroom apartment is divided by means of the panels that define its spaces. An enormous internal window separates the dining room from the living room; another panel of wooden slats separates the dining room from the loft entrance; and a third partition separates the kitchen from the rest of the home. The white contrasts with the dark-coloured wood, providing distinction.

N HOUSE
Studio Damilano

Cuneo, Italy

Dans cet élégant appartement de deux chambres, les divisions se font au moyen de panneaux qui délimitent chaque espace. Une énorme fenêtre intérieure sépare la salle à manger du salon, un panneau en lattes de bois la salle à manger de l'entrée, et une troisième division la cuisine du reste du logement. Le blanc contraste avec le bois de couleur sombre et apporte une touche de distinction.

De ruimten in dit elegante appartement met twee slaapkamers, worden van elkaar gescheiden door panelen. Een enorm binnenraam scheidt de eetkamer van de woonkamer, een ander paneel van houten latten scheidt de eetkamer van de ingang van de loft. Een derde paneel scheidt de keuken van de rest van de woning. Het wit tegenover het donkere hout geeft een mooi contrast.

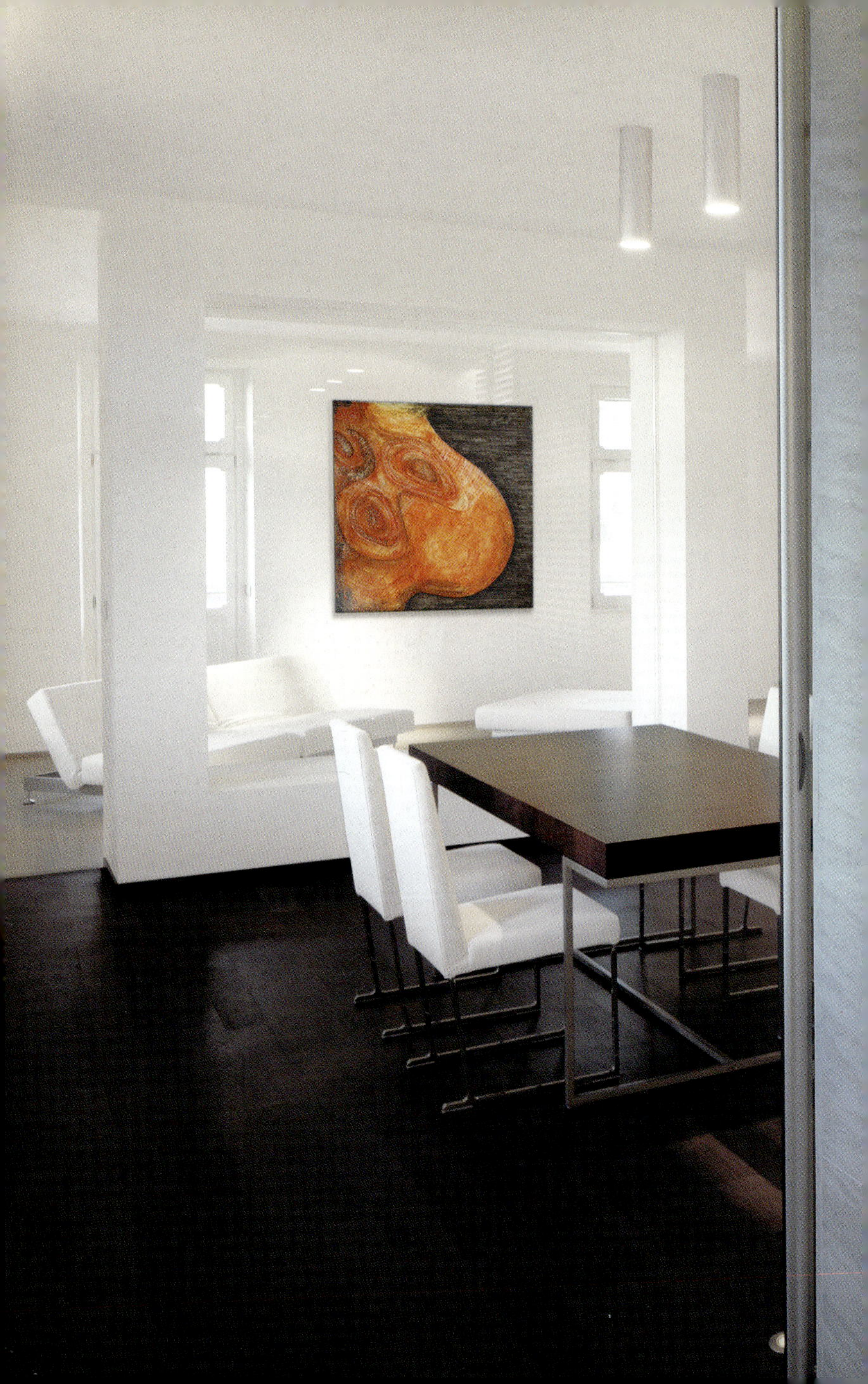

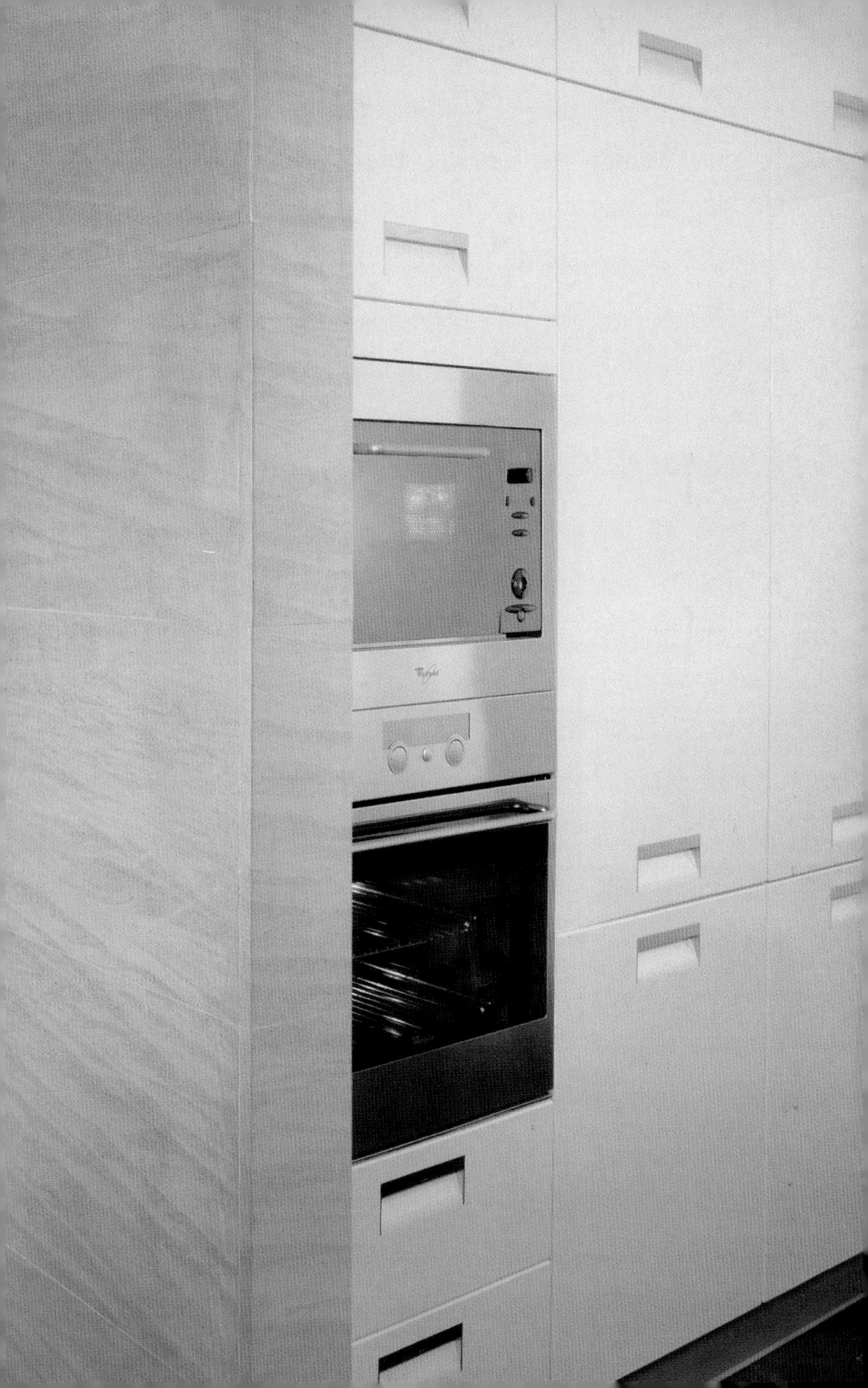

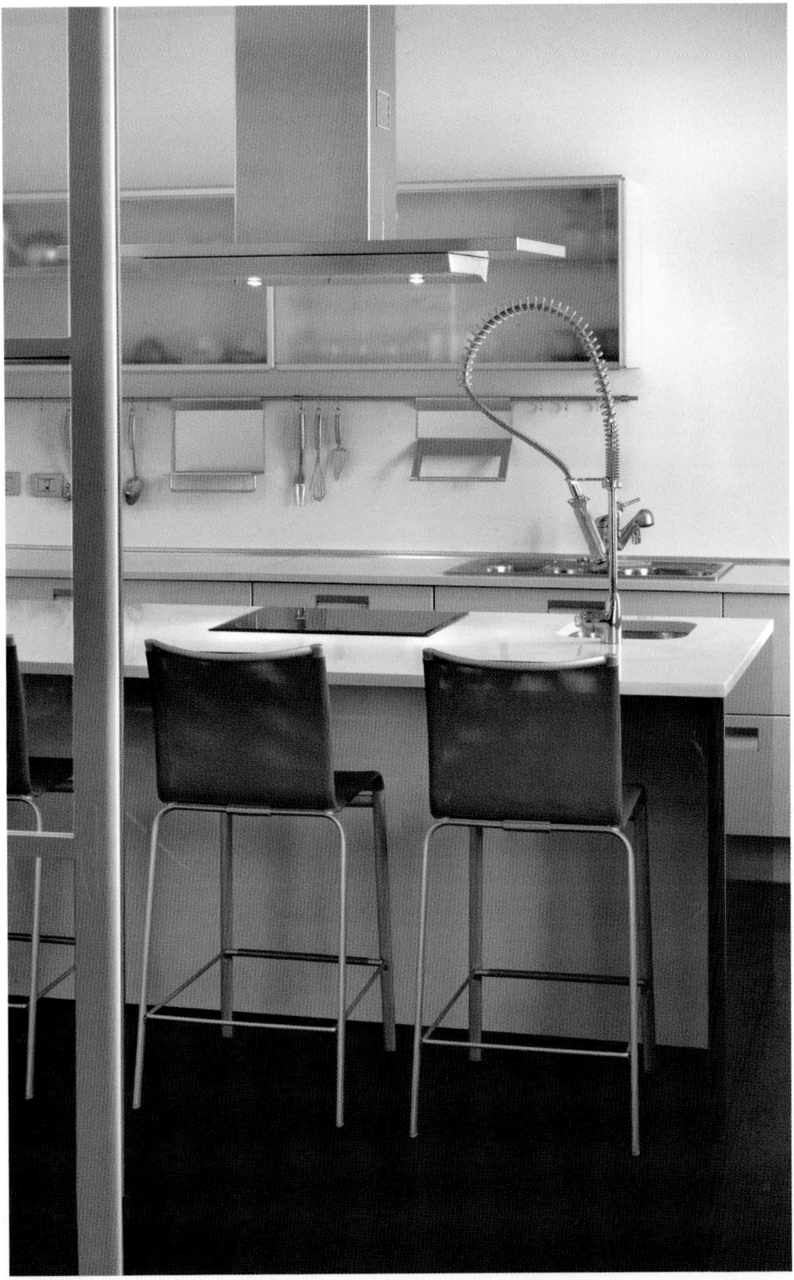

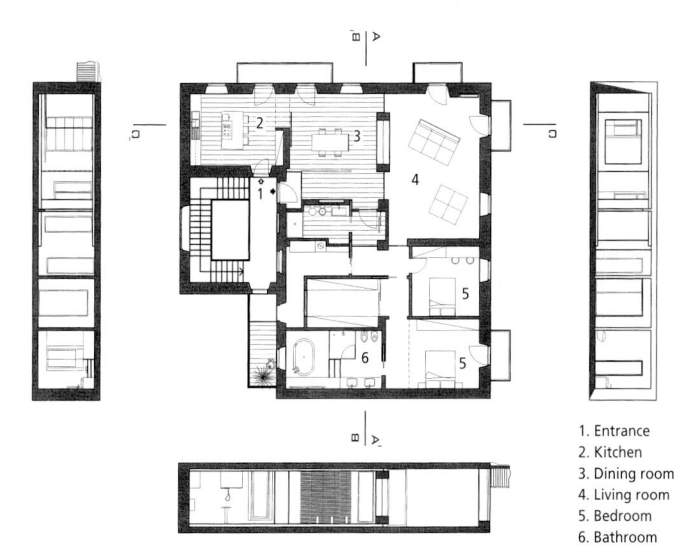

1. Entrance
2. Kitchen
3. Dining room
4. Living room
5. Bedroom
6. Bathroom

Floor plan and sections

Das dunkle Holz bildet einen Kontrast zu den Wänden und zum weißen Sofa und verleiht der Wohnung einen Hauch von Eleganz. Die Glaswände der Dusche grenzen den erhöht liegenden Badezimmer-Bereich ab.

The dark wood contrasts with the walls and white sofa, adding a touch of distinction to the home as a whole. The glass walls of the shower in turn define the bathroom area, which is located on a raised level.

Le bois sombre contraste avec les murs et le canapé blancs, ce qui donne une touche de distinction à l'ensemble. Les parois vitrées de la douche délimitent la salle de bains, située à un niveau surélevé.

Het donkere hout steekt af tegen de wanden en de witte bank, wat de hele woning een zeker aanzien geeft. De glazen wanden van de douche definiëren op hun beurt de op een verhoogd niveau geplaatste badruimte.

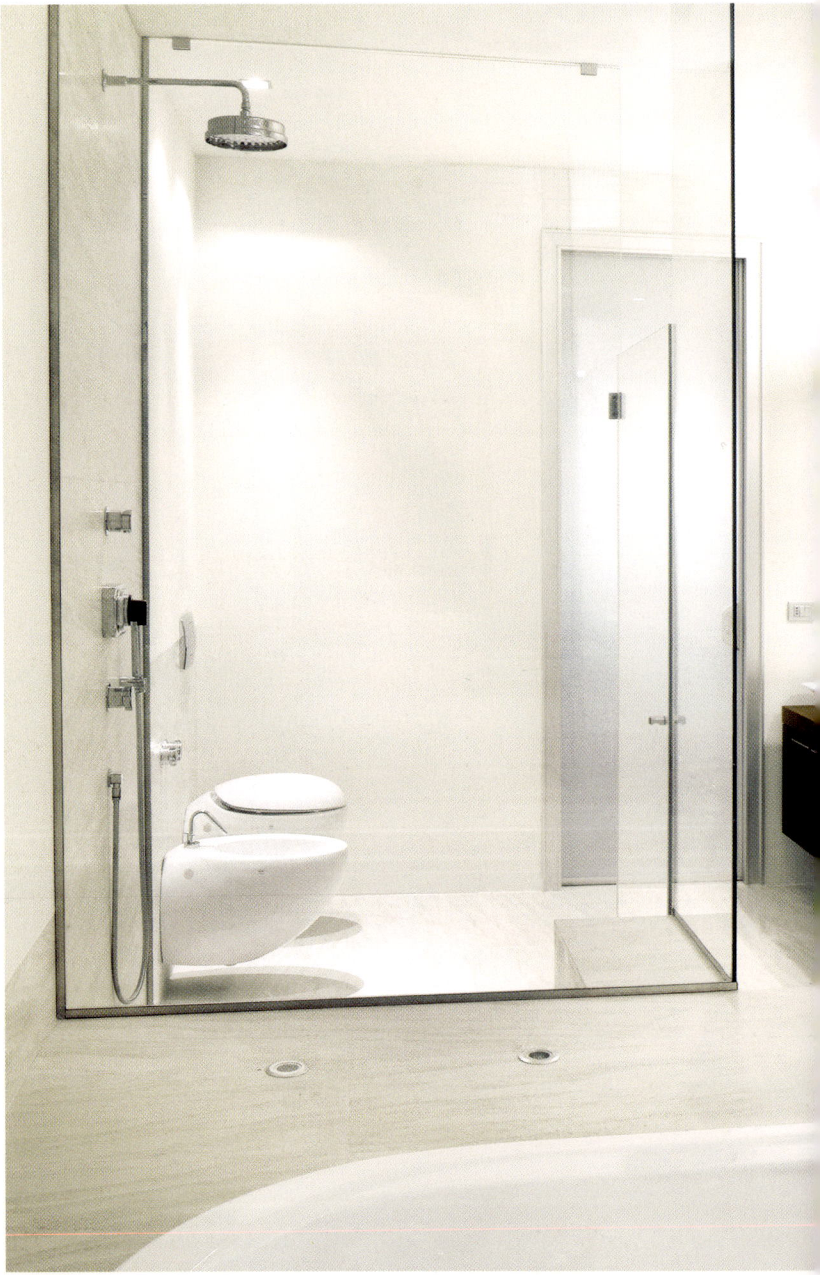

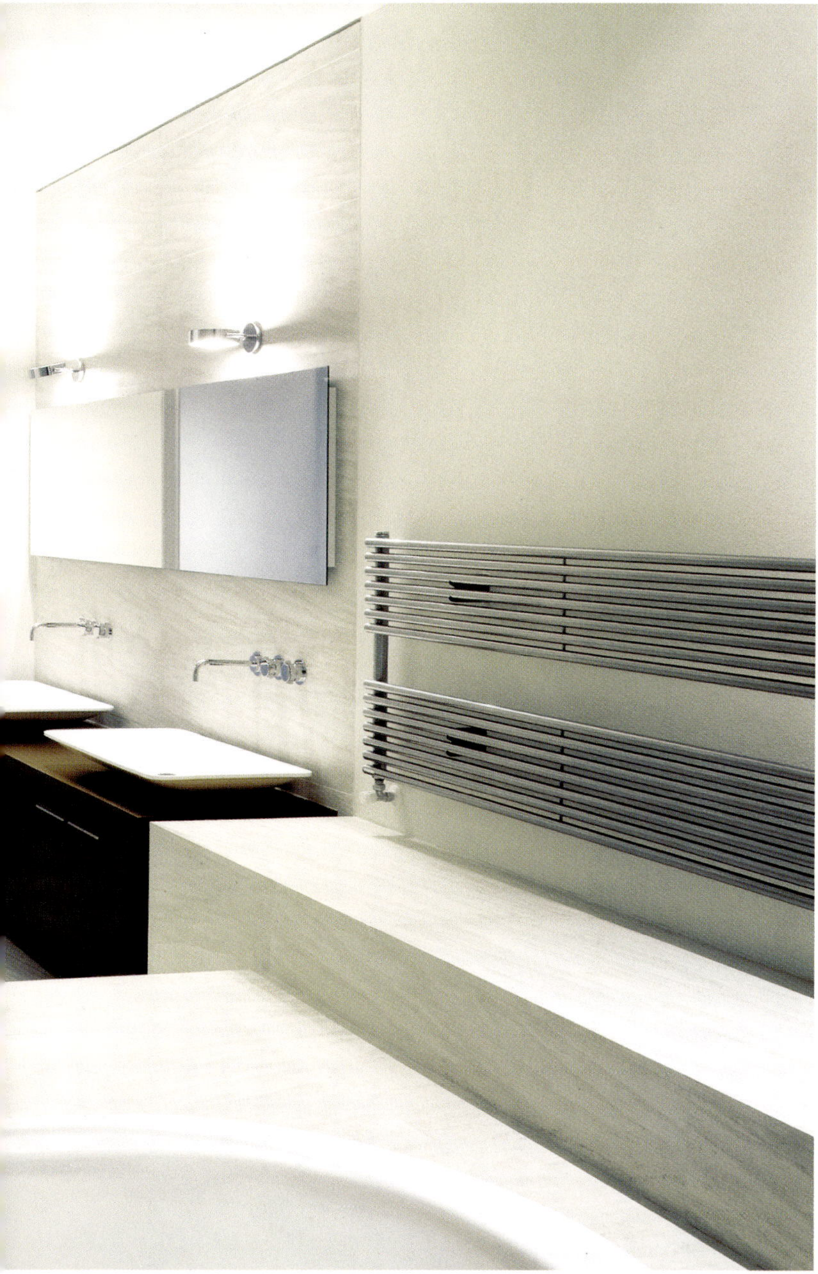

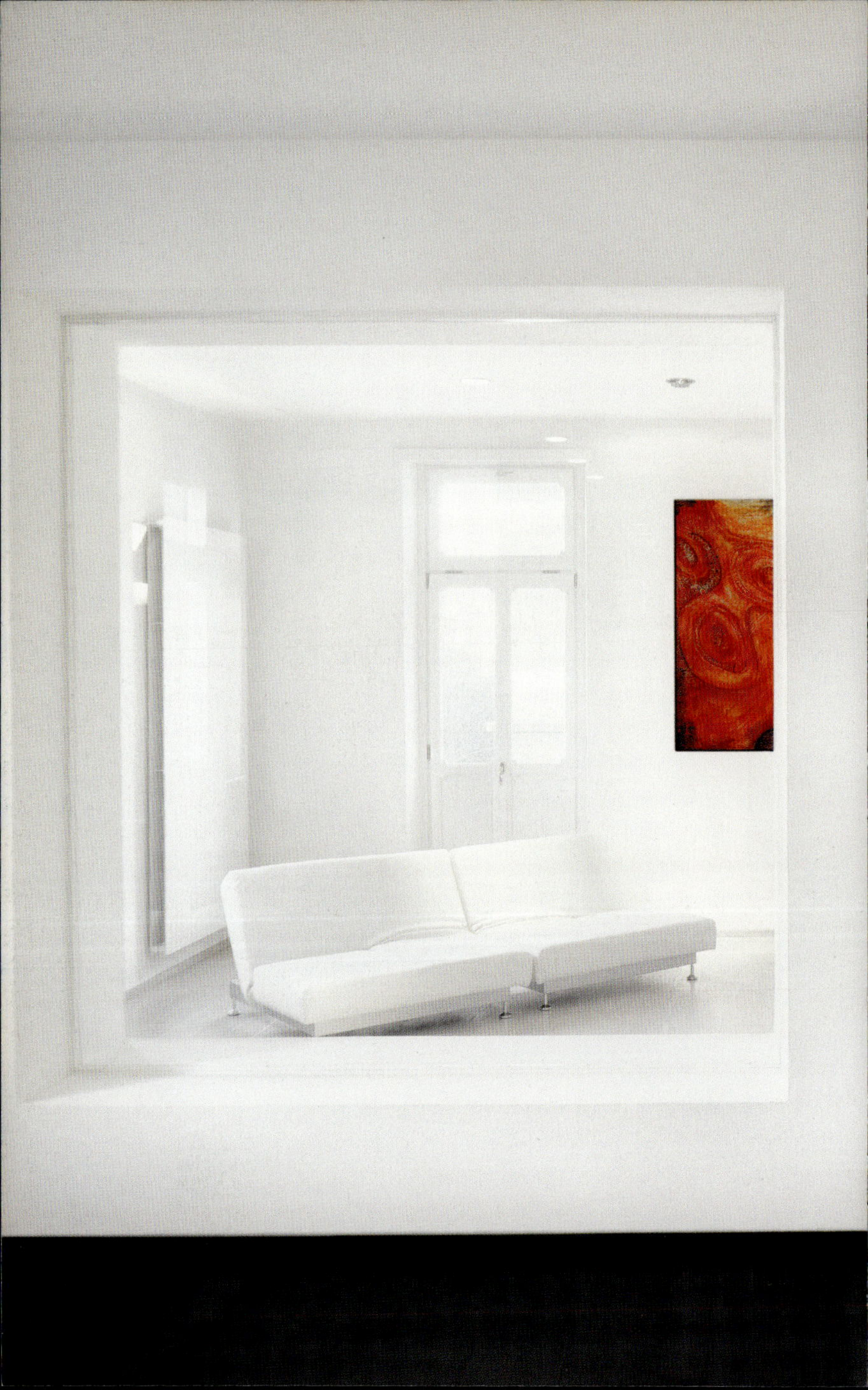

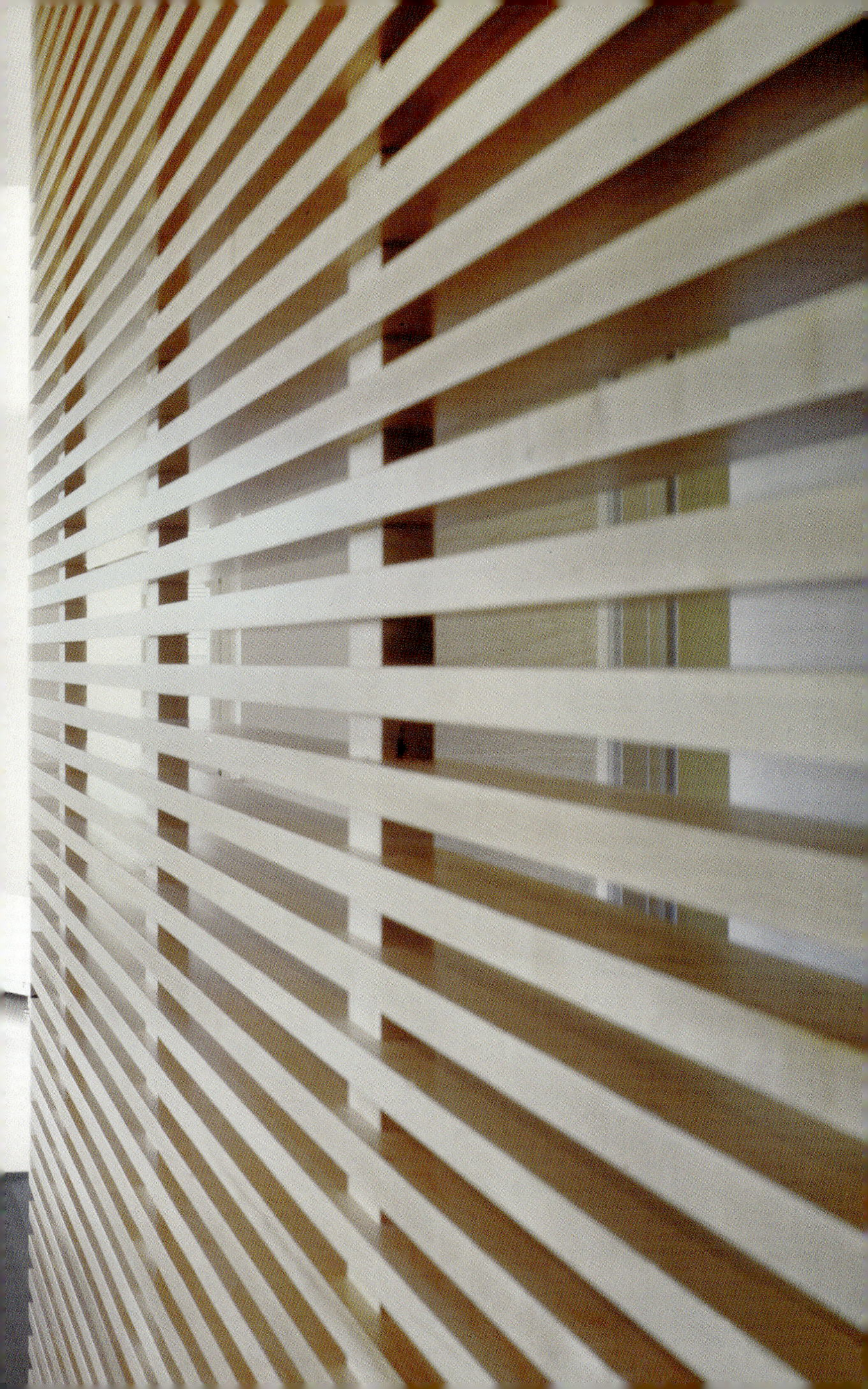

Die privilegierte Lage und Ästhetik des Gebäudes aus dem Jahr 1967 inspirierte die Einrichtung dieses Lofts. Die bestehenden Wände wurden zur Gewinnung von Nutzfläche entfernt. Für Böden und Fenster kamen polierter Zement bzw. Aluminium zum Einsatz. Die Küche liegt am Eingang, neben dem Wohn-Essbereich. Schlaf- und Badezimmer befinden sich rechts des kleinen Arbeitsbereichs.

The privileged location and aesthetics of the building, which dates back to 1967, inspired this loft's interior design. The existing walls were removed in order to gain useable space, and only polished cement was used for the floor and aluminium for the windows. The kitchen was located at the entrance, next to the living-dining room. The bedroom and bathroom are to the right of the small study.

RESIDENCE IN MIAMI
Pablo Uribe/Studio Uribe

Miami, Florida, USA

L'emplacement privilégié et somptueux de ce bâtiment, dont la construction date de 1967, a inspiré la conception intérieure du loft. Les murs ont été abattus pour gagner de l'espace utile. Tous les sols sont en ciment poli et toutes les fenêtres en aluminium. La cuisine a été installée à l'entrée, à côté du salon/salle à manger. La chambre et la salle de bains se trouvent à droite du petit studio.

De mooie locatie en schoonheid van dit gebouw uit 1967 vormde de inspiratie voor het interieurontwerp van deze loft. De wanden zijn verwijderd om bruikbare ruimte te winnen, en er is alleen gepolijst cement voor de vloer en aluminium voor de ramen gebruikt. De keuken is bij de ingang geplaatst, naast de woon-eetkamer. De slaap- en badkamer bevinden zich rechts van de kleine studeerkamer.

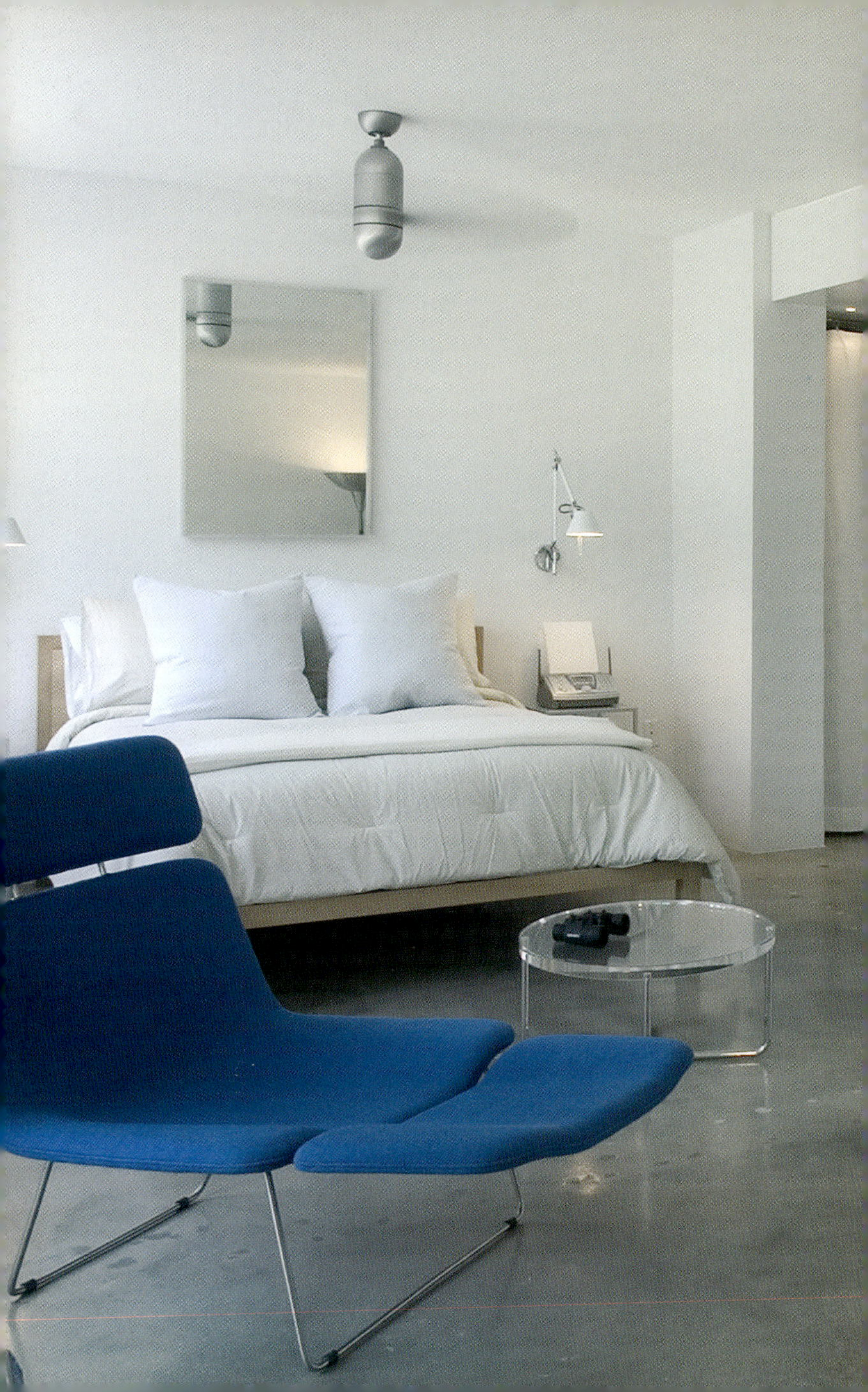

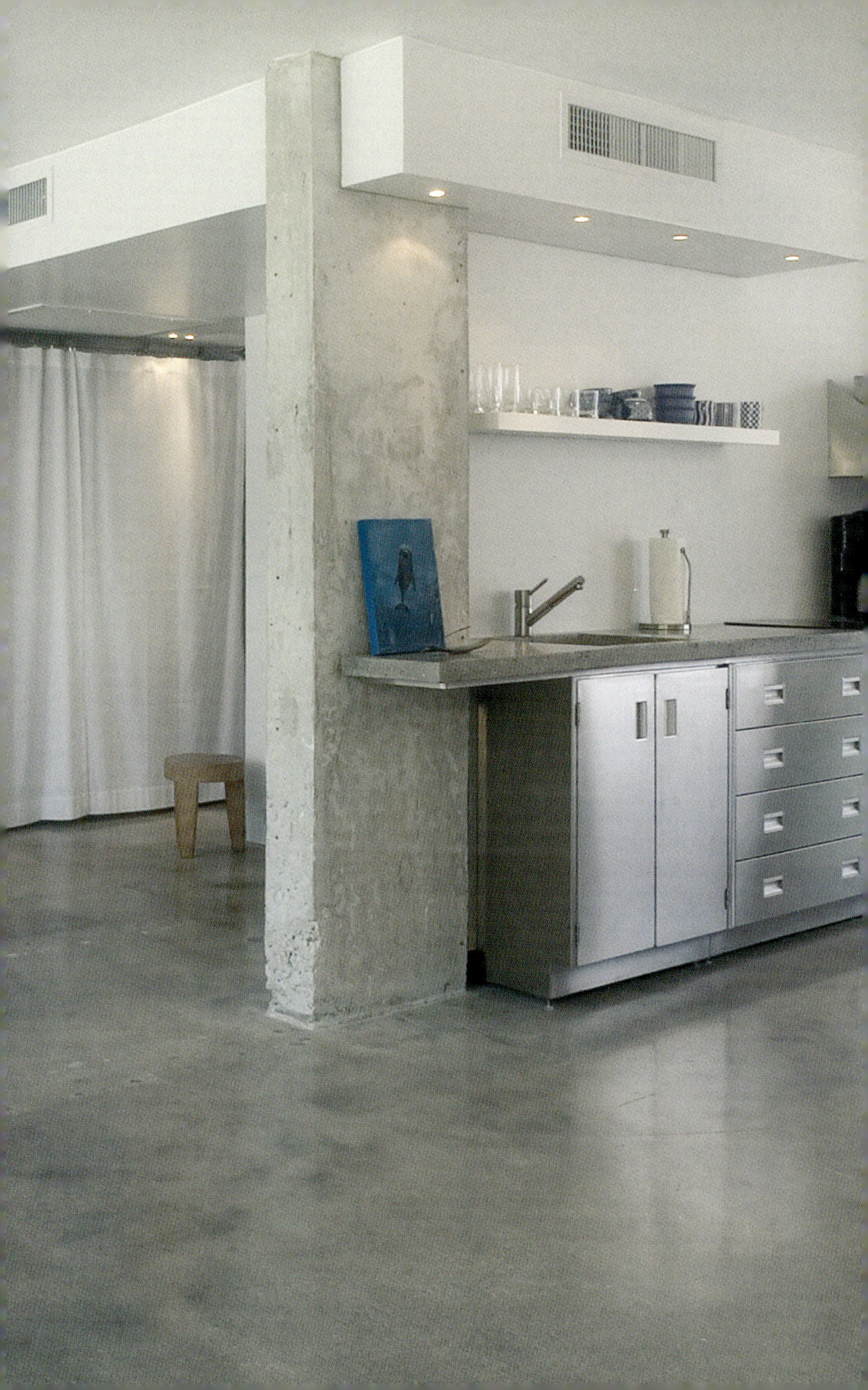

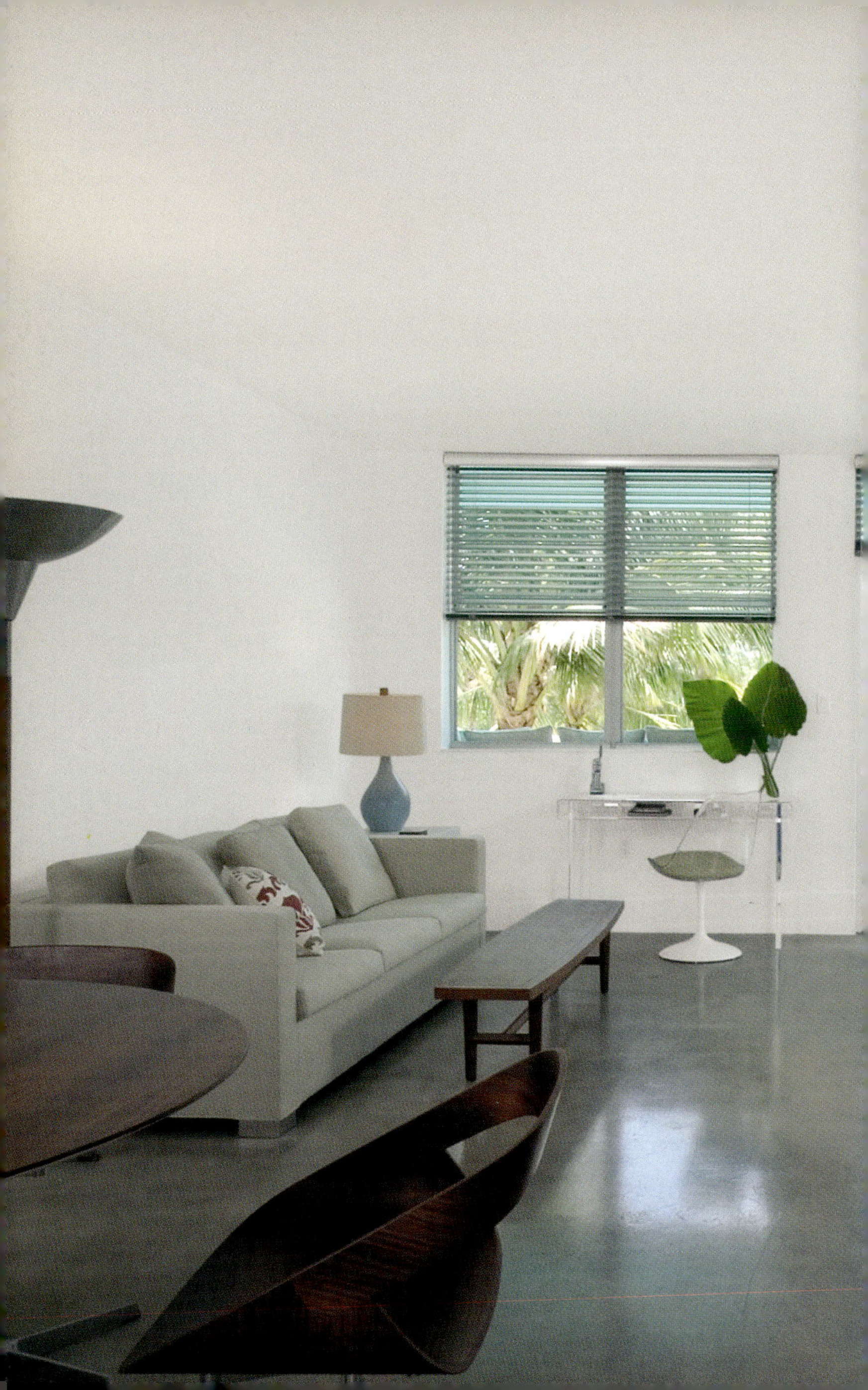

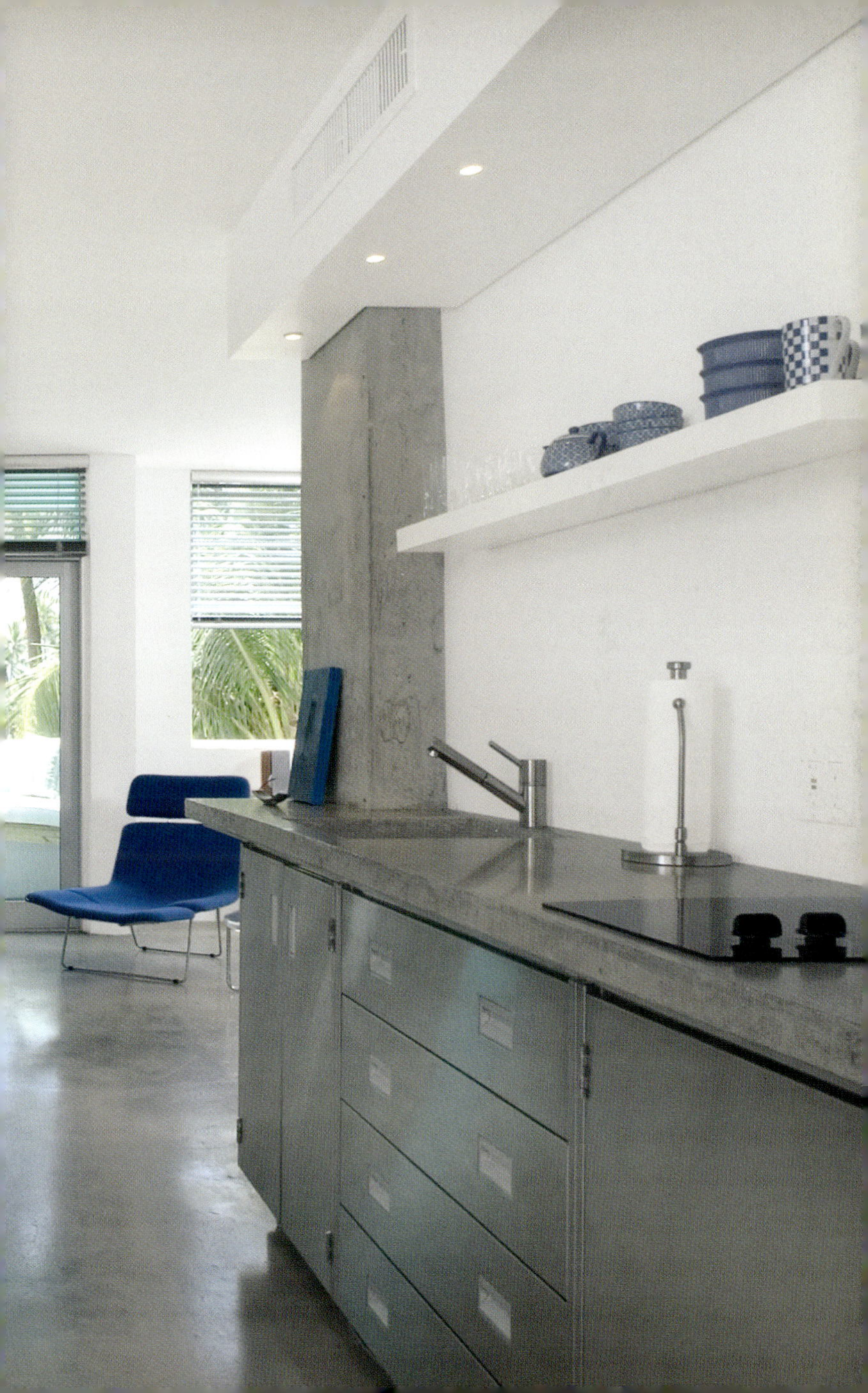

Durch die Aluminiumfenster und den polierten Zementfußboden entsteht ein schlichtes Ambiente. Die hellen Farben schaffen eine angenehme Atmosphäre; die Farbe einiger Möbelstücke sorgt für Vitalität.

The aluminium windows and polished cement floor create a simple atmosphere. The light colours create a warm setting; the colour of some pieces of the furniture adds vitality to the interior.

Les fenêtres en aluminium et le sol en ciment poli créent une atmosphère simple. Les tons clairs donnent un ensemble chaleureux et les couleurs de certains meubles ajoutent une touche de vitalité à l'intérieur.

De aluminium ramen en gepolijste cementen vloer geven een eenvoudige sfeer. De lichte kleuren creëren een warme omgeving; de kleur van enkele van de meubels verlevendigt het interieur.

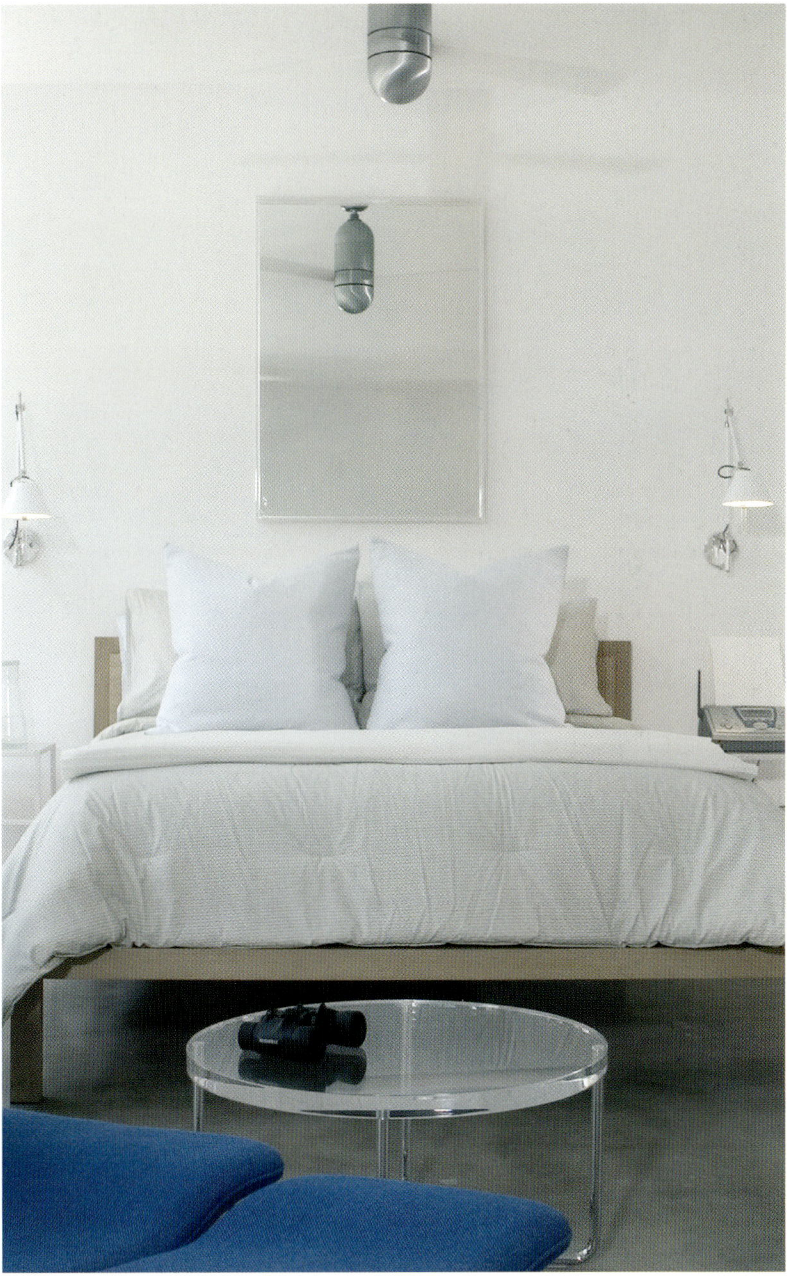

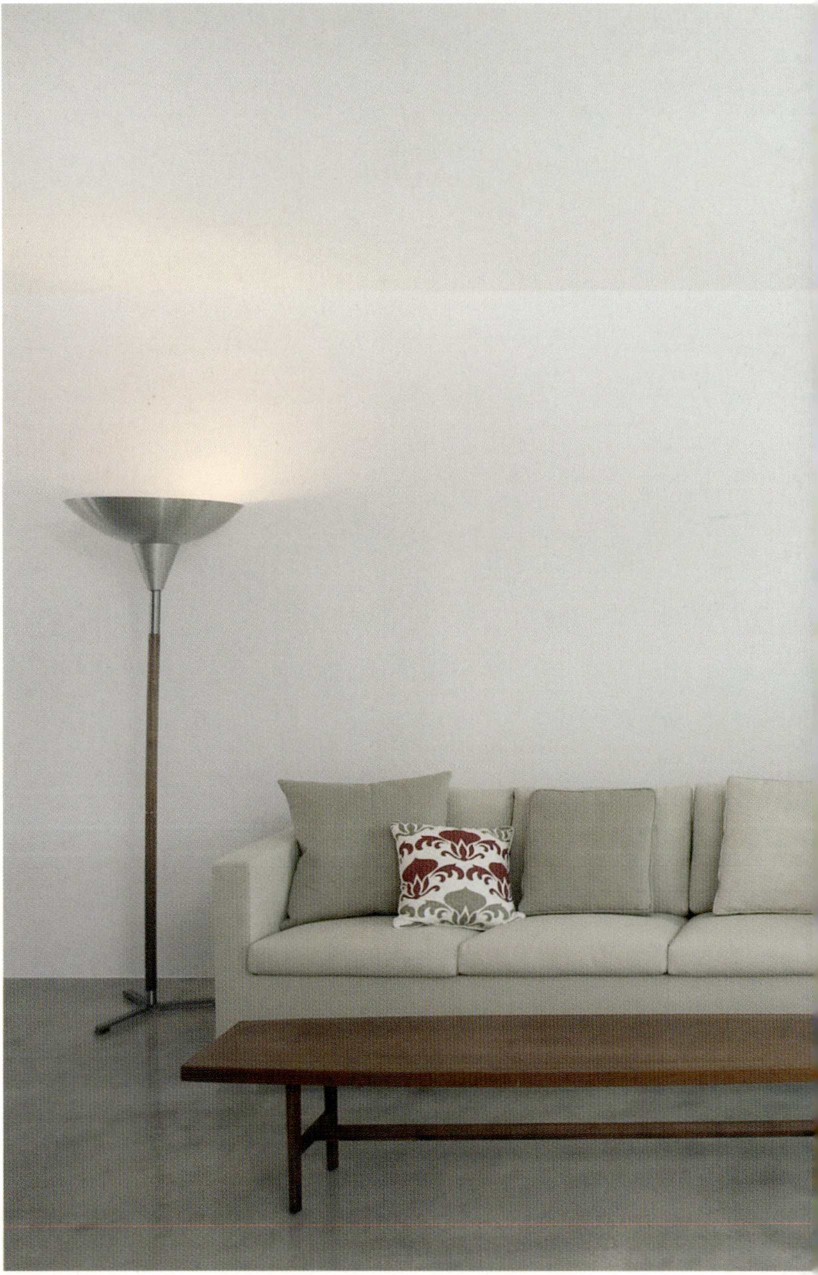

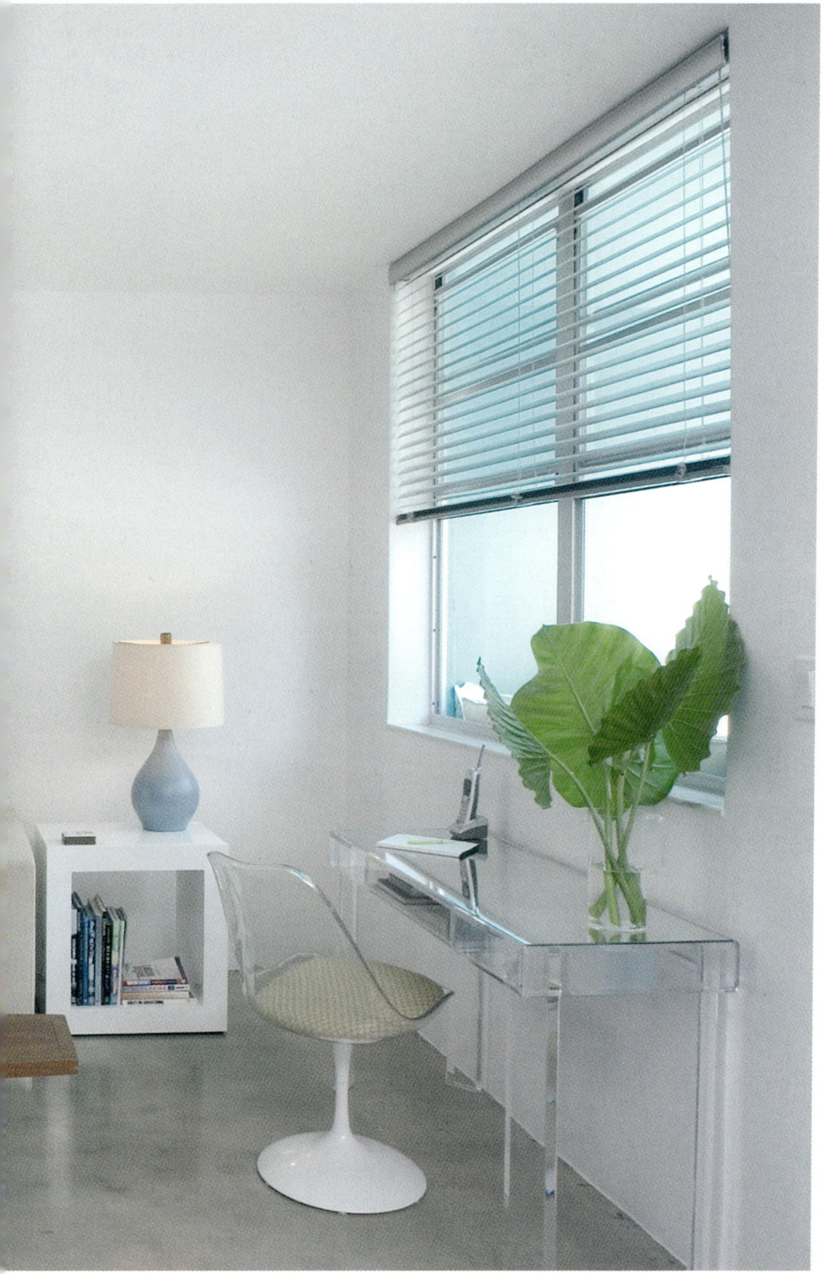

Die Vorgabe für die mit der Renovierung und Einrichtung beauftragten Architekten lautete, eine Abgrenzung der Bereiche innerhalb des Raums zu schaffen. Dies wurde durch ein Schienensystem mit verschiebbaren Wänden aus Stahl und Apitong-Holz erreicht. Ein maßgefertigtes, horizontal entlang der Fensterwand laufendes Teil enthält alle elektronischen und audiovisuellen Anlagen.

Creating space inside the space was the goal of the architects in charge of refurbishing the loft and designing the furniture, and they achieved this by a system of rails supporting sliding steel and apitong wood platforms. A custom-made piece runs horizontally along the wall adjacent to the windows and contains all the electronic and audiovisual systems.

DT LOFT
Mandi Rafaty/Tag Front

Los Angeles, USA

L'objectif des architectes chargés de restaurer ce loft et d'en concevoir le mobilier était de créer de l'espace dans l'espace. Ils y sont parvenus grâce à un système de rails supportant des panneaux coulissants en acier et bois d'apitong. Une installation sur mesure court horizontalement le long du mur adjacent aux fenêtres et accueille tous les équipements électroniques et audiovisuels.

Het scheppen van ruimte in de ruimte was het doel van de architecten die de renovatie van de loft en het ontwerp van het meubilair op zich hebben genomen. Dit werd bereikt via een stelsel van rails waarover stalen en apitonghouten platforms schuiven. Een speciaal gemaakt element loopt horizontaal langs de wand, bij de ramen, en bevat alle elektronische en audiovisuele apparaten.

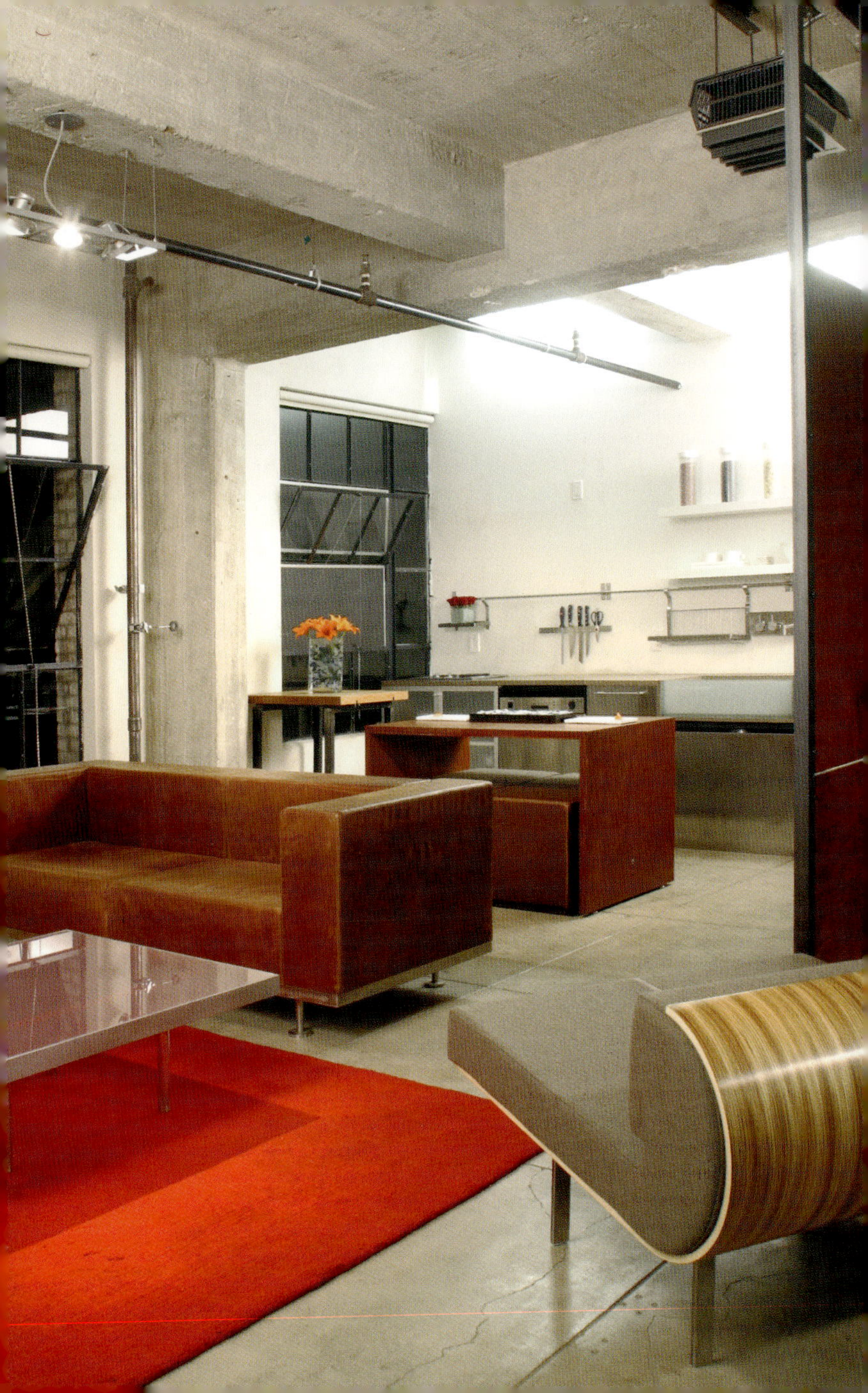

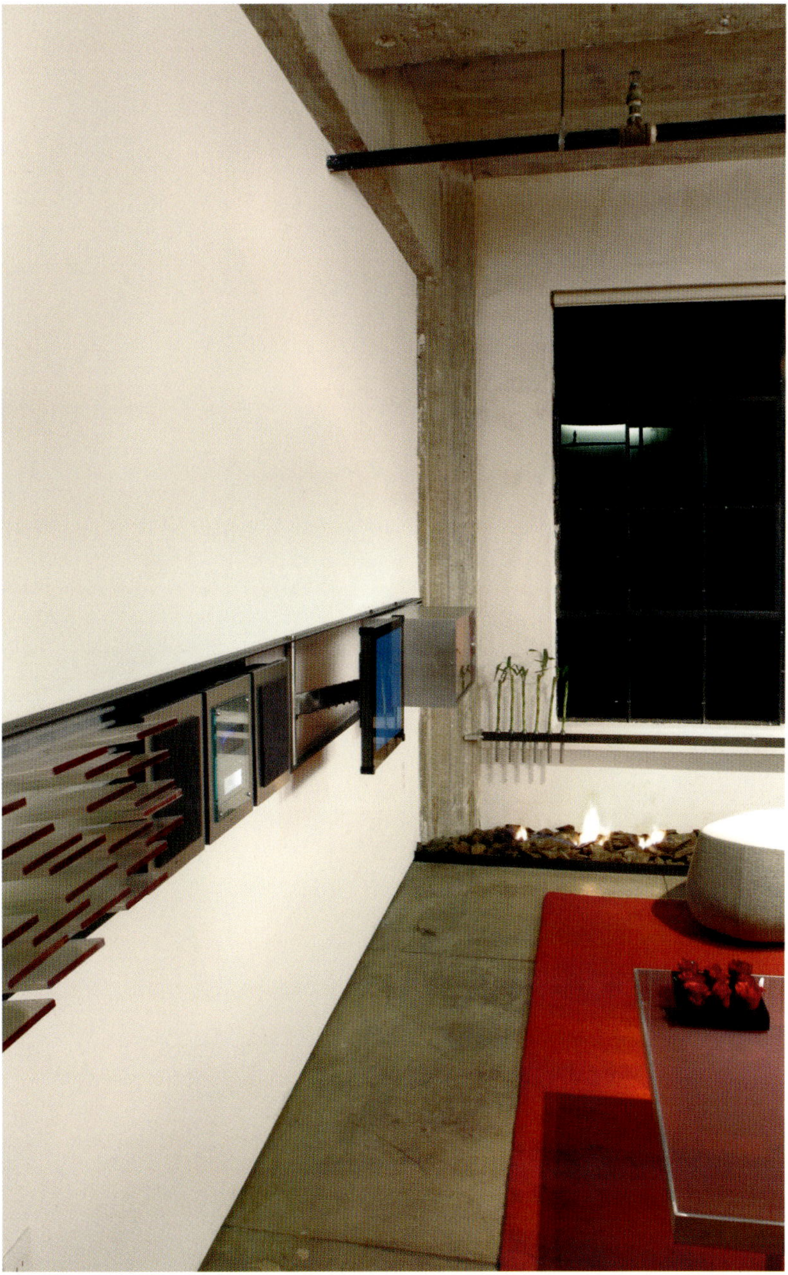

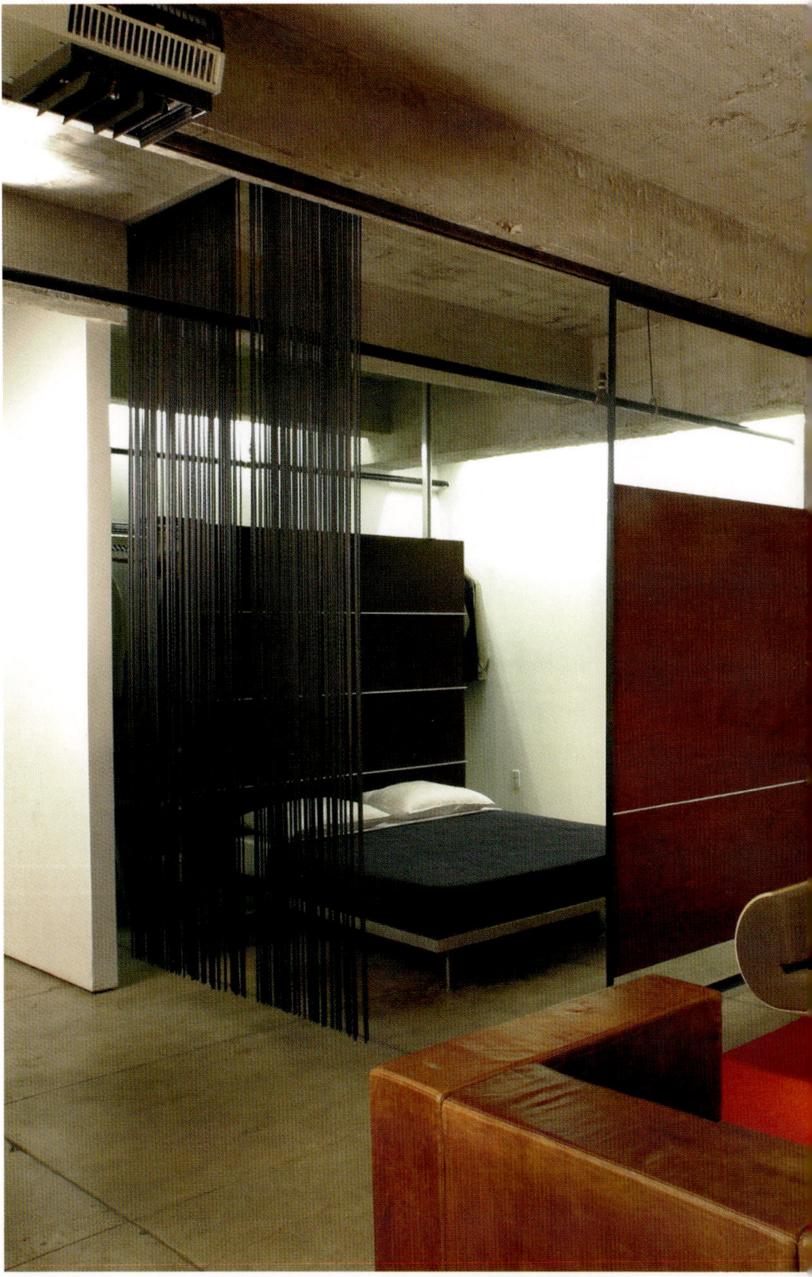

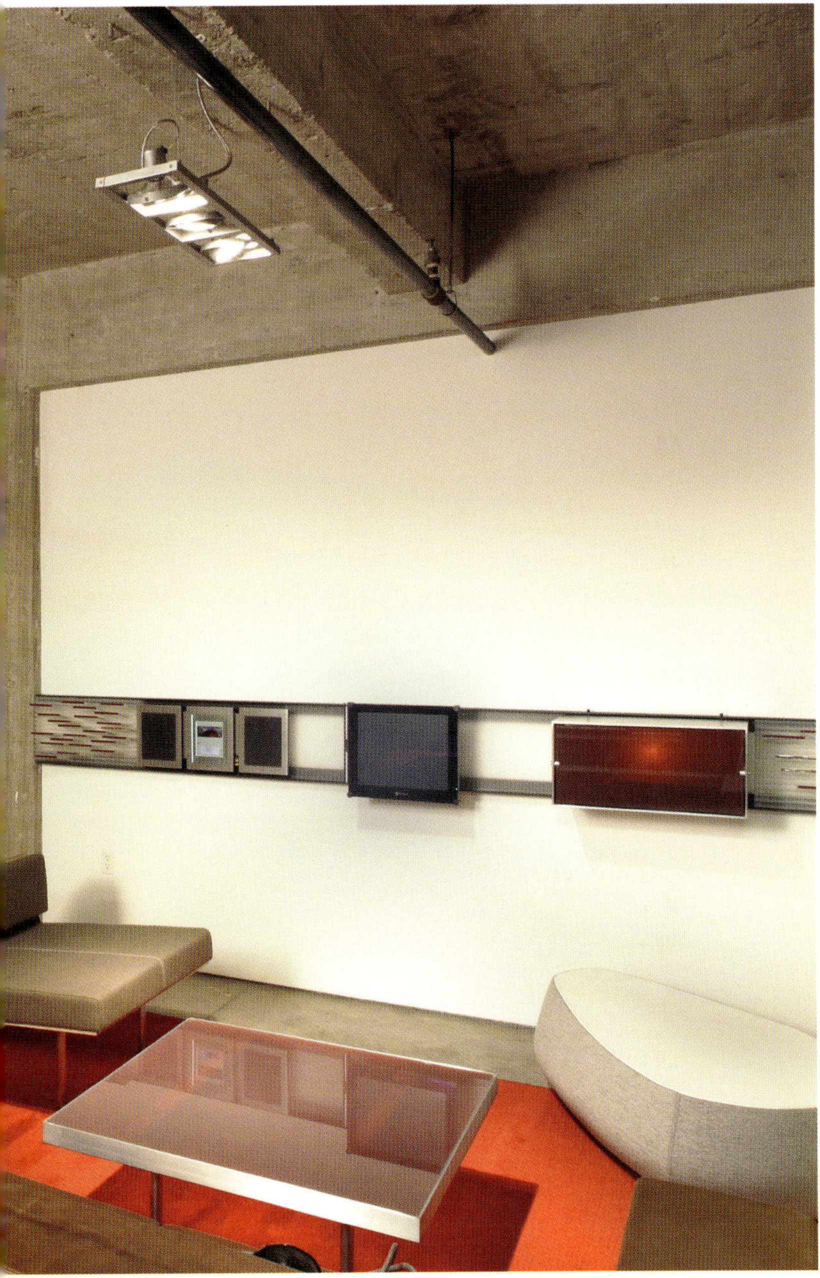

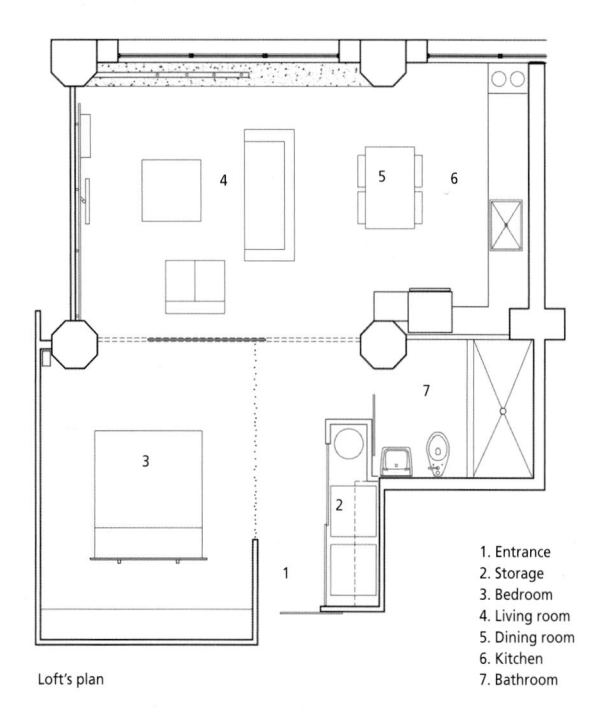

1. Entrance
2. Storage
3. Bedroom
4. Living room
5. Dining room
6. Kitchen
7. Bathroom

Loft's plan

Die Materialien und Strukturen der Trennwände spielen auf originelle Art und Weise zusammen. Ziel war die Schaffung eines behaglichen Lofts mit Küche, Badezimmer, Hauswirtschaftsraum, Wohnraum und Schlafraum.

The partitions were designed with materials and textures that interact in an original way. The goal was to create a cosy loft that would include a kitchen, bathroom, utility room living room and bedroom.

Les divisions ont été conçues avec des matériaux et des textures au mariage original.
L'objectif était un loft confortable comptant une cuisine, une salle de bains, une buanderie, un salon et une chambre.

De scheidingswanden zijn ontworpen met materialen en texturen die op originele wijze op elkaar inwerken. Het doel was een gezellige loft te maken met een keuken, badkamer, bijkeuken, woonkamer en slaapkamer.

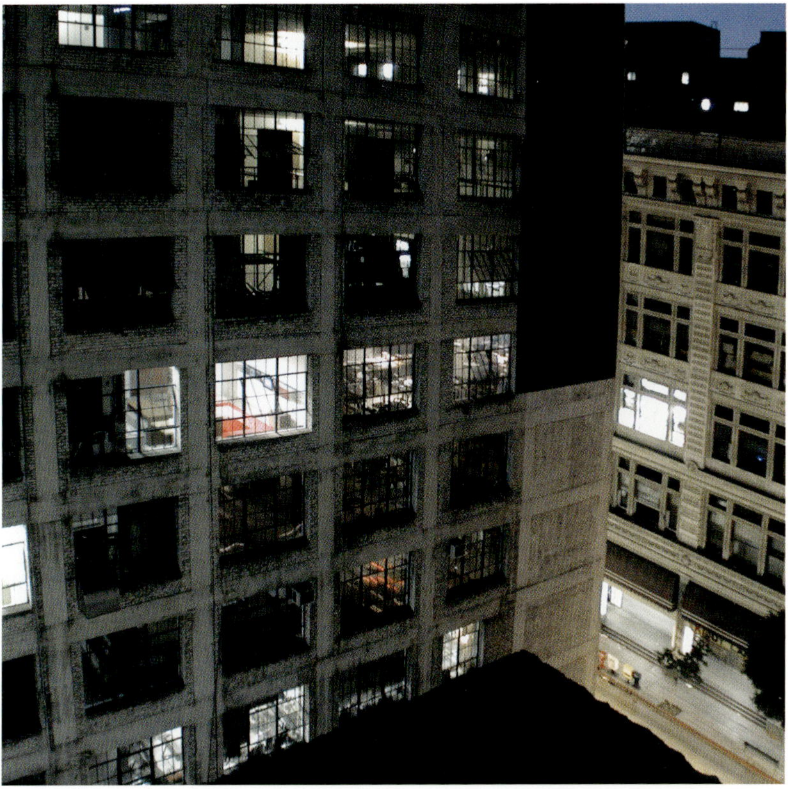

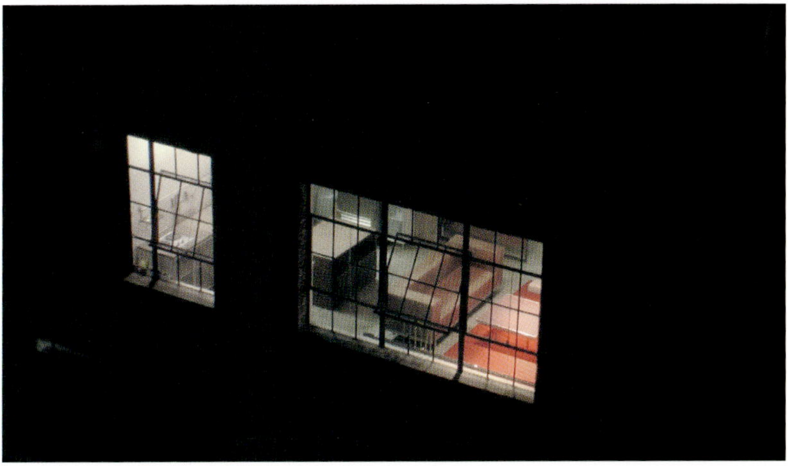

Der Eingang von der Straße führt in den Hauptraum, der Wohnbereich und Küche einschließt. Diese wird durch eine Betoninsel mit Spüle begrenzt. Eine Wand mit zwei vertikalen Öffnungen trennt diesen Raum vom Privatbereich, in dem sich das Schlaf- und das Badezimmer sowie die Ankleide befinden. Das Untergeschoss dient als Entspannungs- und Lesebereich bzw. als Gästeschlafzimmer.

The entrance from the street leads to the main room, which includes the living room and kitchen. This is defined by a concrete island which includes the sink. A wall with two vertical openings separates this space from the private area housing the bedroom, bathroom and dressing room. The basement was converted into an area for relaxing and reading or a guest bedroom.

LAS MINAS STREET LOFT
Alejandro Calabrese/Unlugar

Madrid, Spain
70 m²/ 753 square feet

L'entrée côté rue mène à l'espace principal qui inclut le salon et la cuisine, délimitée par un îlot en béton incorporant l'évier. Un mur avec deux ouvertures verticales sépare cet espace de la zone privée comprenant une chambre, une salle de bains et un dressing. Le sous-sol a été aménagé en espace de détente et de lecture utilisable comme chambre d'invités.

De entree vanaf de straat leidt naar de hoofdruimte met de woonkamer en keuken. De ruimte wordt gekarakteriseerd door een betonnen eiland dat de spoelbak bevat. Een wand met twee verticale openingen scheidt deze ruimte van het privé-gedeelte met de slaap-, bad- en kleedkamer. In het souterrain kan men lezen en zich ontspannen. Deze ruimte kan ook als logeerkamer dienen.

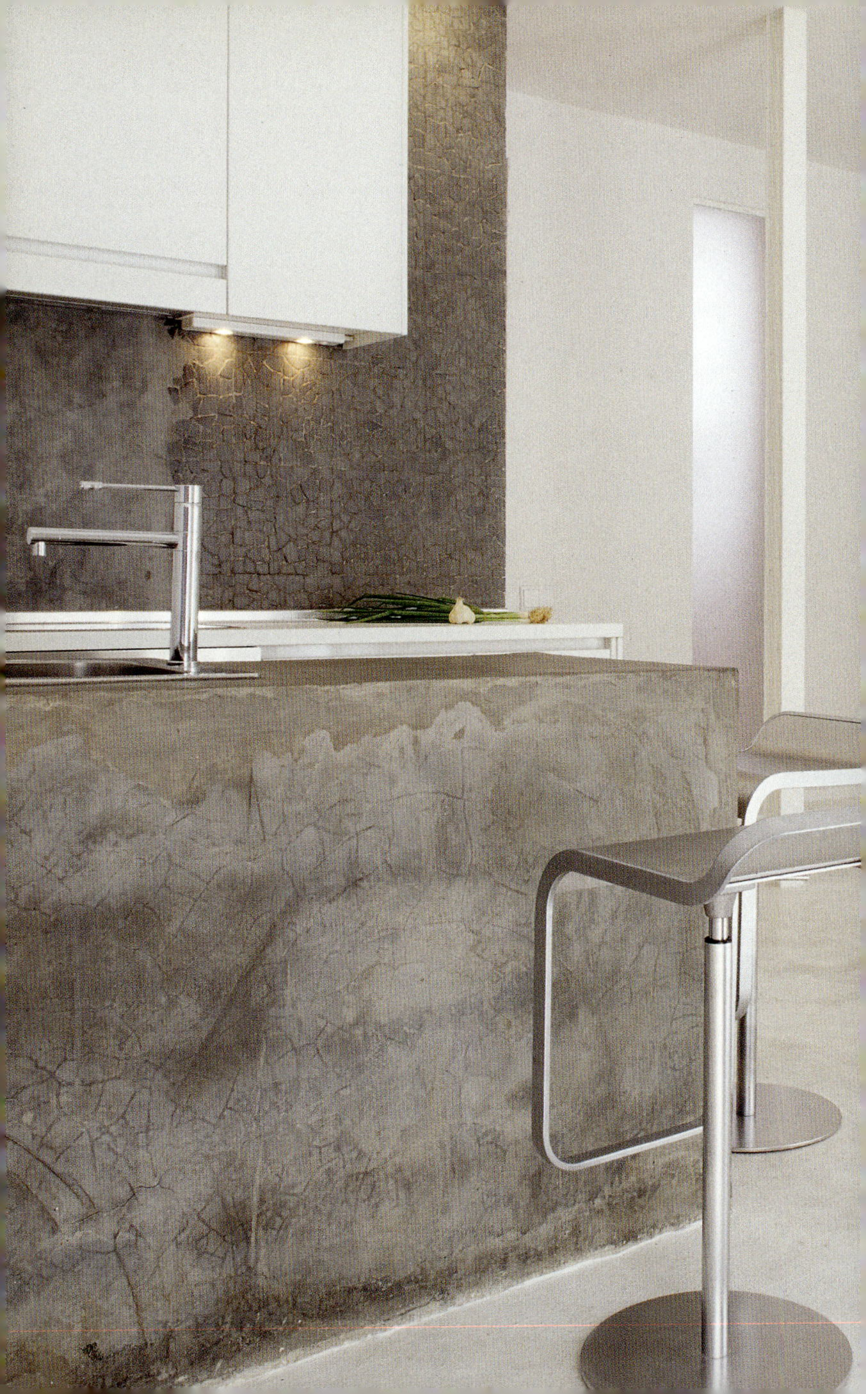

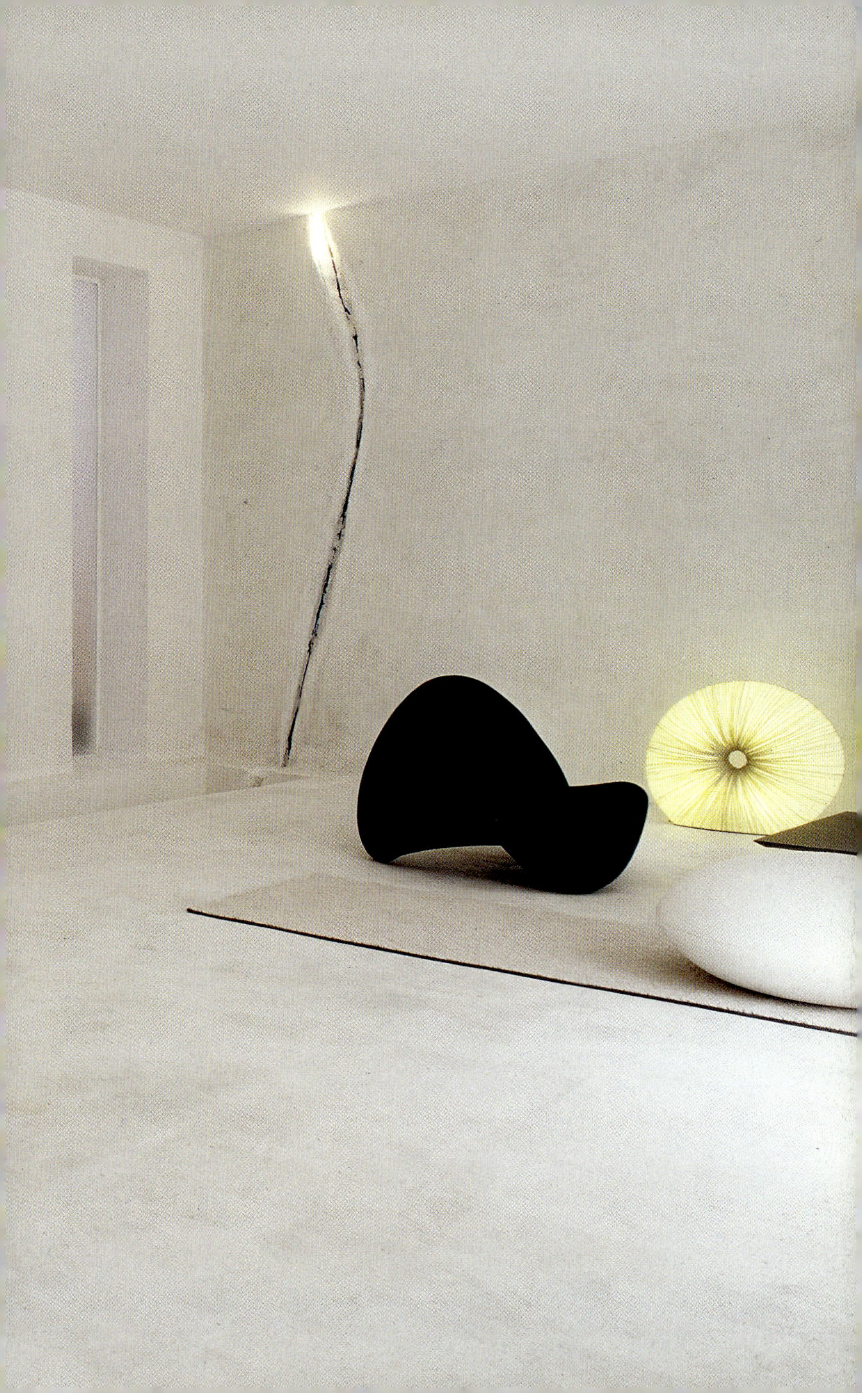

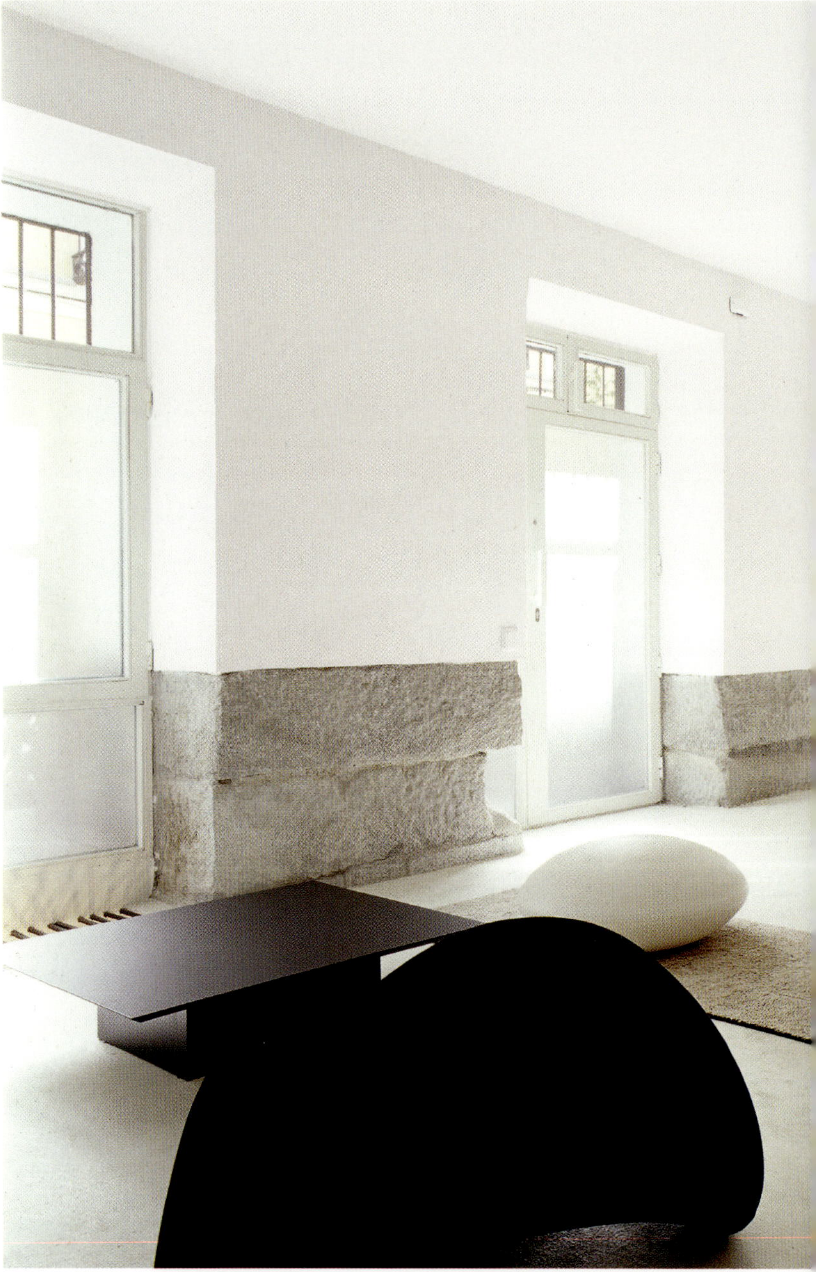

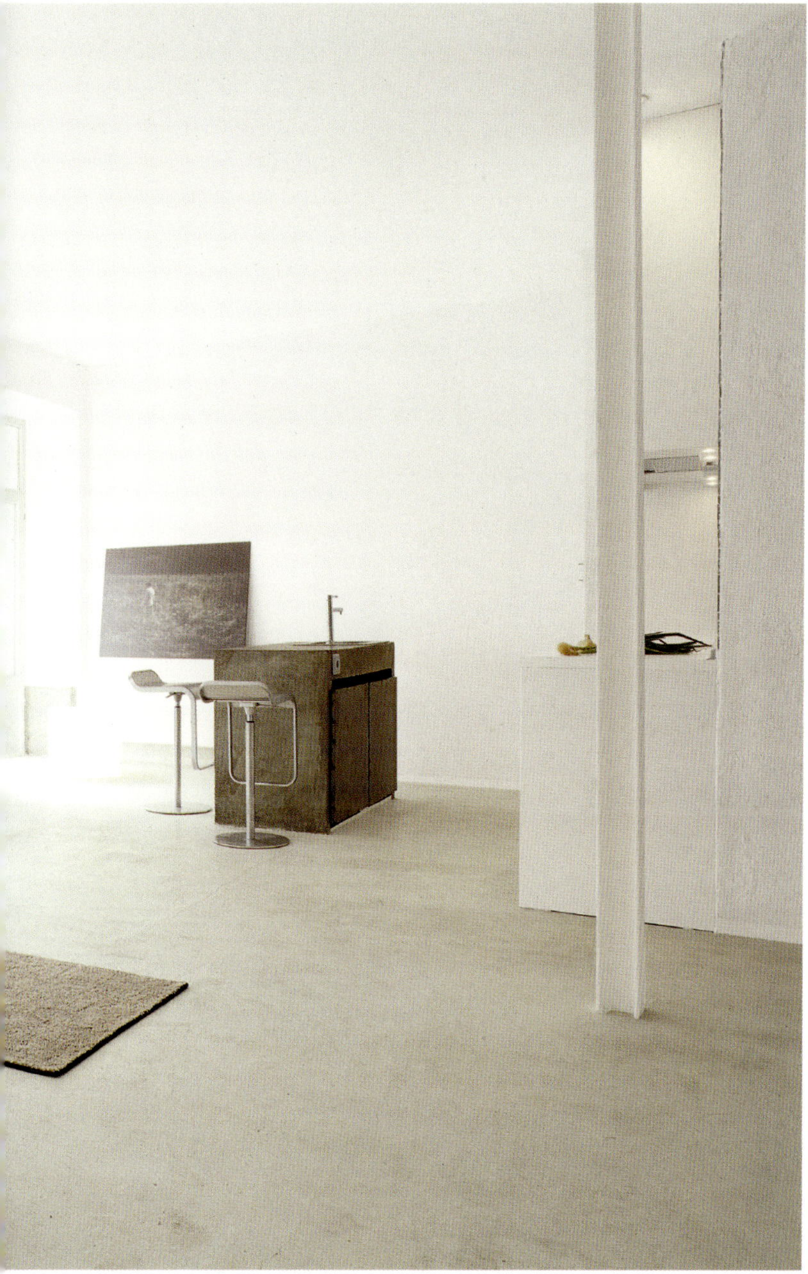

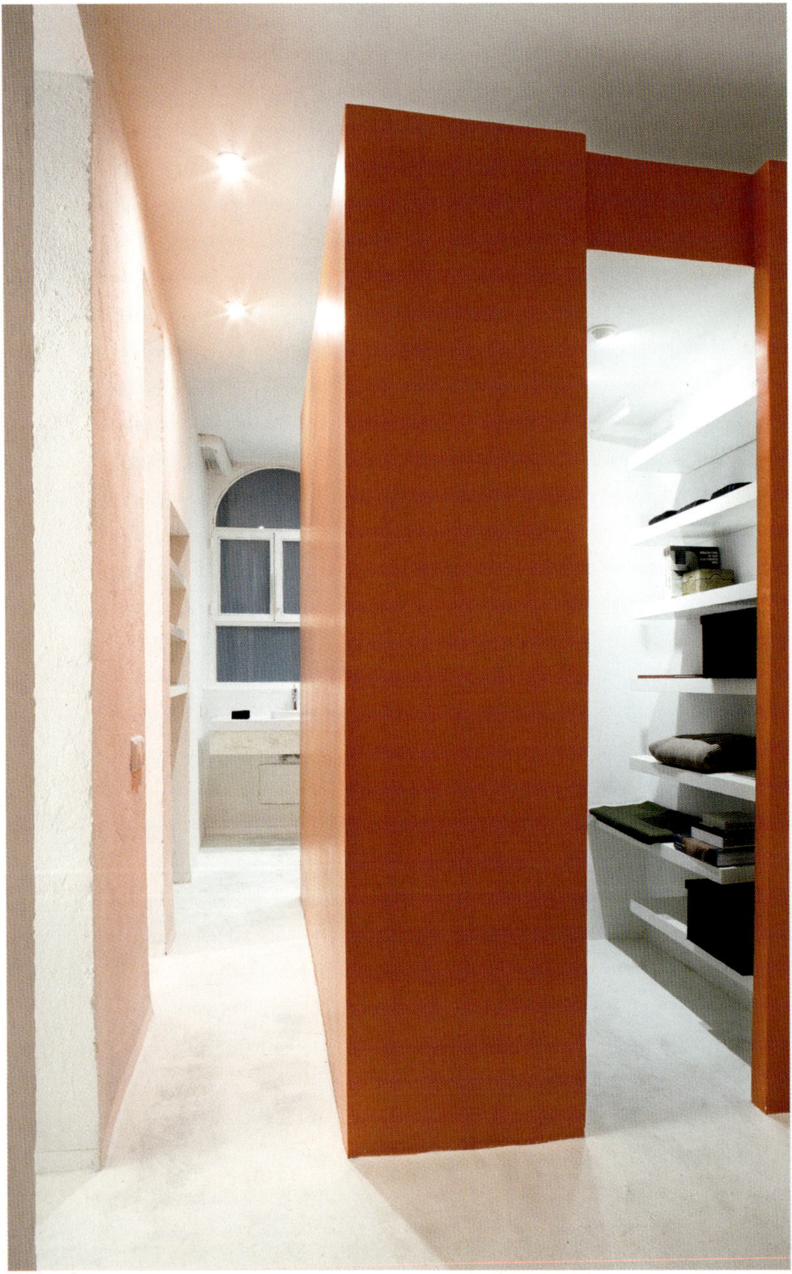

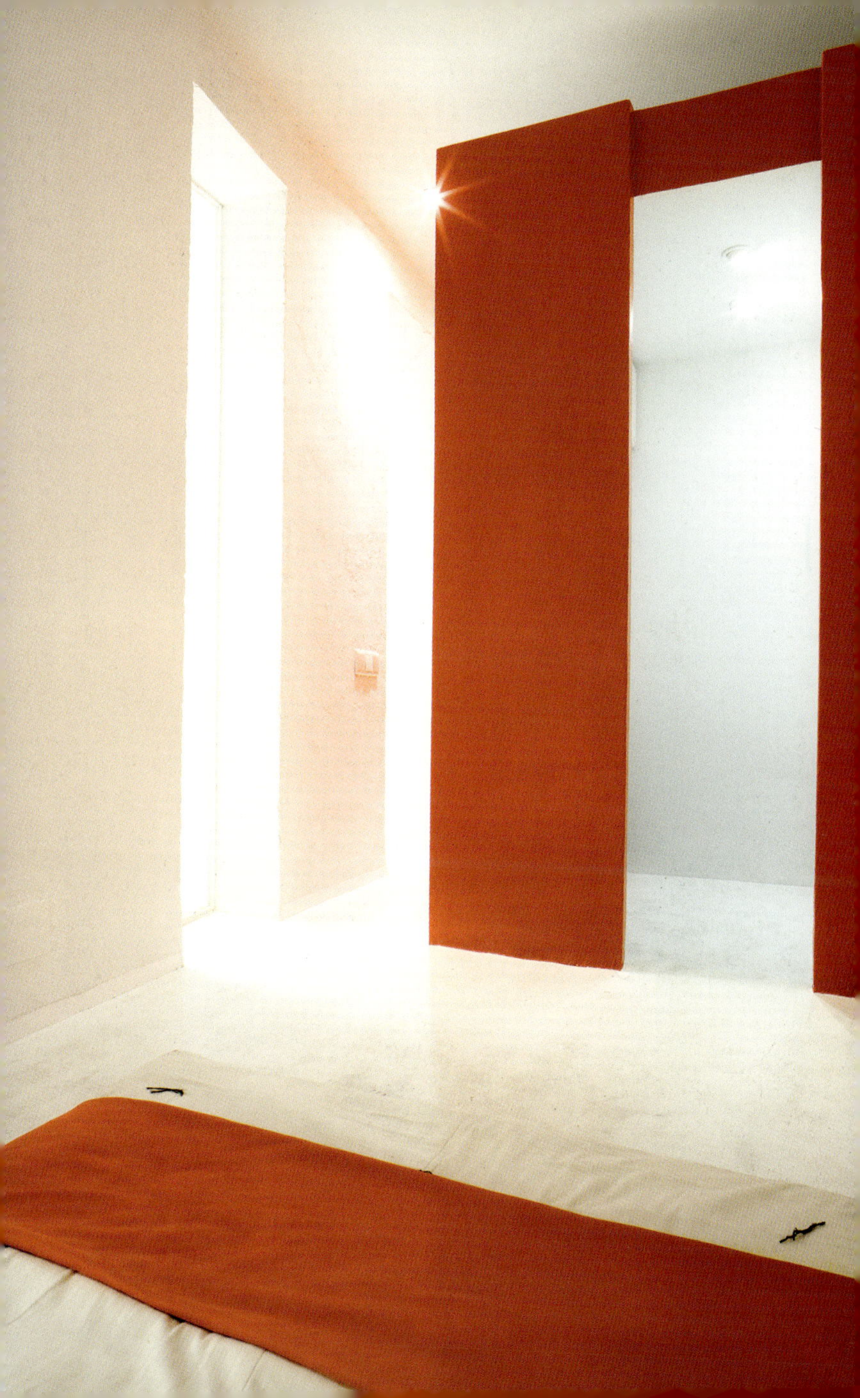

Die industriellen Baumaterialien wurden beibehalten. Als Kontrast zum Zement und zur Farbe Weiß wurden lebhafte Farben eingesetzt. Das Untergeschoss dient als Ruhebereich oder Gästeschlafzimmer.

The industrial construction materials have been retained and lively colours have been used which contrast with white and the cement. The basement was converted into a rest area or a guest bedroom.

Les matériaux de construction industriels ont été conservés et des couleurs vives ont été employées pour contraster avec le blanc et le ciment. Le sous-sol a été transformé en zone de détente/chambre d'invités.

De industriële bouwmaterialen zijn behouden en er zijn levendige kleuren gebruikt die contrasteren met het wit en het cement. Het souterrain is omgevormd tot een ontspanningsruimte of een logeerkamer.

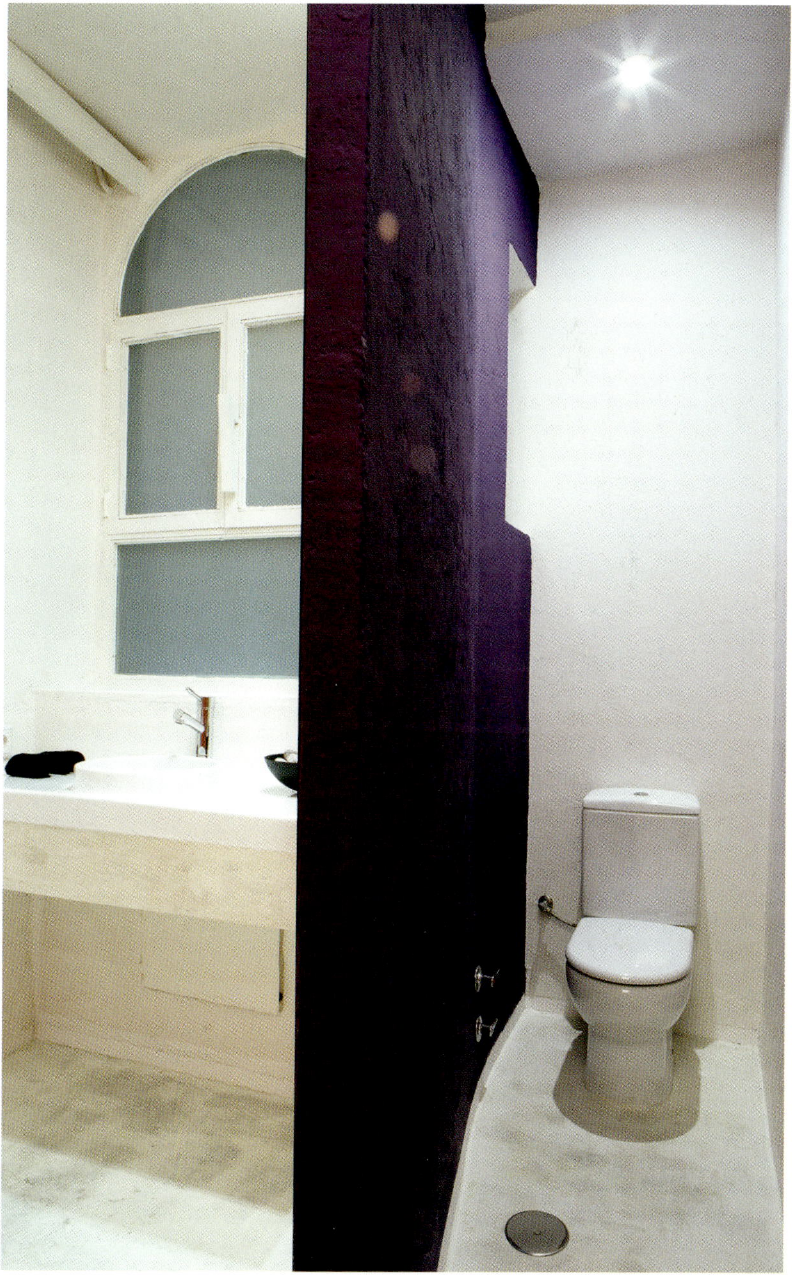

Dieser einfach eingerichtete Loft mit qualitativ hochwertigem Innenausbau sticht durch sein zeitgenössisches urbanes Ambiente hervor. Der Wohnbereich, der über einen polierten Zementboden verfügt, ist auf zwei Ebenen rund um eine elegante Treppe angeordnet. Die obere Ebene des Lofts beherbergt die Küche und den Essbereich mit frei stehenden Möbeln und Elektrogeräten.

This simply decorated loft with high quality finishes stands out due to its contemporary urban atmosphere. The living room, which has a polished cement floor, is located on two levels around an elegant staircase. The upper level of the loft houses the kitchen and dining room, with free-standing furniture and electrical appliances.

LOFT IN BERGAMO
Studio Associato Bettinelli

Bergamo, Italy

Ce loft à la décoration simple et aux finitions de haute qualité se distingue par son atmosphère urbaine contemporaine. Le salon, dont le sol est en ciment poli, occupe deux niveaux autour d'un élégant escalier. L'étage supérieur accueille une cuisine et une salle à manger équipées d'appareils électriques et d'un mobilier non encastrés.

Deze eenvoudig ingerichte loft met een afwerking van een buitengewone kwaliteit valt op door de hedendaagse stedelijke sfeer. De woonkamer, met de gepolijste cementen vloer, bevindt zich op twee niveaus rond een elegante trap. Op de bovenste verdieping van de loft bevinden zich de keuken en de eetkamer, met losstaande meubelen en keukenapparatuur.

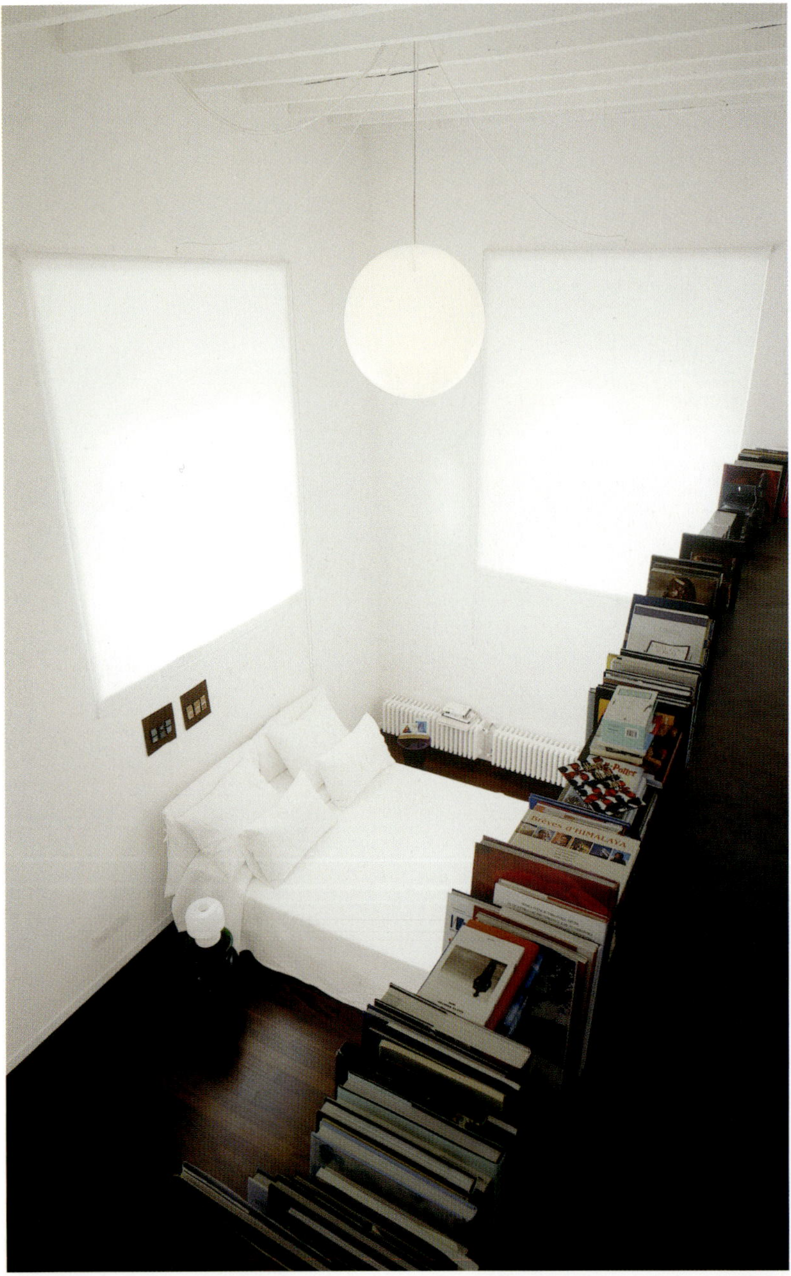
Brèves d'HIMALAYA

Der Esstisch befindet sich neben der Küche. Die Kontinuität im Design erzeugt einen funktionalen und zugleich eleganten Raum. Das in das Schlafzimmer eindringende Licht wird von textilen Blenden gefiltert.

The dining room table is situated near the kitchen. The continuity of the design creates a space that is functional and elegant at the same time. The light that penetrates the bedroom is filtered through light fabric blinds.

La table de la salle à manger se trouve près de la cuisine. La continuité du plan crée un espace à la fois fonctionnel et élégant. La lumière qui illumine la chambre est filtrée par des stores en tissu léger.

De eettafel staat vlak bij de keuken. Door de logische vormgeving ontstaat een ruimte die functioneel en toch elegant is. Het licht dat de slaapkamer binnenvalt wordt gefilterd door schermen van lichte stof.

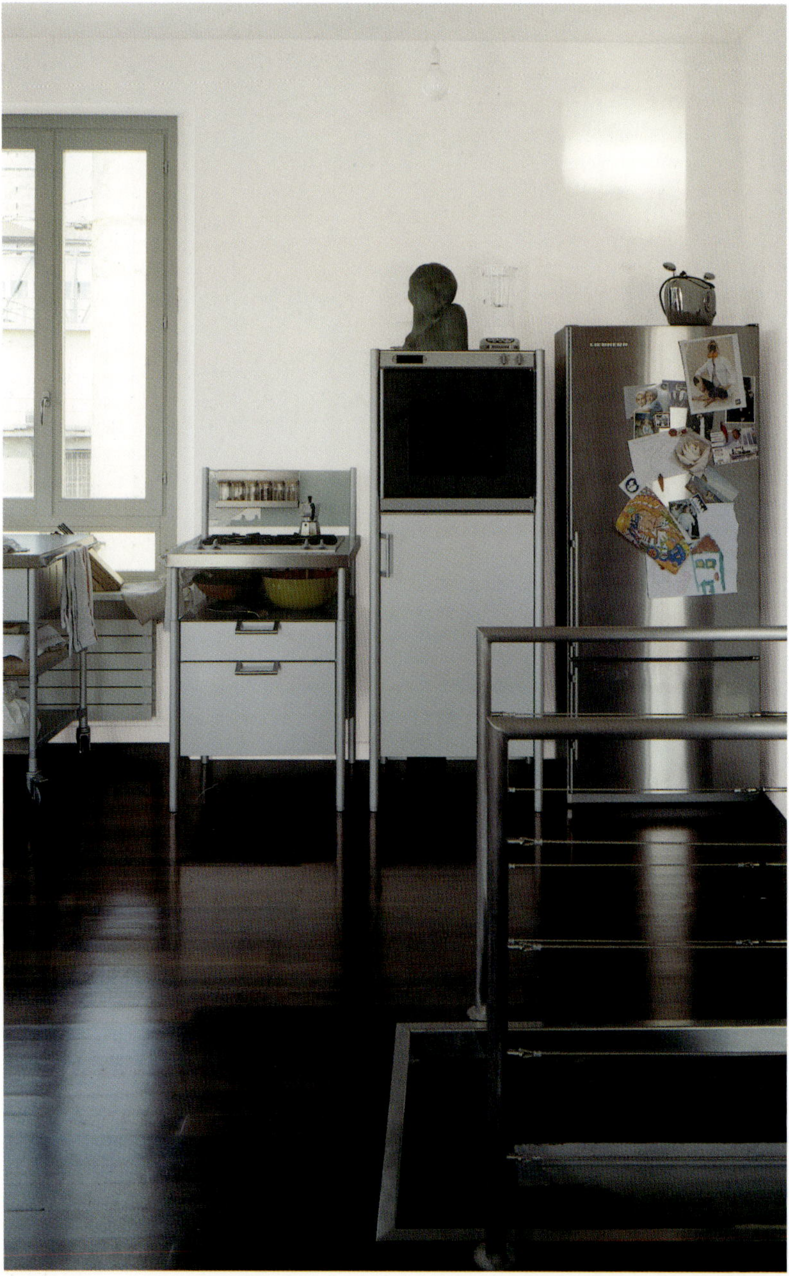

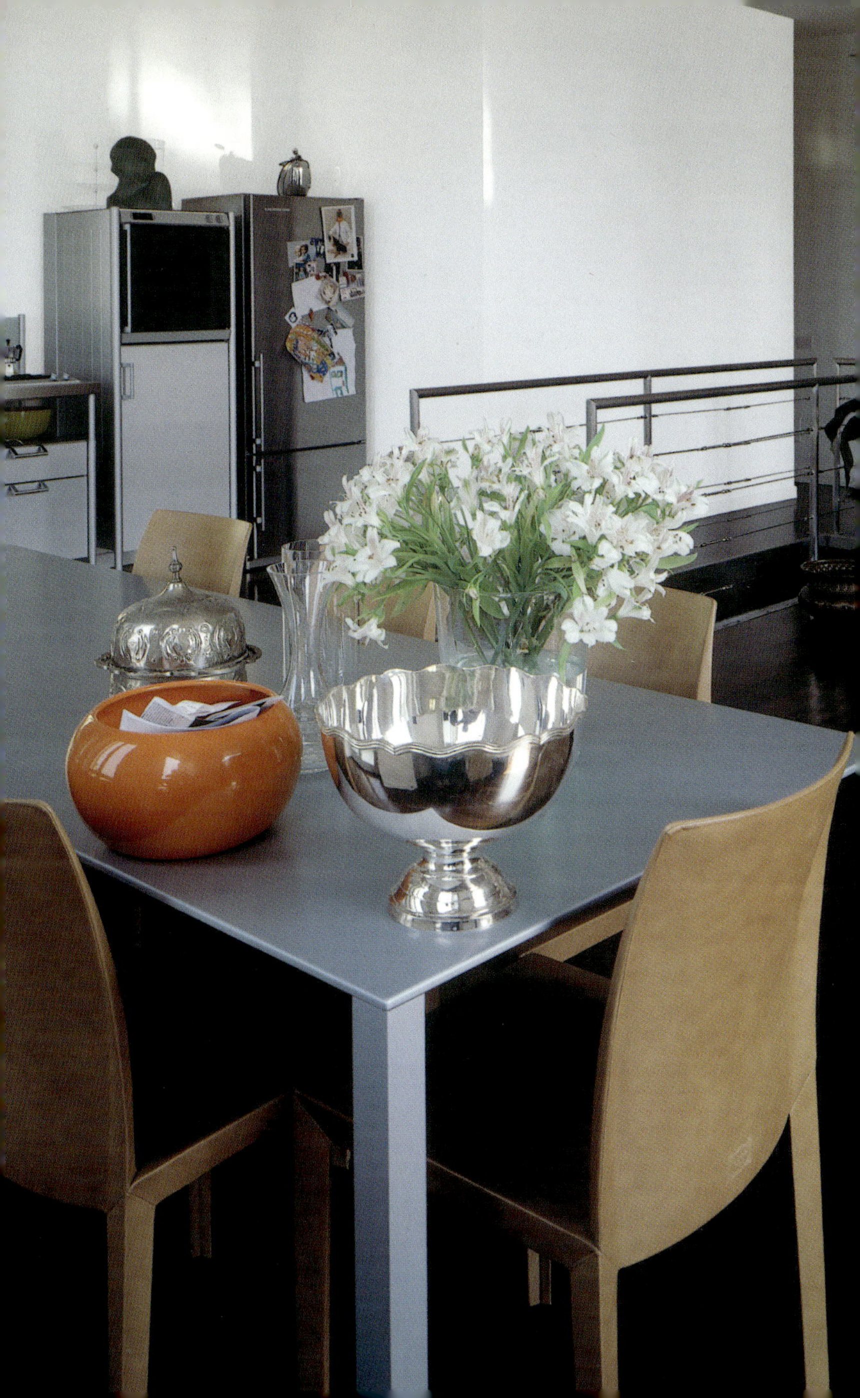

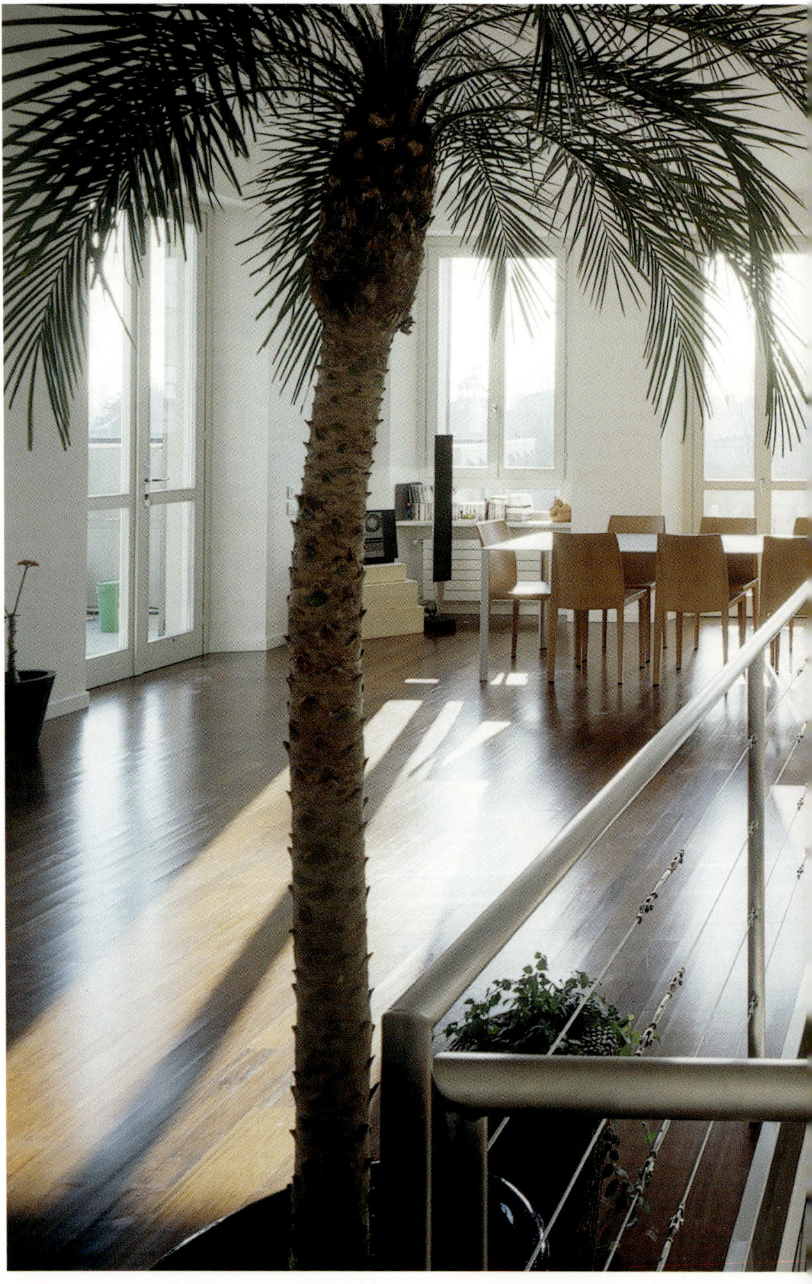

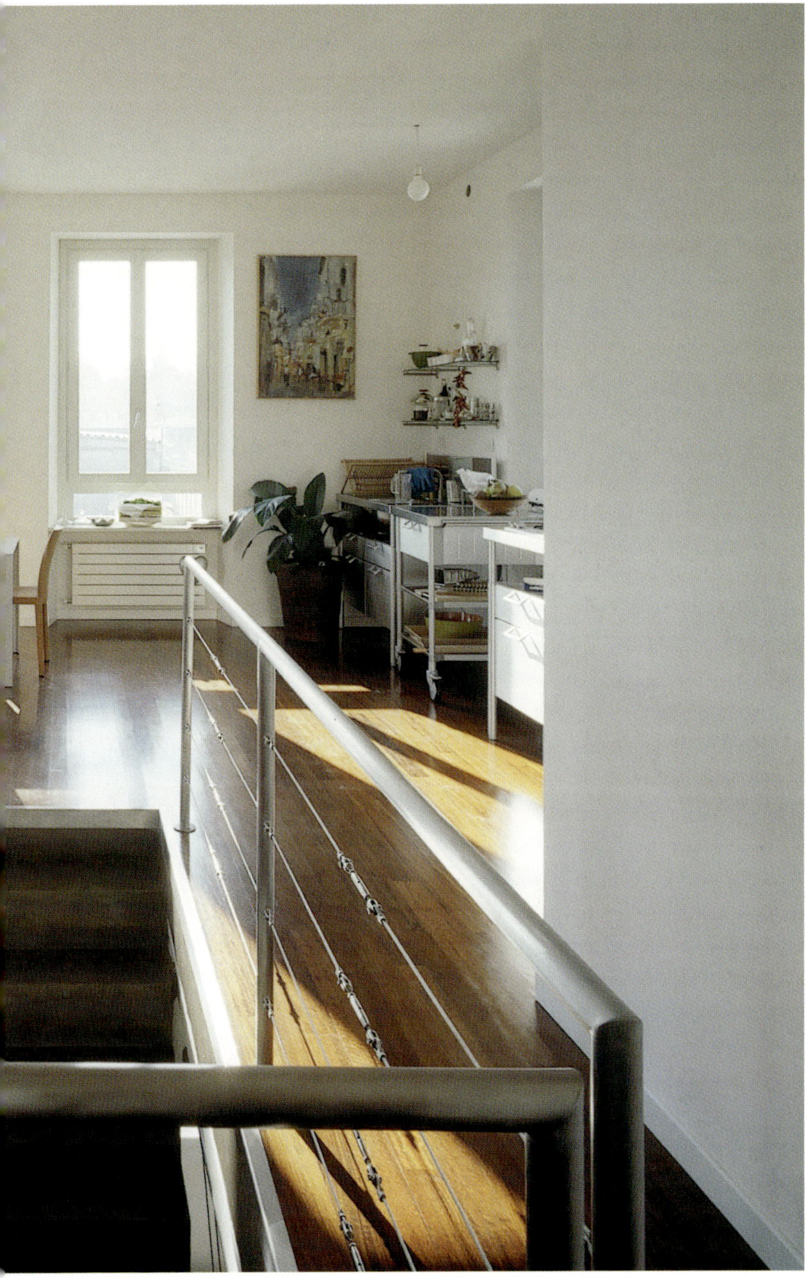

Diese ehemalige Tischlereiwerkstatt stand jahrelang leer, bevor sie von einem jungen Designer als Wohn- und Arbeitsstätte erworben wurde. Grundidee war die verstärkte Verwendung von Weiß und die maximale Lichtausnutzung, weshalb die Entscheidung für einen offenen, durchgängigen Raum fiel. Dazu wurden die unterschiedlichen Bereiche in verschiedenen Höhen angeordnet.

This former carpentry workshop had been abandoned for years and was purchased by a young designer with the intention of living and working there. The basic idea was to foster the use of white and take maximum advantage of the light, so it was decided to create an open, fluid space. As a result, the different areas were organised with different heights for each.

RESIDENCE FOR A DESIGNER

Alberto Marcos & Pablo Sáiz/AMPS

Madrid, Spain

Cet ancien atelier de menuisier a été abandonné pendant des années avant d'être racheté par un jeune designer dans l'intention d'y vivre et d'y travailler. L'idée de base était de donner priorité au blanc et de profiter au maximum de la lumière, d'où la création d'un espace ouvert et continu. Chaque zone a donc été organisée à une hauteur différente.

Deze voormalige timmerwerkplaats was al jaren verlaten en is aangekocht door een jonge ontwerper om er in te gaan wonen en werken. Het basisidee was zoveel mogelijk wit te gebruiken en zoveel mogelijk gebruik te maken van het licht. Daarom werd besloten een open, vloeiende ruimte te creëren. Het resultaat is een aantal verschillende ruimten met elk een eigen hoogte.

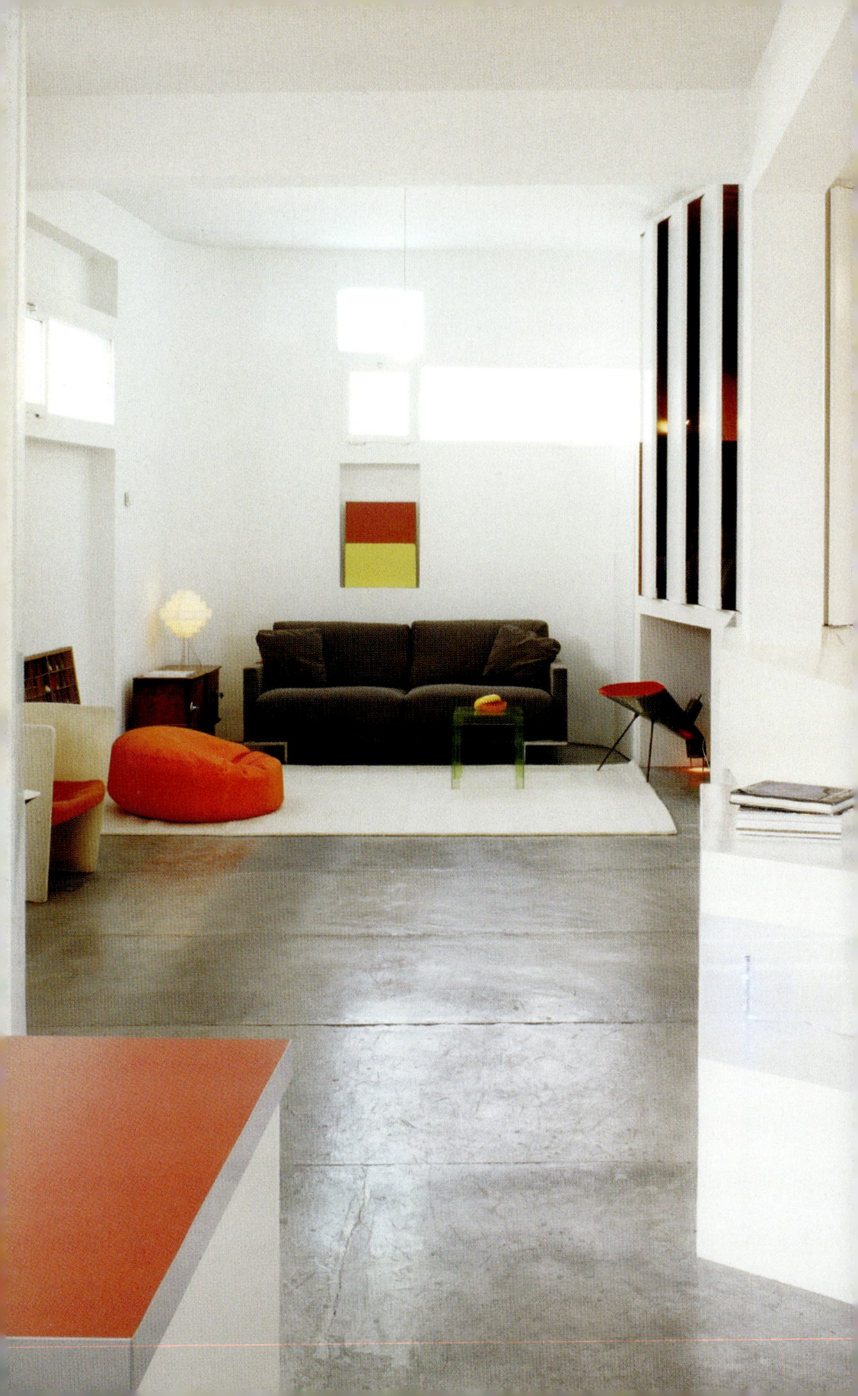

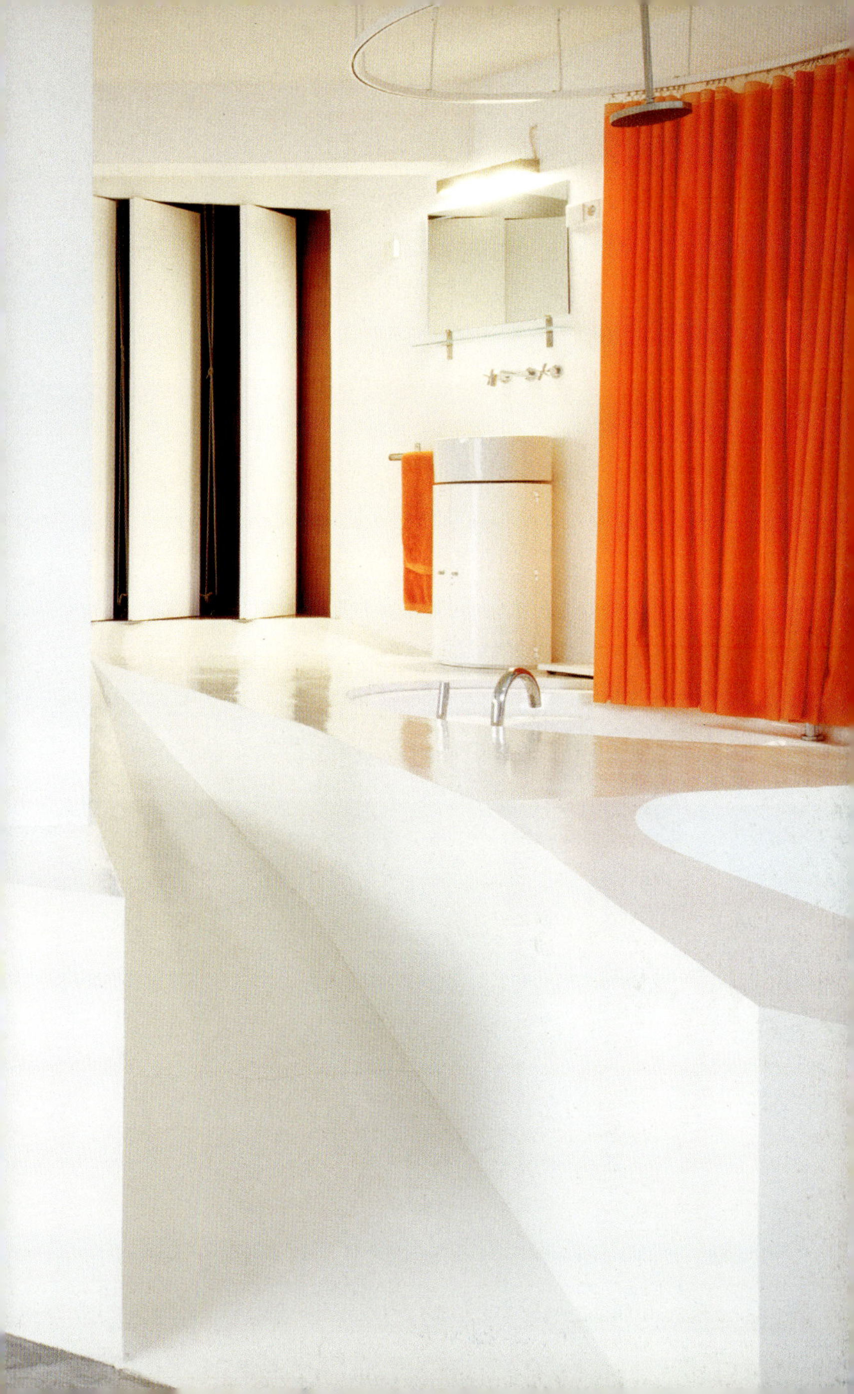

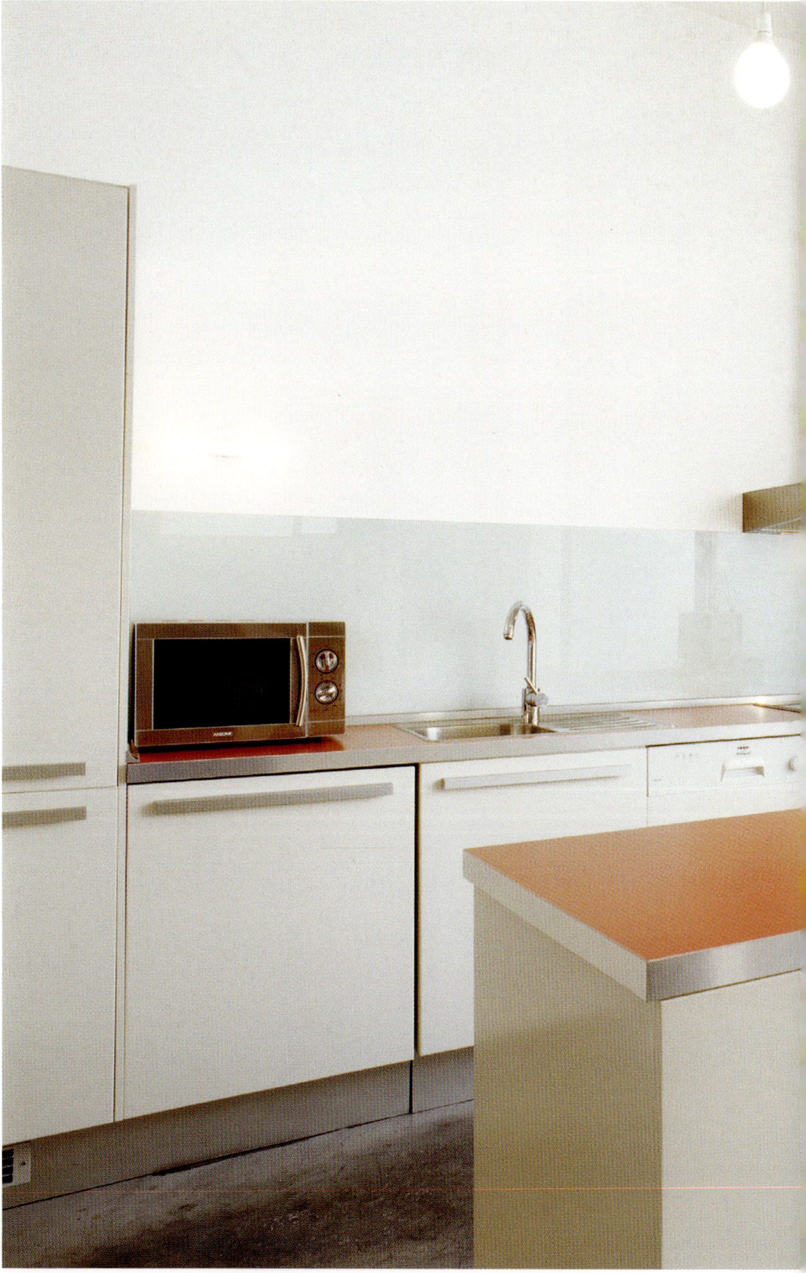

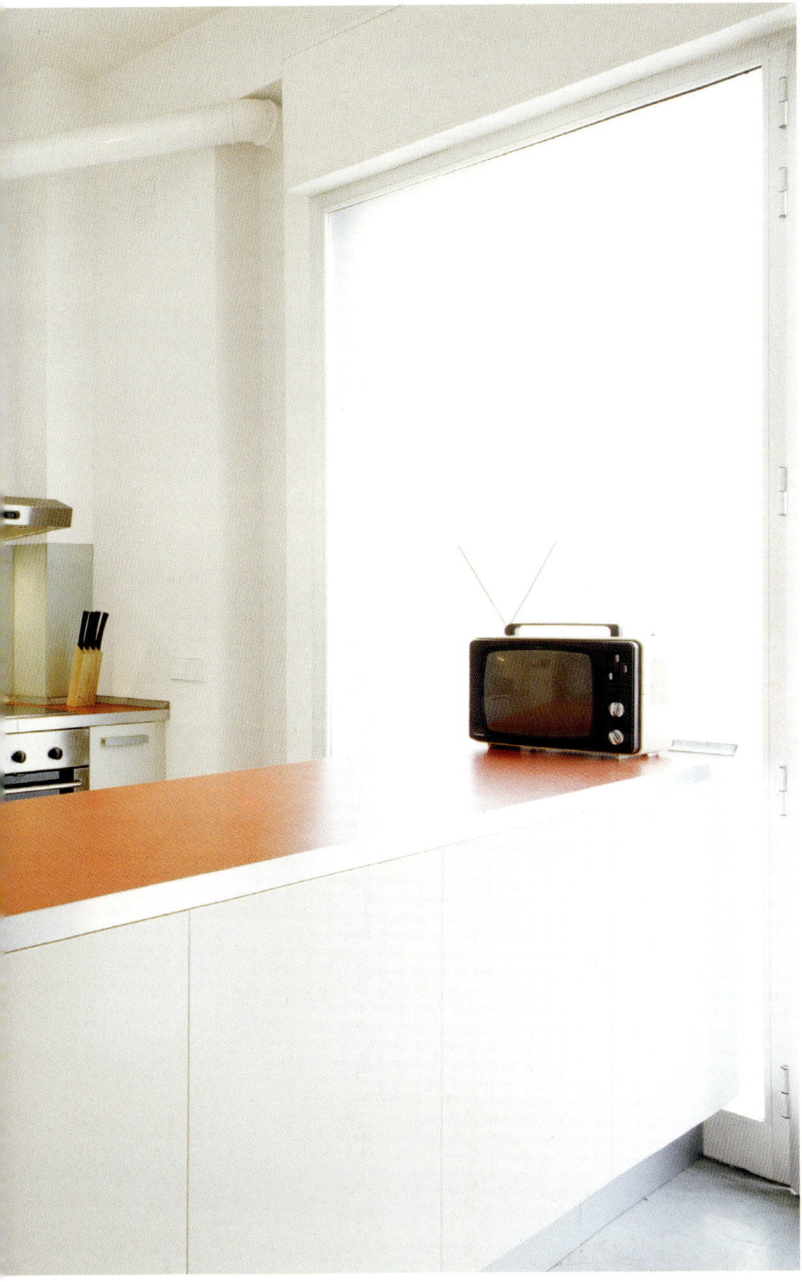

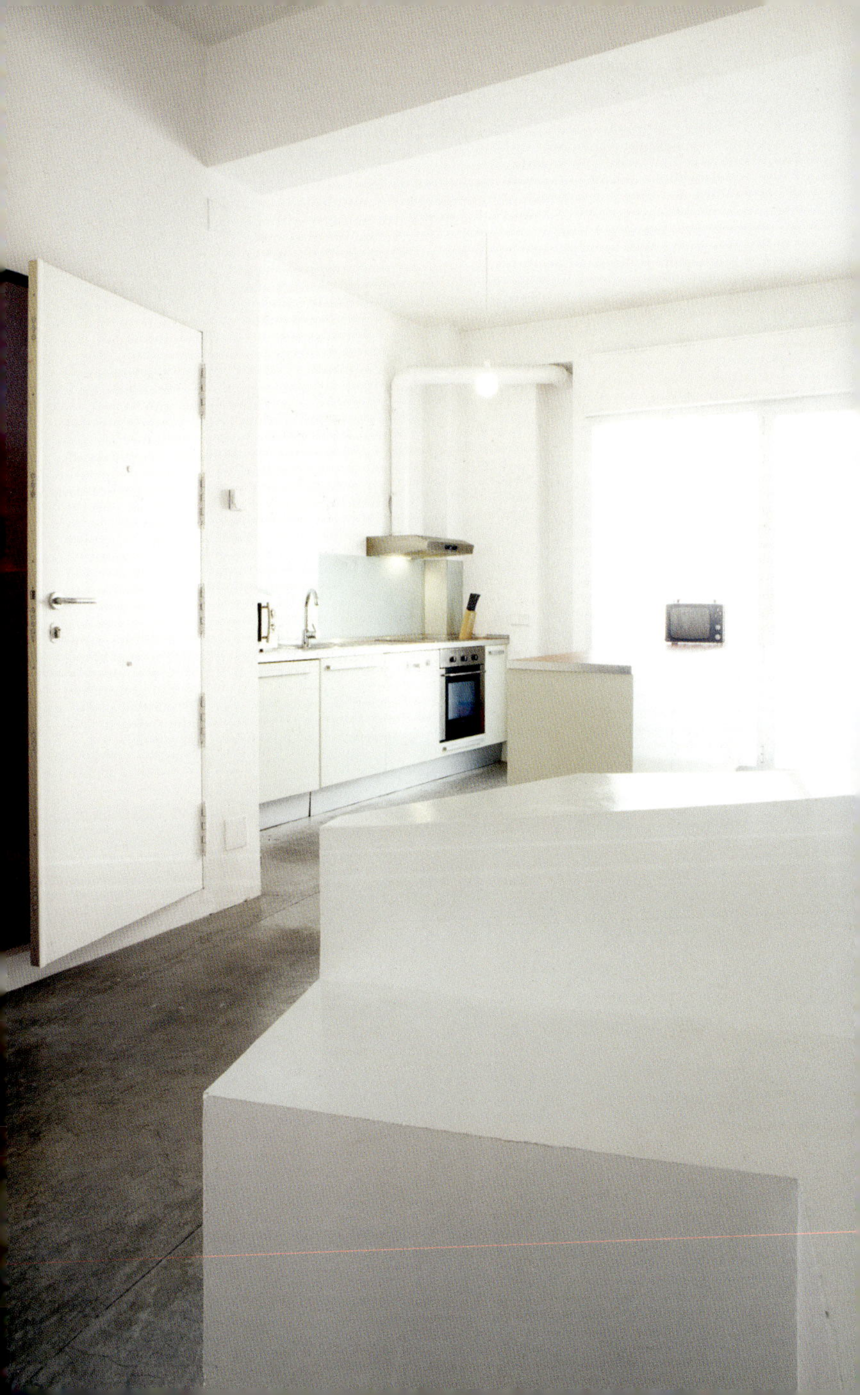

1. Entrance
2. Bedroom
3. Living room
4. Toilette
5. Bathroom
6. Kitchen
7. Dining room
8. Garden
9. Studio

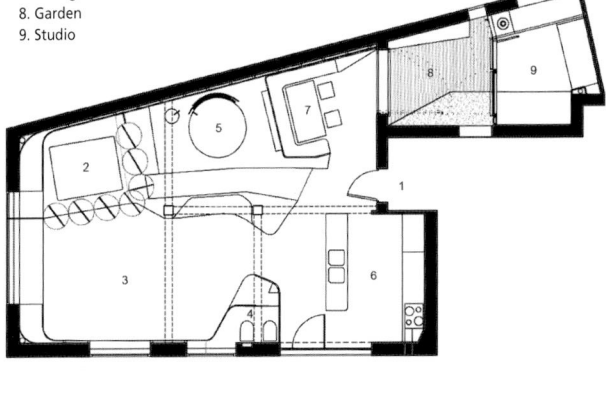

Penthouse's plan

Dieser Loft besteht aus einem offenen, geräumigen Bereich mit rund um das Zentrum angeordneten, unabhängigen, multifunktionalen Inseln und Faltwänden, hinter denen sich Bade- und Schlafzimmer verbergen.

Ce loft est un espace ouvert et généreux dans lequel des îlots indépendants et polyvalents ont été créés et aménagés autour du volume central grâce à des lambris mobiles masquant la salle de bains et la chambre.

This loft is an open, spacious area in which independent multipurpose islands have been created, all arranged around the central volume with articulated panelling that conceals the bath and bedroom.

Deze loft is een open, weidse ruimte waarin losse multifunctionele eilanden zijn gemaakt. Deze zijn allemaal rond het centrale volume geplaatst, met draaipanelen die het bad en de slaapkamer aan het oog onttrekken.

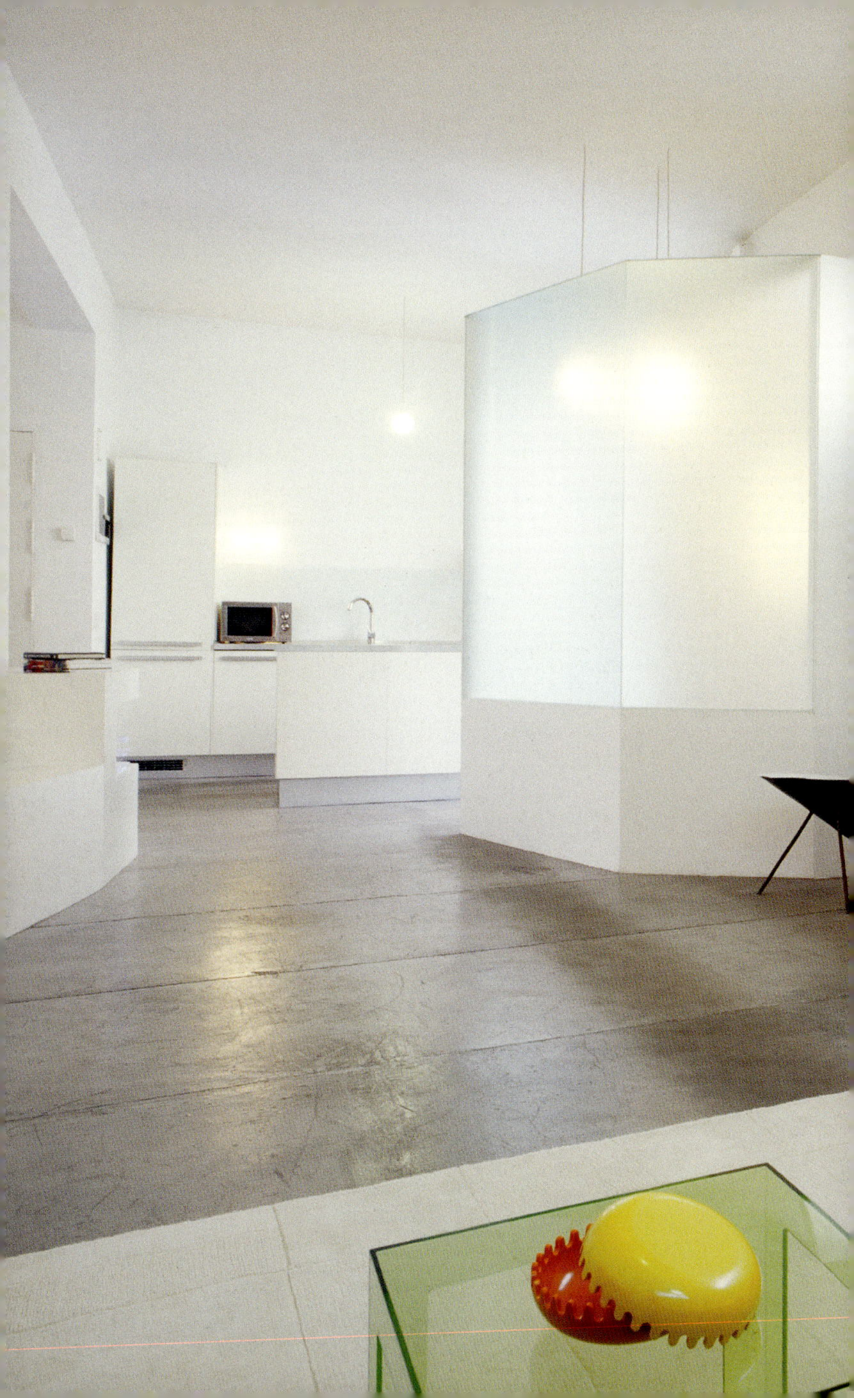

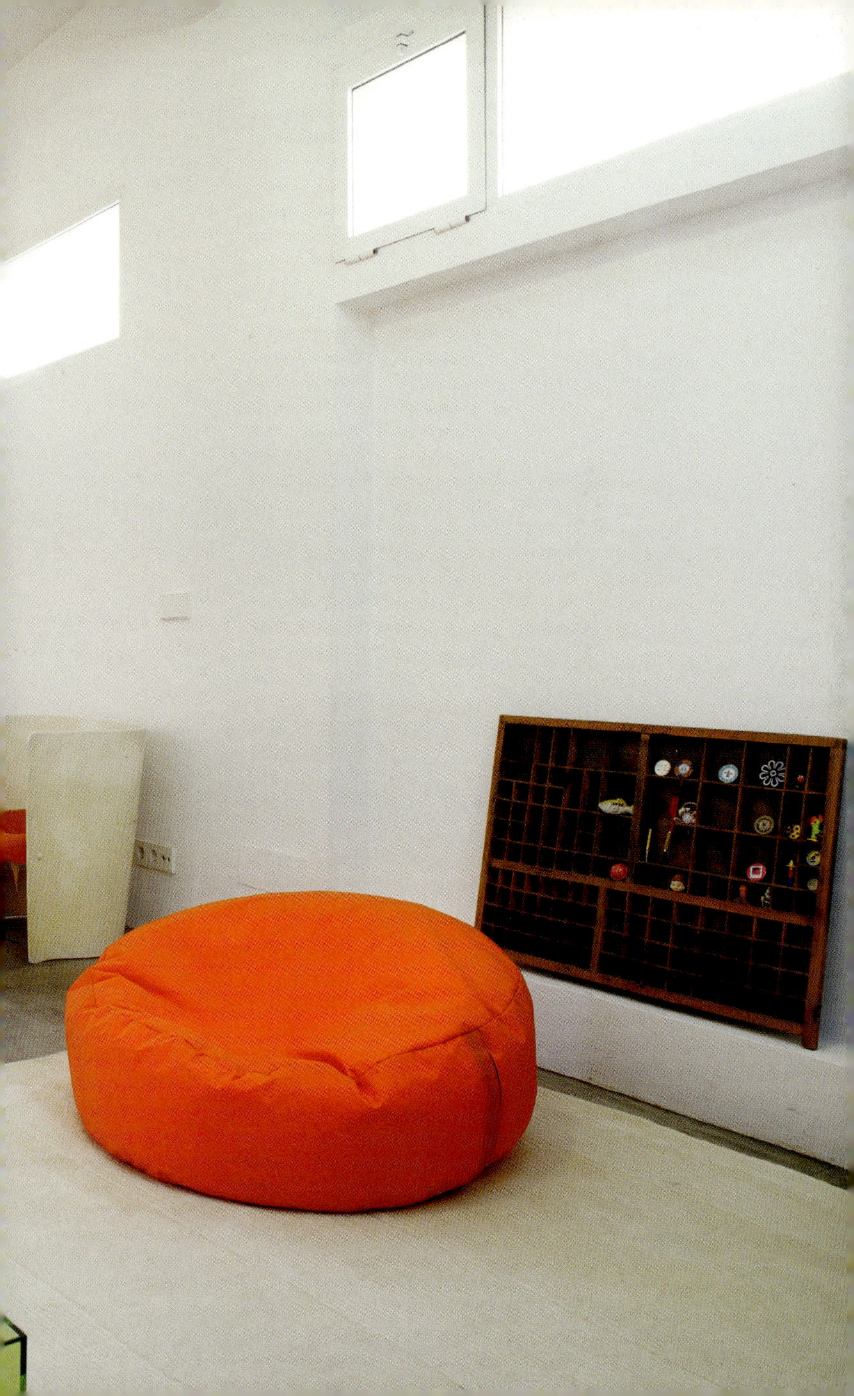

Dank der einfallsreichen Tischlereiarbeit wurden alle Funktionen dieses Lofts in einigen wenigen schlanken und organischen Möbeln integriert. Auf wenigen Quadratmetern entstand so ein multifunktionaler Raum mit hohem Fassungsvermögen, der, ohne überladen zu wirken, die Grundbedürfnisse während eines Kurzurlaubs abdeckt, wenn nur wenig Zeit zu Hause verbracht werden soll.

Thanks to ingenious carpentry work, all the functions in this loft are integrated in just a few pieces which are streamlined and organic. In very few feet, a multipurpose space with a large capacity has been created which allows open space to be kept and covers the basic needs for a short holiday, when the goal is not to spend too much time in the home.

APARTMENT ON THE ATLANTIC COAST

Huiswerk Architecten

Zeebrugge, Belgium
35 m² / 377 square feet

Grâce à un travail ingénieux de menuiserie, toutes les fonctions de ce loft sont intégrées dans quelques éléments épurés et organiques. Quelques mètres ont suffi pour créer un espace polyvalent d'une grande capacité et obtenir un lieu ouvert suffisant pour des vacances courtes, lorsque l'idée n'est pas de passer trop de temps à l'intérieur.

Dankzij ingenieus timmerwerk zijn alle functies in deze loft in een paar gestroomlijnde en organische elementen geïntegreerd. Op een oppervlakte van slechts enkele meters is een multifunctionele ruimte met grote capaciteit gecreëerd. Er blijft zelfs een open ruimte over. Aan de belangrijkste vereisten voor een korte vakantie is voldaan, wanneer men niet te veel tijd in huis wil doorbrengen.

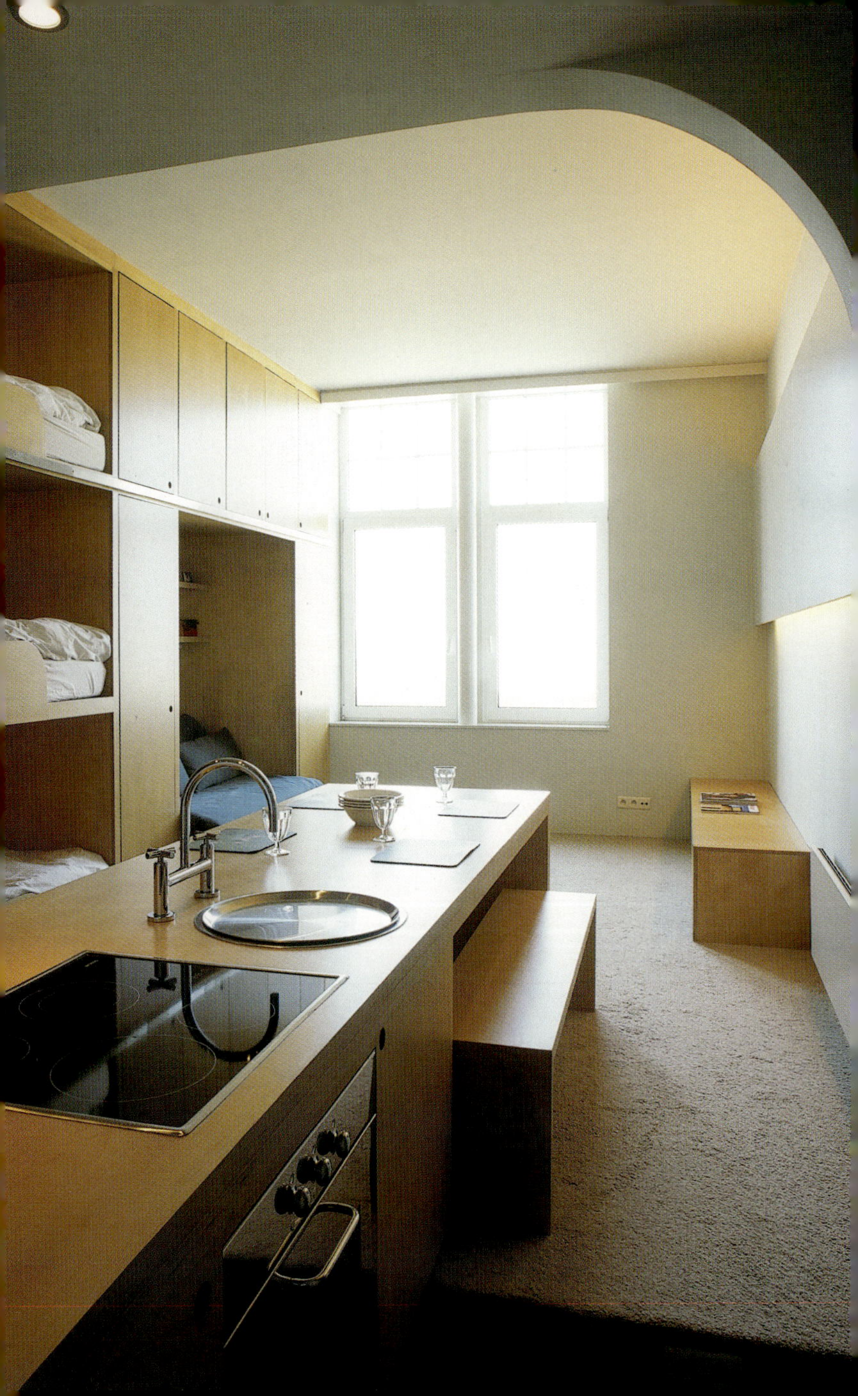

73

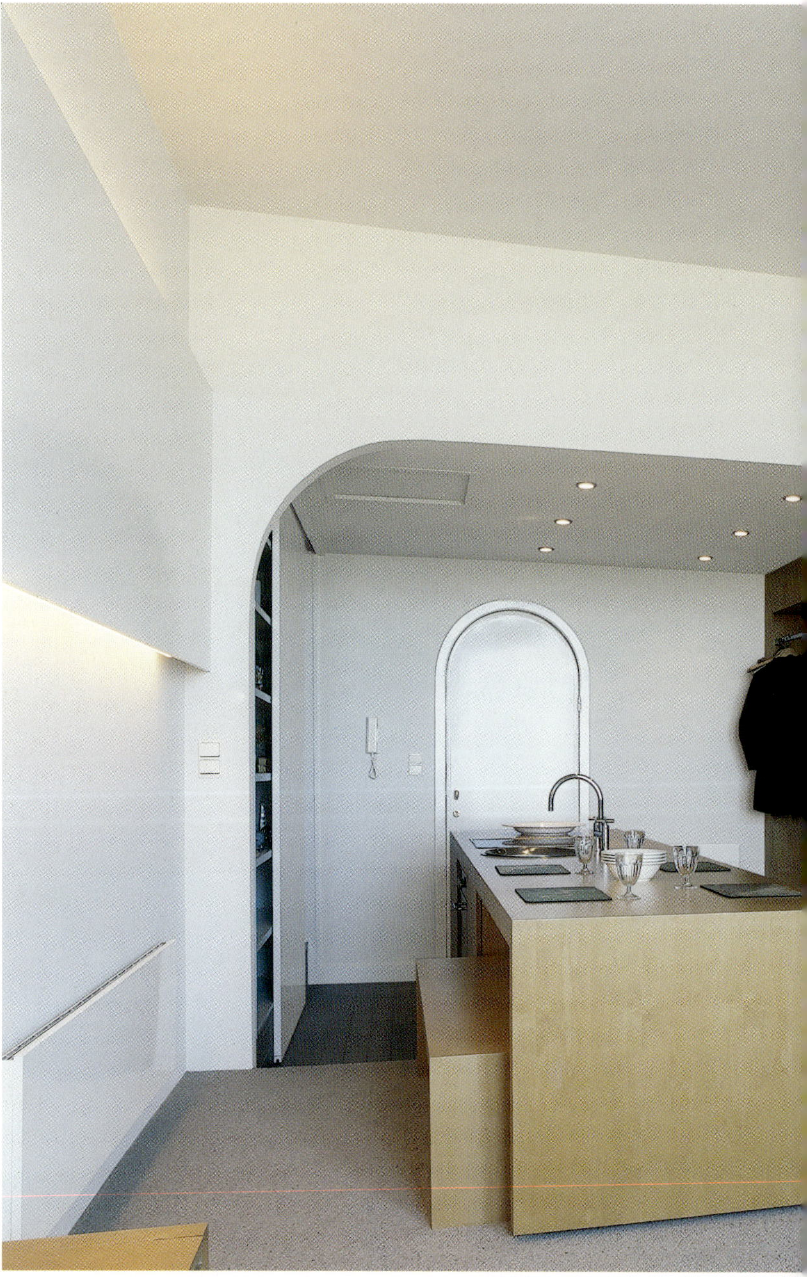

75

Durch die Renovierung dieses im Herzen von Madrid befindlichen Hauses wurden in einem alten Fabriksgebäude vier getrennte Wohnungen geschaffen. Die Mittelstütze des Tragwerks wurde in eine Treppe umgewandelt, die zum Dachgeschoss führt, das die Badezimmer enthält und als Privat- oder Partybereich genutzt werden kann. Die Parkettböden und Metallteile wurden erneuert.

The refurbishment of this building located in the heart of Madrid transformed an old manufacturing plant into four self-contained homes. The central pillar of the structure becomes a staircase leading to an attic, which contains the bathroom areas and which can easily be used as a private or night-time space. The parquet floors and metal fixtures were restored.

LOFT IN CHAMBERÍ, MADRID

Manuel Serrano Arquitectos

Madrid, Spain
69 m² / 743 square feet

La restauration de ce bâtiment situé au cœur de Madrid a converti une ancienne usine en quatre logements indépendants. Le pilier central de la structure est désormais un escalier menant à une mansarde comprenant la salle de bains et facilement convertible en espace privé ou de nuit. Le parquet et les installations métalliques ont été restaurés.

Bij de renovatie van dit gebouw in hartje Madrid is een oude fabriek getransformeerd tot vier aparte woningen. Van de centrale zuil van de constructie is een trap gemaakt die naar een zolder leidt, met de badkamer, en die gemakkelijk kan worden gebruikt als privé-ruimte of slaapruimte. De parketvloeren en de metalen leidingen zijn in hun oorspronkelijke staat hersteld.

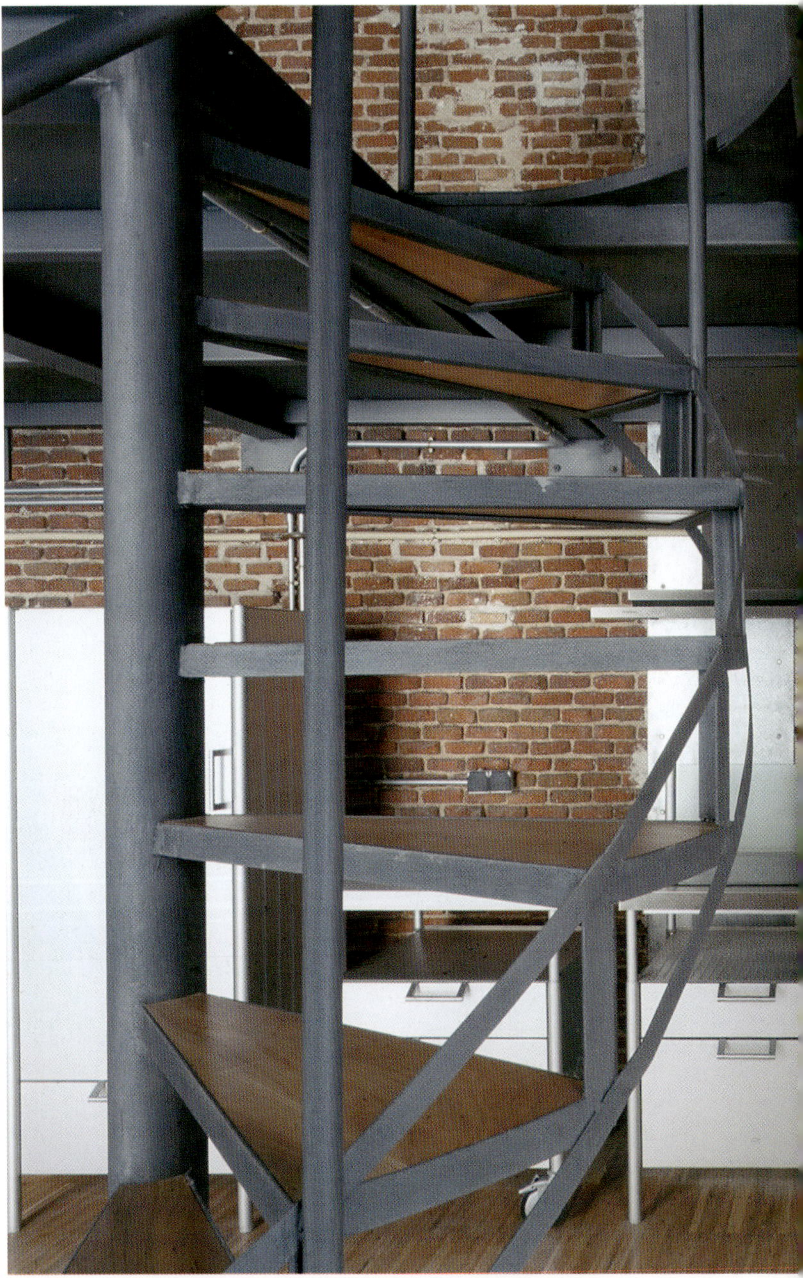

79

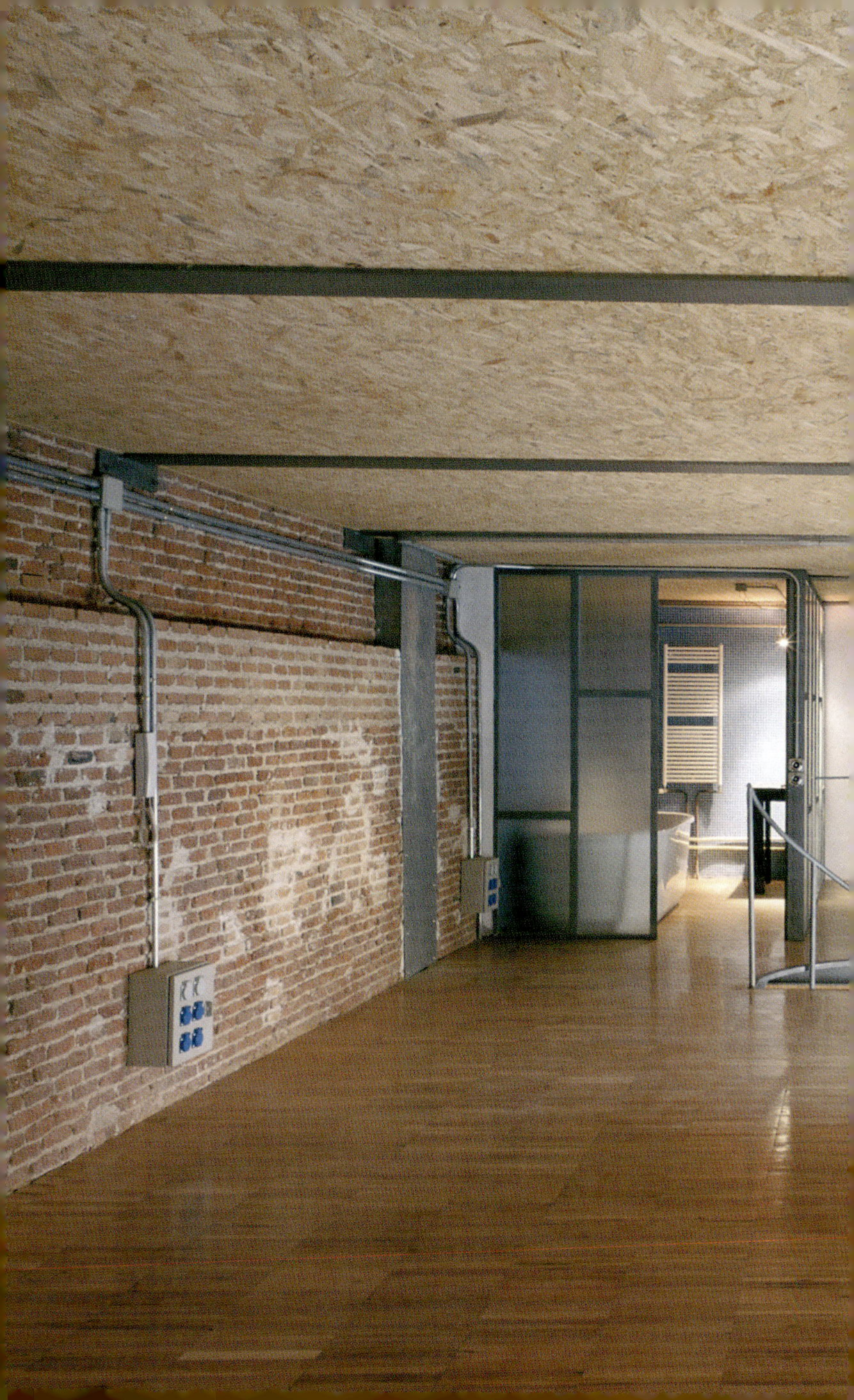

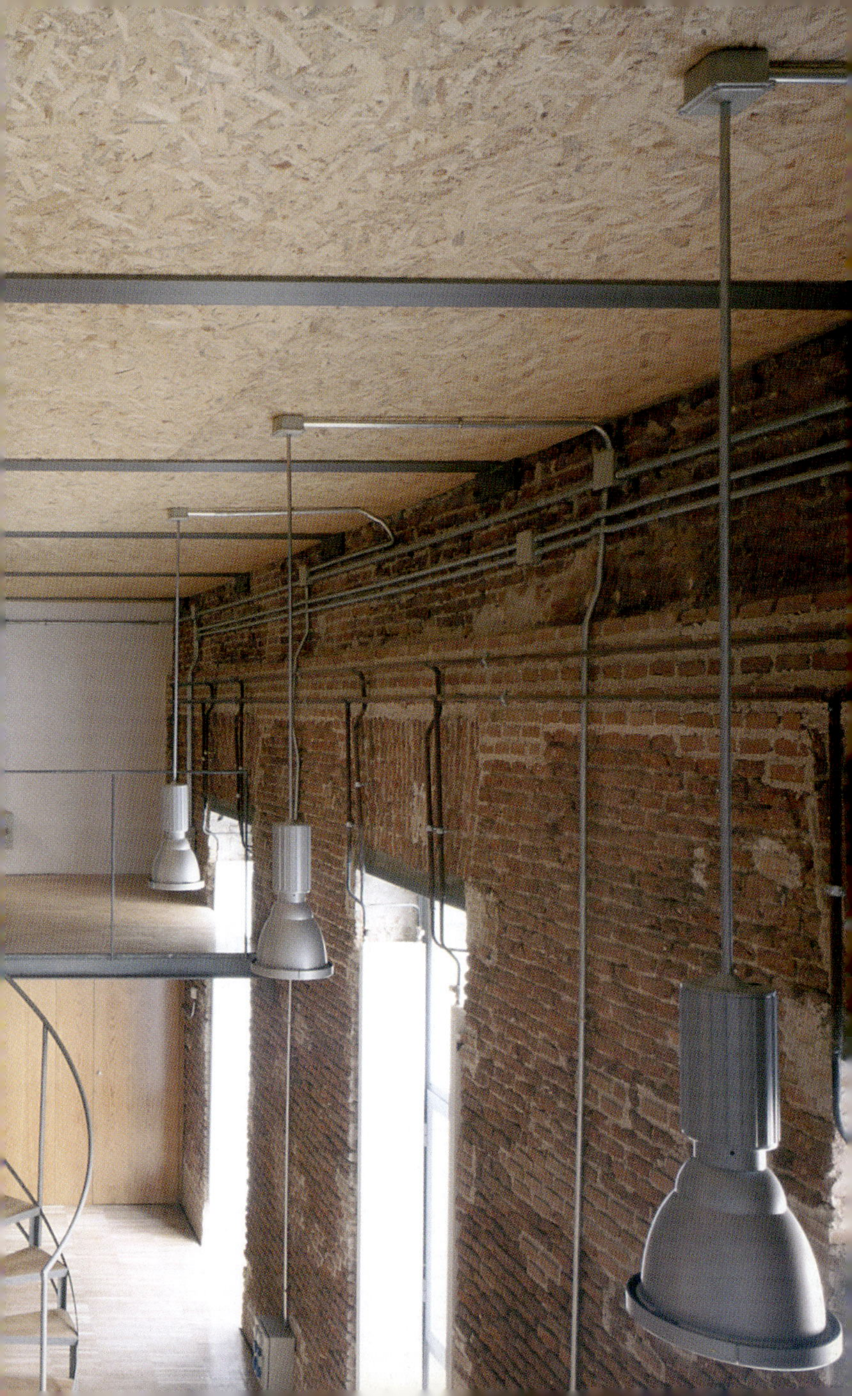

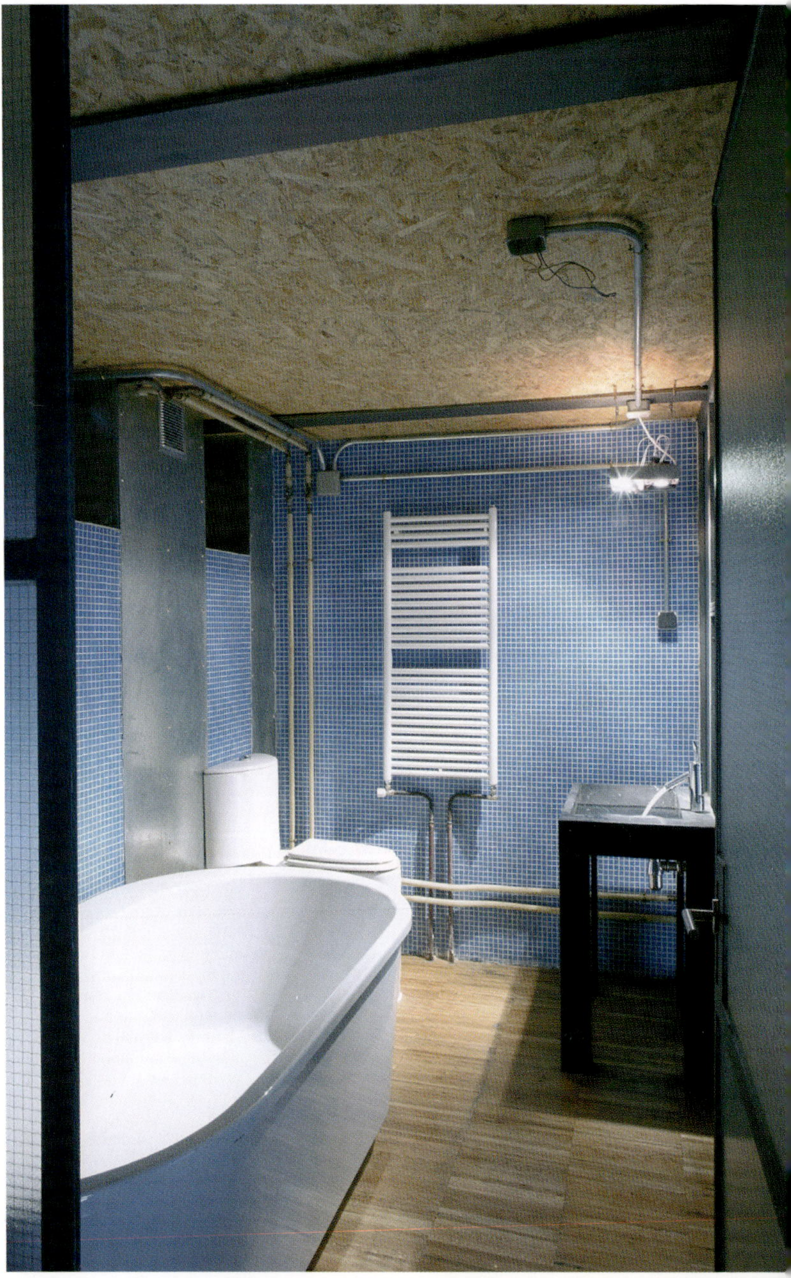

Side elevation and cross section

Das futuristisch gestaltete Badezimmer stellt sich als Kombination aus Fliesen, Metall und Glas dar. Blau, Schwarz und Weiß bilden die Grundfarben, die mit Stahlgrau kombiniert werden.

The bathroom, featuring a futuristic vision, presents a combination of ceramic, metal and glass. Blue, black and white make the basic colour ensemble, which combines with steel grey.

La salle de bains d'allure futuriste présente une combinaison de céramique, de métal et de verre. Les couleurs de base, bleu, noir et blanc, se marient parfaitement au gris acier.

De badkamer die een futuristische aanblik biedt, laat een combinatie zien van keramiek, metaal en glas. Blauw, zwart en wit vormen het basiskleurengamma, dat wordt gecombineerd met staalgrijs.

Funktionalität und Raumorganisation sind die zentralen Elemente dieses kleinen, gut genutzten Lofts. Der Schlafbereich liegt zur bestmöglichen Nutzung der Raumhöhe auf einer Zwischenebene. Die Küche ist hinter einer der wenigen Trennwände versteckt und mit dem Wohnbereich über eine Durchreiche verbunden. Holzböden, helle Farben und Tageslicht sorgen für ein angenehmes Flair.

Functionality and organisation of space is the key to this loft, which is small but extremely well-used. The bedroom is located on a mezzanine floor to take maximum advantage of the ceiling height. Hidden behind one of the few walls, the kitchen is connected to the living room by a serving hatch. Wooden floors, bright colours and natural light provide a touch of warmth.

FRANKIE LOFT

Joan Bach

Barcelona, Spain

Fonctionnalité et organisation de l'espace sont les clés de ce petit loft parfaitement aménagé. La chambre se trouve sur une mezzanine pour profiter au maximum de la hauteur du plafond. Dissimulée derrière l'un des rares murs, la cuisine est reliée au salon par un passe-plat. Le parquet, les couleurs vives et la lumière naturelle procurent chaleur à l'ensemble.

Functionaliteit en organisatie van de ruimte vormen de sleutel tot deze loft, die klein maar zeer goed benut is. De slaapkamer bevindt zich op een entresol, zodat de plafondhoogte maximaal wordt benut. Verborgen achter een van de wanden, wordt de keuken met de woonkamer verbonden via een doorgeefluik. Houten vloeren, heldere kleuren en daglicht zorgen voor een warme sfeer.

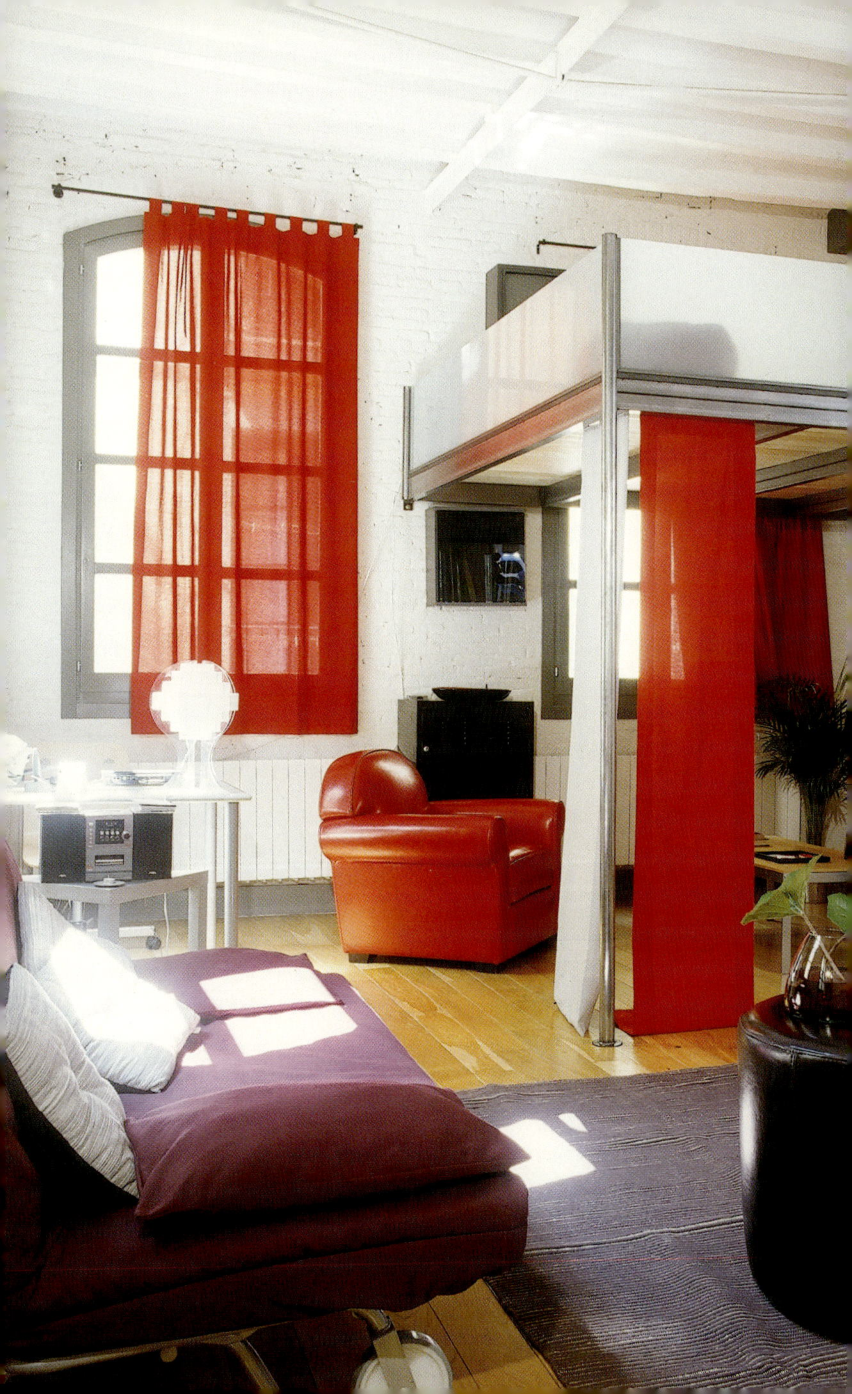

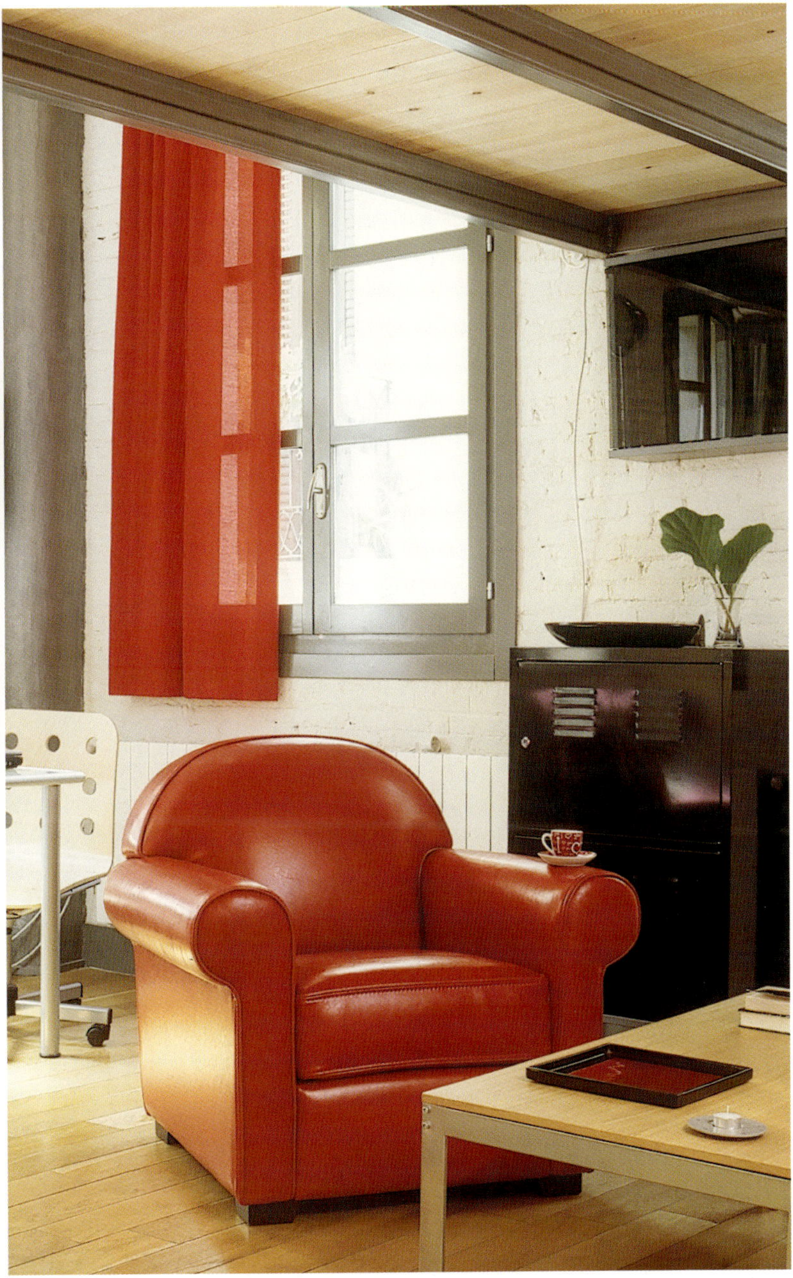

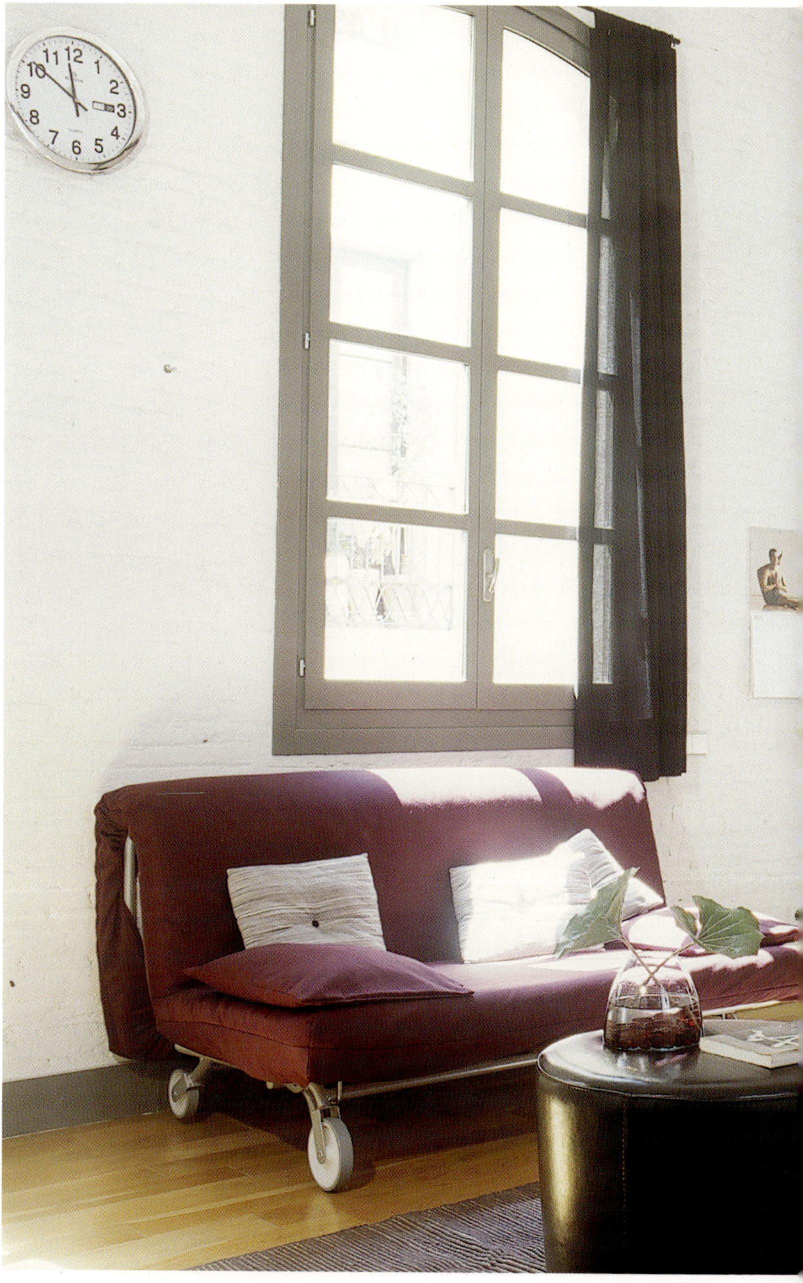

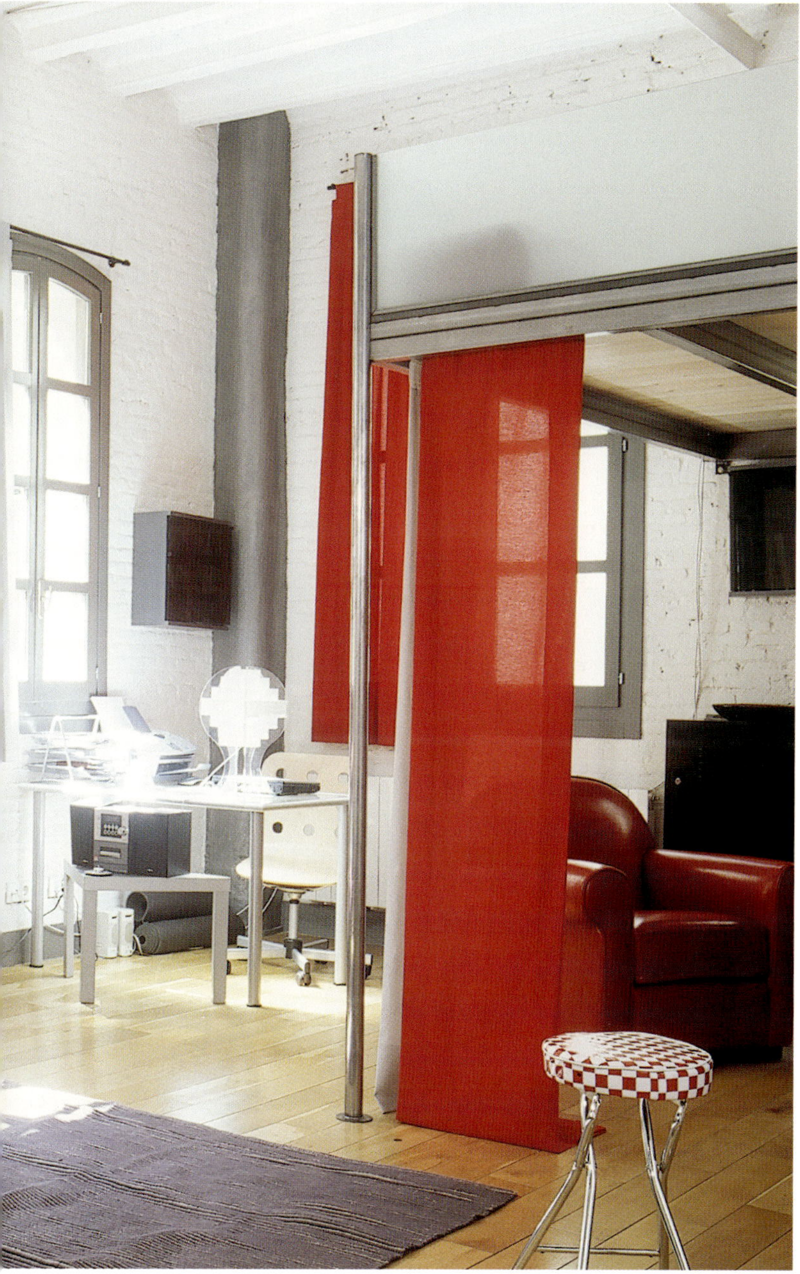

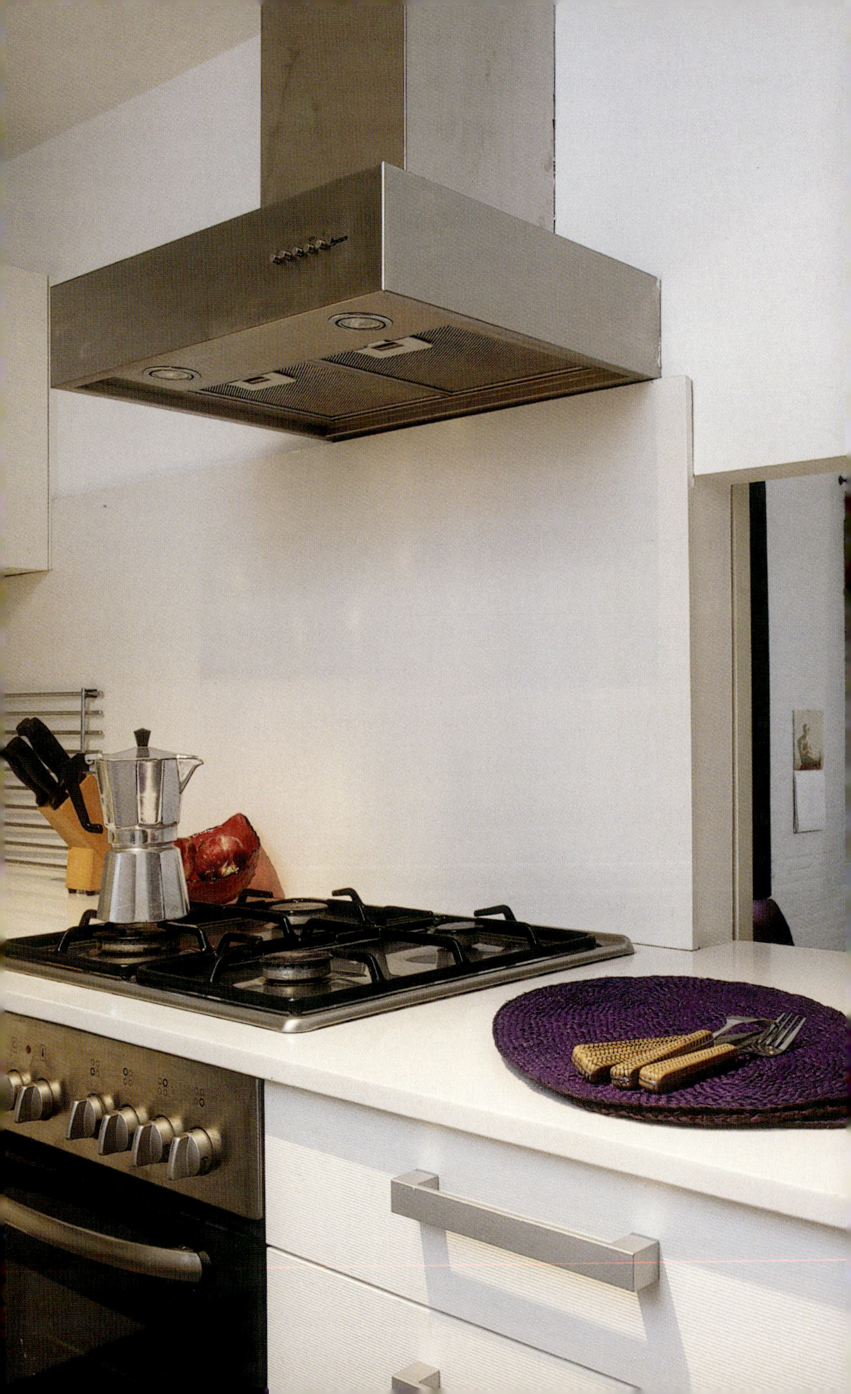

Weiß erzeugt ein Gefühl der Geräumigkeit, während die großen Fenster die Verbindung zur Außenwelt darstellen. Die Küche ist mit dem Rest des Raums durch eine Durchreiche verbunden, die auch als Bar dient.

White creates a feeling of spaciousness inside and the large windows connect to the outside. The kitchen is integrated into the rest of the space by a serving hatch which also serves as a bar.

Le blanc crée une sensation d'espace et les grandes fenêtres établissent un lien avec l'extérieur. La cuisine est intégrée au reste par un passe-plat qui fait aussi office de bar.

Wit geeft binnen een gevoel van ruimte en de ramen verbinden met buiten.
De keuken is geïntegreerd in de rest van de ruimte via een doorgeefluikje dat ook dienst doet als bar.

Das bescheidene Budget für die Renovierung dieser kleinen Maisonette war kein Hindernis bei der Einrichtung von zwei Geschossen mit Schlafzimmer und getrenntem Badezimmer. Eine neue, minimalistische Küche und ein informeller Essbereich, der die Küche vom Wohnbereich trennt, runden die Wohnung ab. Das Obergeschoss bietet einen Blick auf den Wohnbereich und Manhattan.

The low budget for the refurbishment of this small duplex did not hinder two stories with a bedroom and two separate bathrooms from being built. A new minimalist-style kitchen and an informal dining room area which separates the kitchen from the living room round off the home. The upper floor boasts views of the living room and Manhattan.

DUPLEX IN GREENWICH VILLAGE

Peter Tow/Tow Studios

New York, USA
65 m² / 700 square feet

Le budget restreint pour restaurer ce petit duplex n'a pas empêché la construction de deux étages avec une chambre et deux salles de bains. Une nouvelle cuisine minimaliste et une salle à manger informelle séparant la cuisine du salon viennent terminer l'ensemble. L'étage supérieur offre une vue sur le salon et sur Manhattan.

Het lage budget stond de bouw niet in de weg van dit kleine appartement van twee verdiepingen en met een slaapkamer en twee badkamers. Een nieuwe, in minimalistische stijl uitgevoerde keuken en een informele eetruimte die de keuken van de woonkamer scheidt, maken deze woning af. De bovenste verdieping geniet van een uitzicht op de woonkamer en Manhattan.

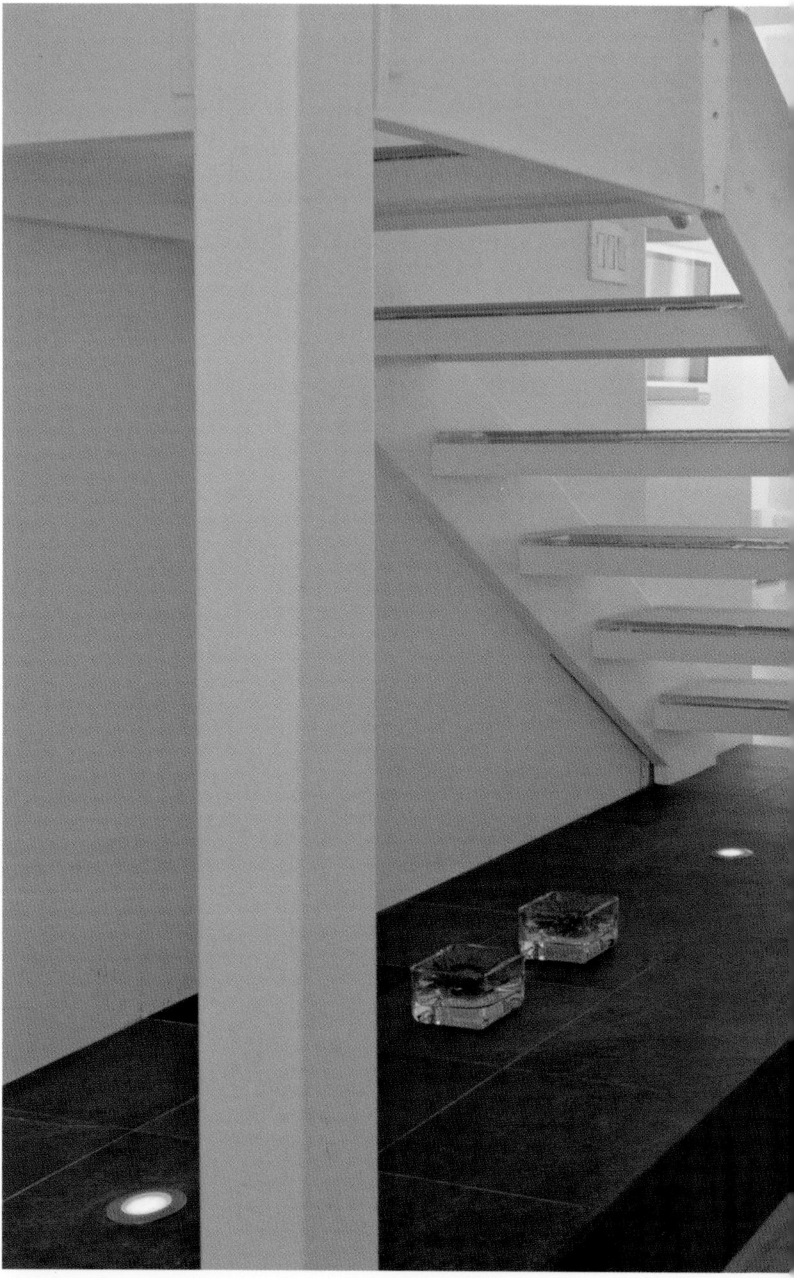

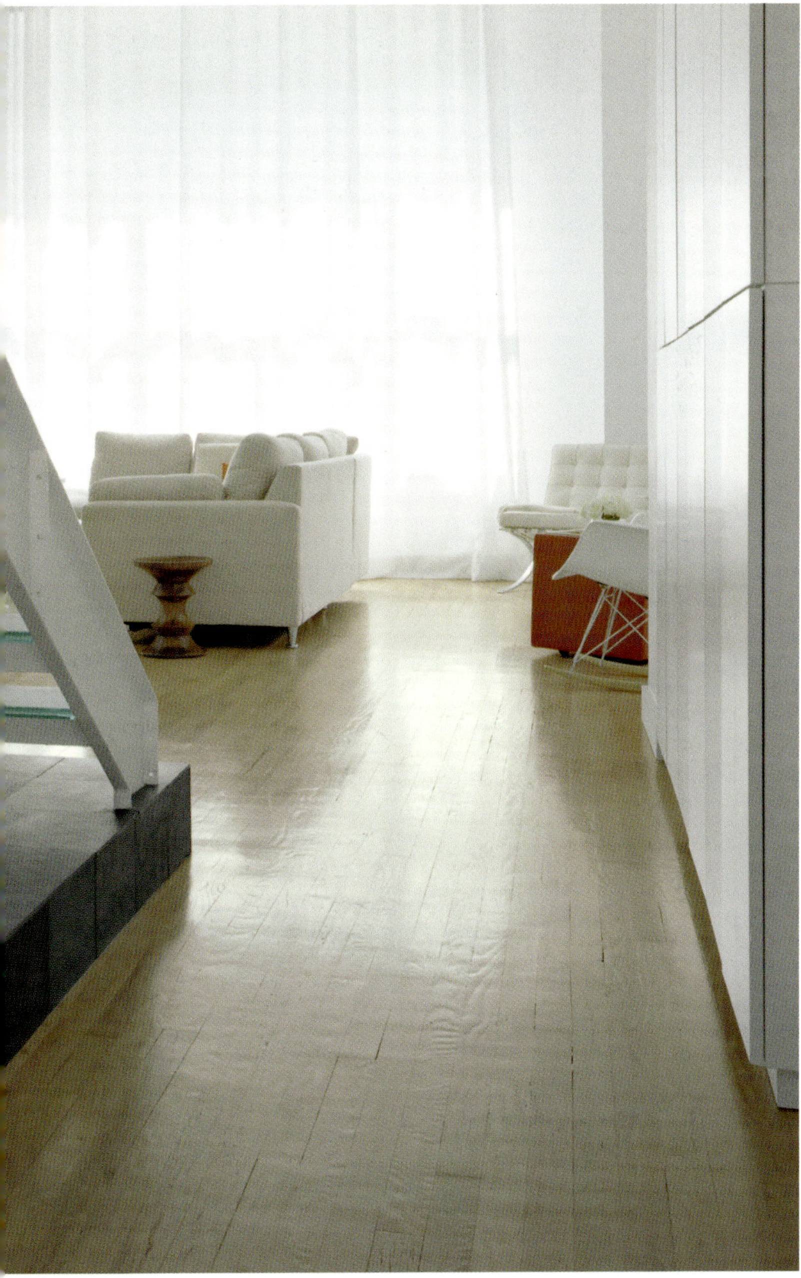

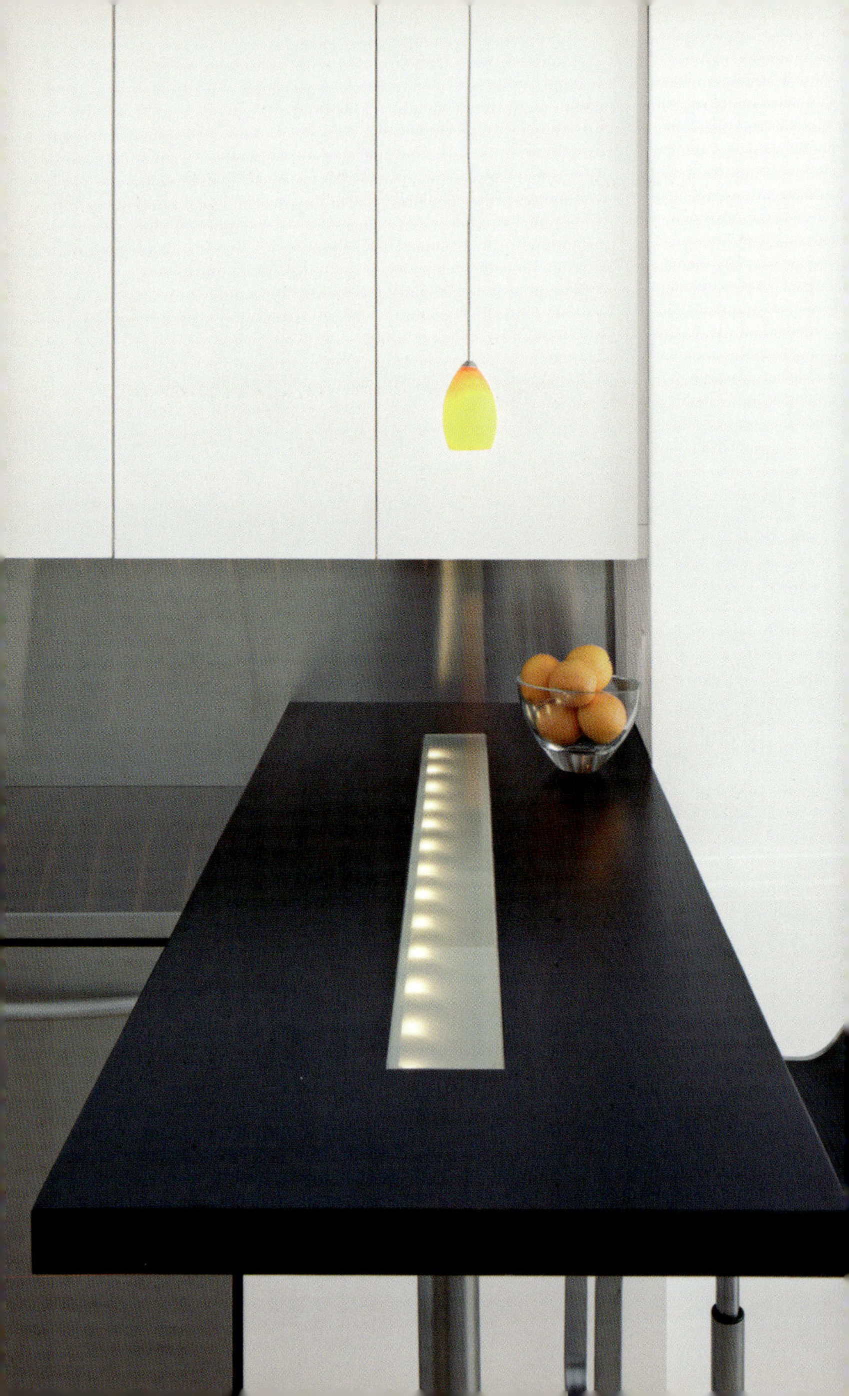

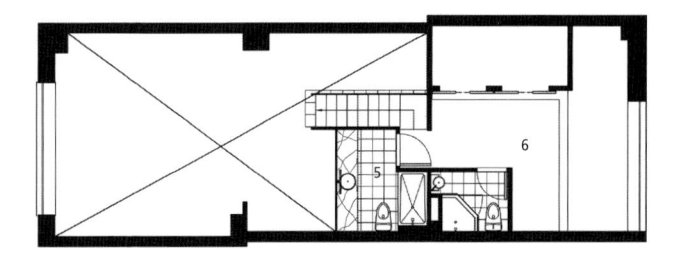

Upper level plan

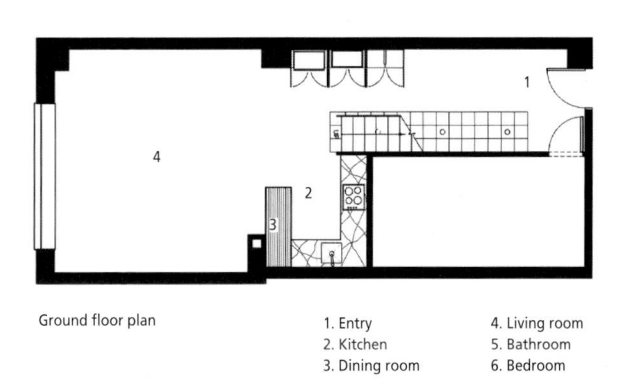

Ground floor plan

1. Entry
2. Kitchen
3. Dining room
4. Living room
5. Bathroom
6. Bedroom

Das Badezimmer dieser Maisonette eröffnet durch eine Milchglaswand einen Blick ins Wohnzimmer. Schlaf- und Badezimmer im Obergeschoss sind über eine Treppe mit Wohnbereich und Küche verbunden.

In this duplex, the bathroom has views of the living room. A frosted glass wall separates the two spaces. The bedroom and the bathroom on the upper level are connected to the living room and the kitchen by a staircase.

Dans ce duplex, la salle de bains donne sur le salon. Un mur en verre dépoli sépare les deux espaces. La chambre et la salle de bains à l'étage sont connectées au salon et à la cuisine par un escalier.

De badkamer biedt uitzicht op de woonkamer. Een matglazen wand scheidt de twee ruimten van elkaar. De slaap- en de badkamer op de bovenste etage staan via een trap met de woonkamer en de keuken in verbinding.

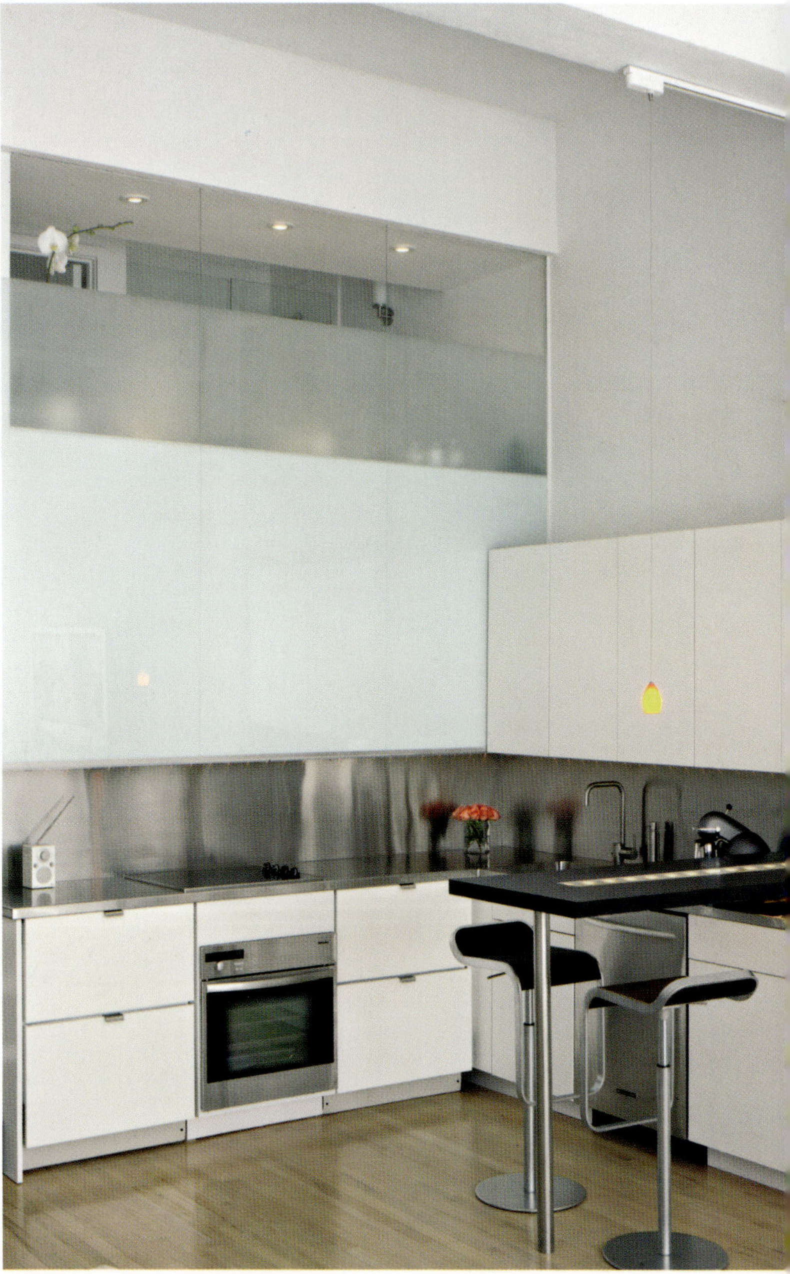

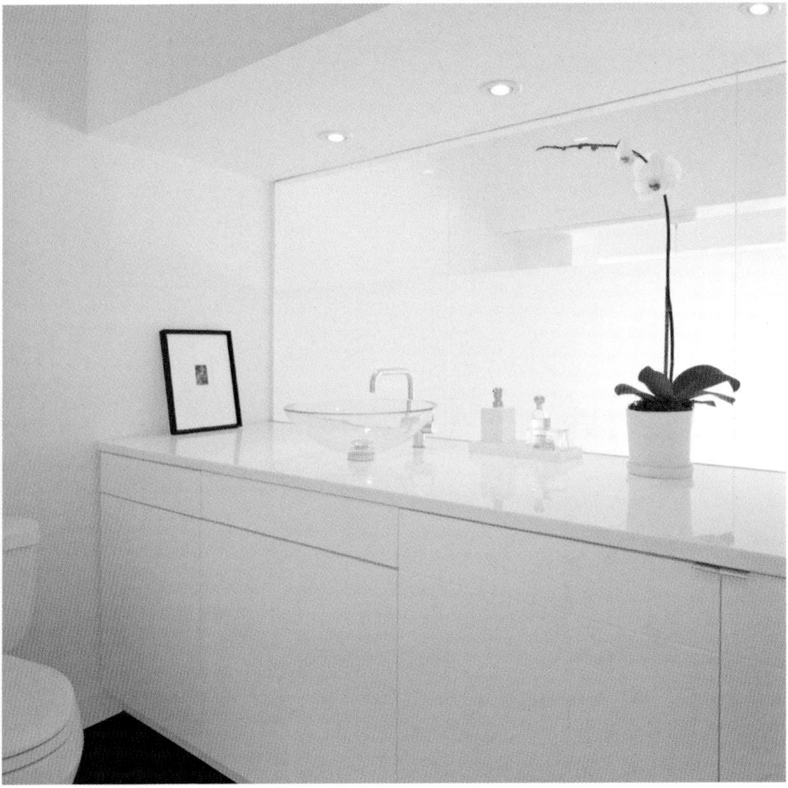

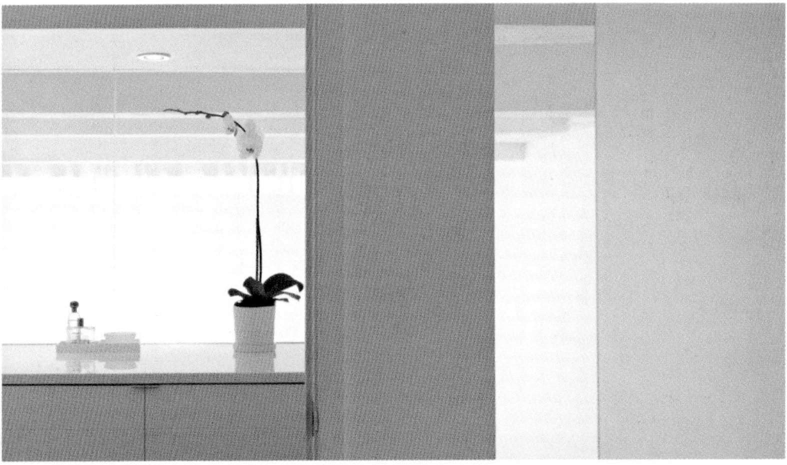

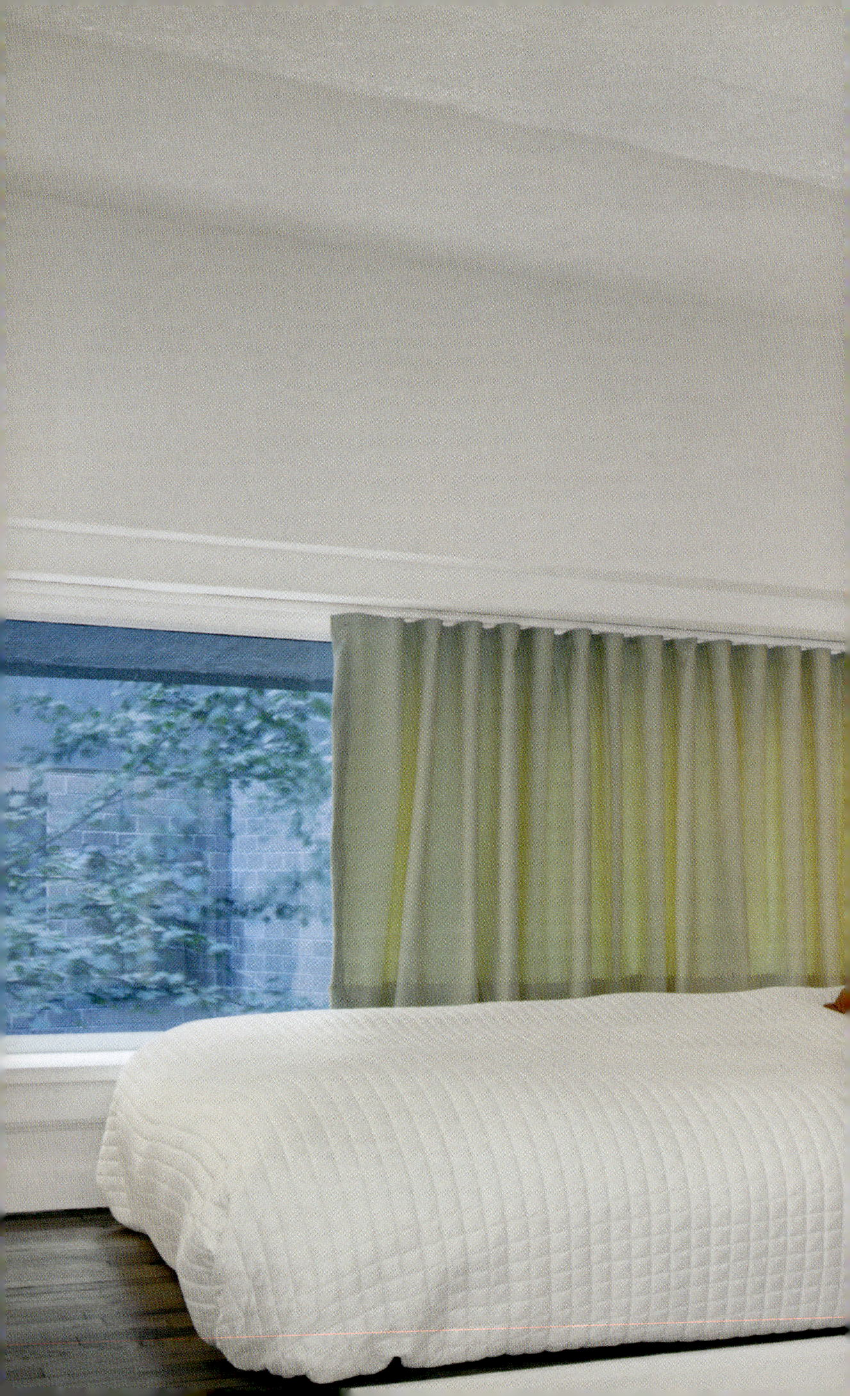

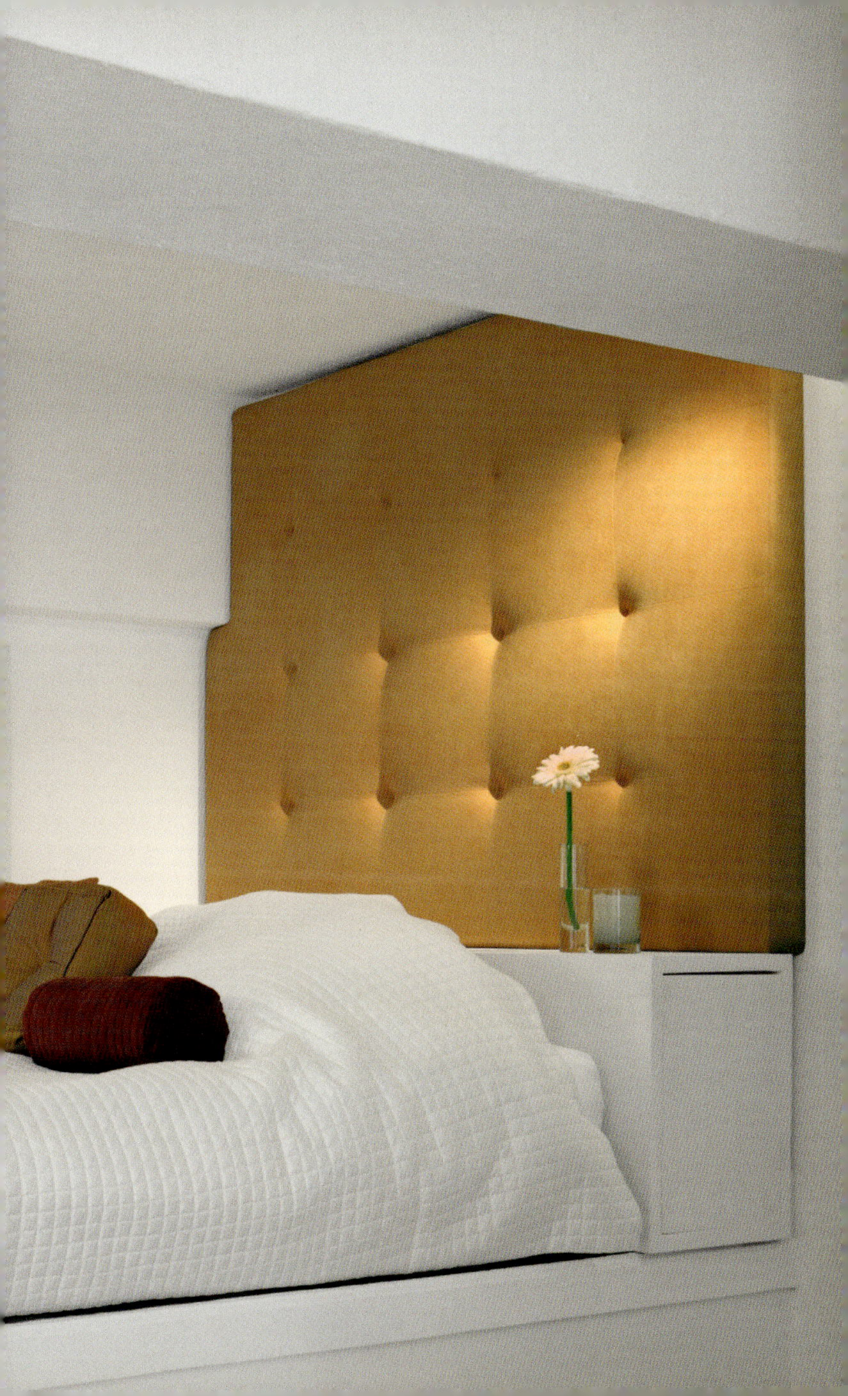

Die größte Herausforderung bei diesem Umbau bestand in der Umwandlung des Ateliers in eine Oase der Ruhe. Dies wurde durch die Nutzung des Tageslichts, die Schaffung von möglichst viel Stauraum und die Integration von Küche und Badezimmer in die restliche Wohnung erreicht, was eine durchgängige Optik ermöglichte. Eine lichtdurchlässige Glaswand trennt Küche und Schlafzimmer.

The major challenge of this refurbishment consisted of transforming the studio into an oasis of peace and quiet. This was achieved by capturing the natural light, creating the maximum amount of storage space possible and integrating the kitchen and bathroom into the rest of the home in order to provide visual continuity. A translucent glass panel separates the kitchen from bedroom.

STUDIO ON MADISON AVENUE

Kar-Hwa Ho

New York, USA
55 m² / 180 square feet

Le principal défi lors de la restauration consistait à transformer le studio en une oasis de paix et de calme. Pour ce faire, la lumière naturelle a été capturée, un espace de stockage maximum a été créé et la cuisine et la salle de bains ont été intégrées au reste afin d'offrir une continuité visuelle. Un panneau en verre translucide sépare la cuisine de la chambre.

De grootste uitdaging bij deze verbouwing bestond uit het omvormen van de studio in een oase van rust. Dit werd bereikt door de inval van daglicht te regelen, zo veel mogelijk bergruimte te creëren en de keuken en badkamer te integreren in de rest van de woning, zodat een visuele eenheid ontstaat. Een doorschijnend glazen paneel scheidt de keuken van de slaapkamer.

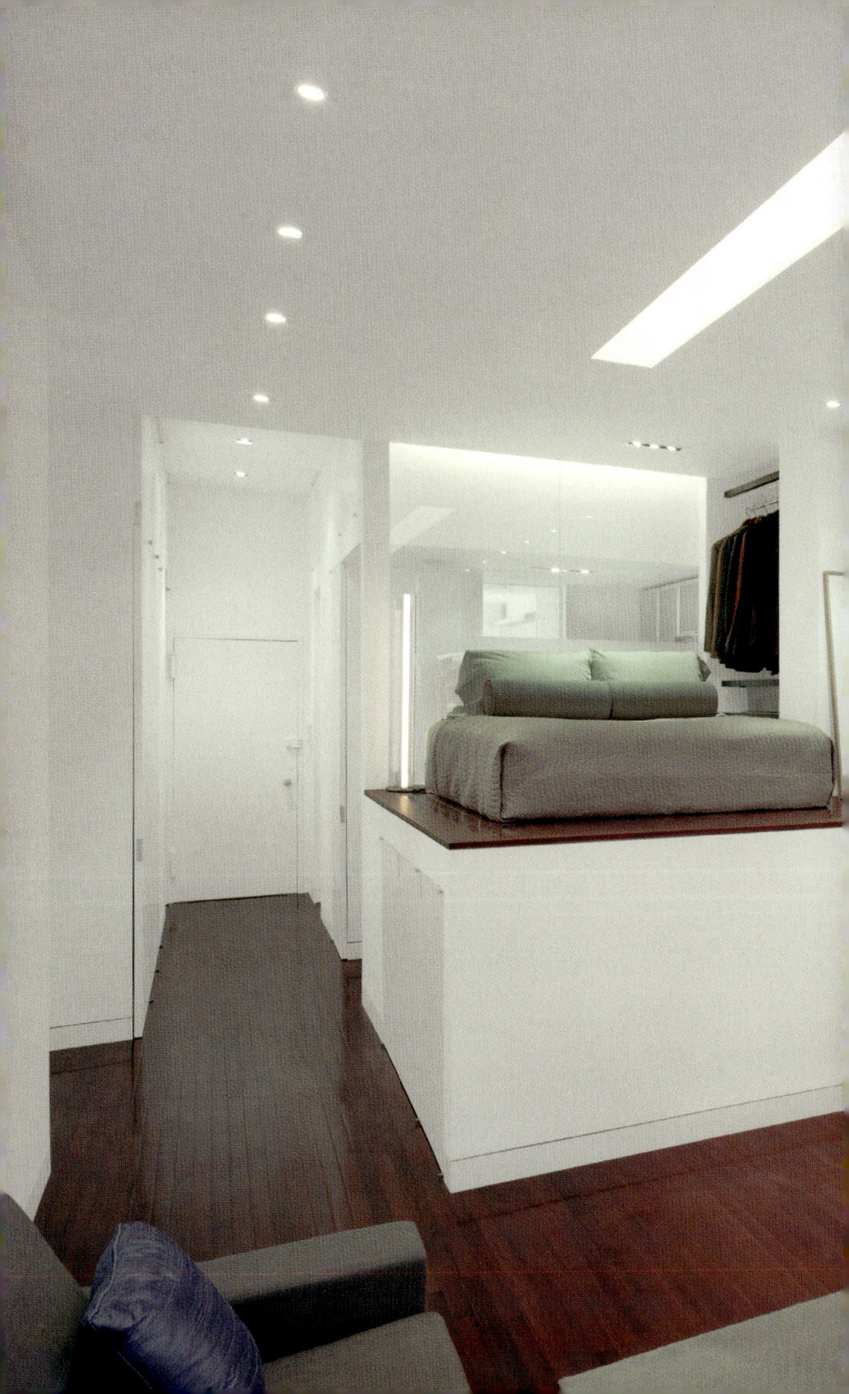

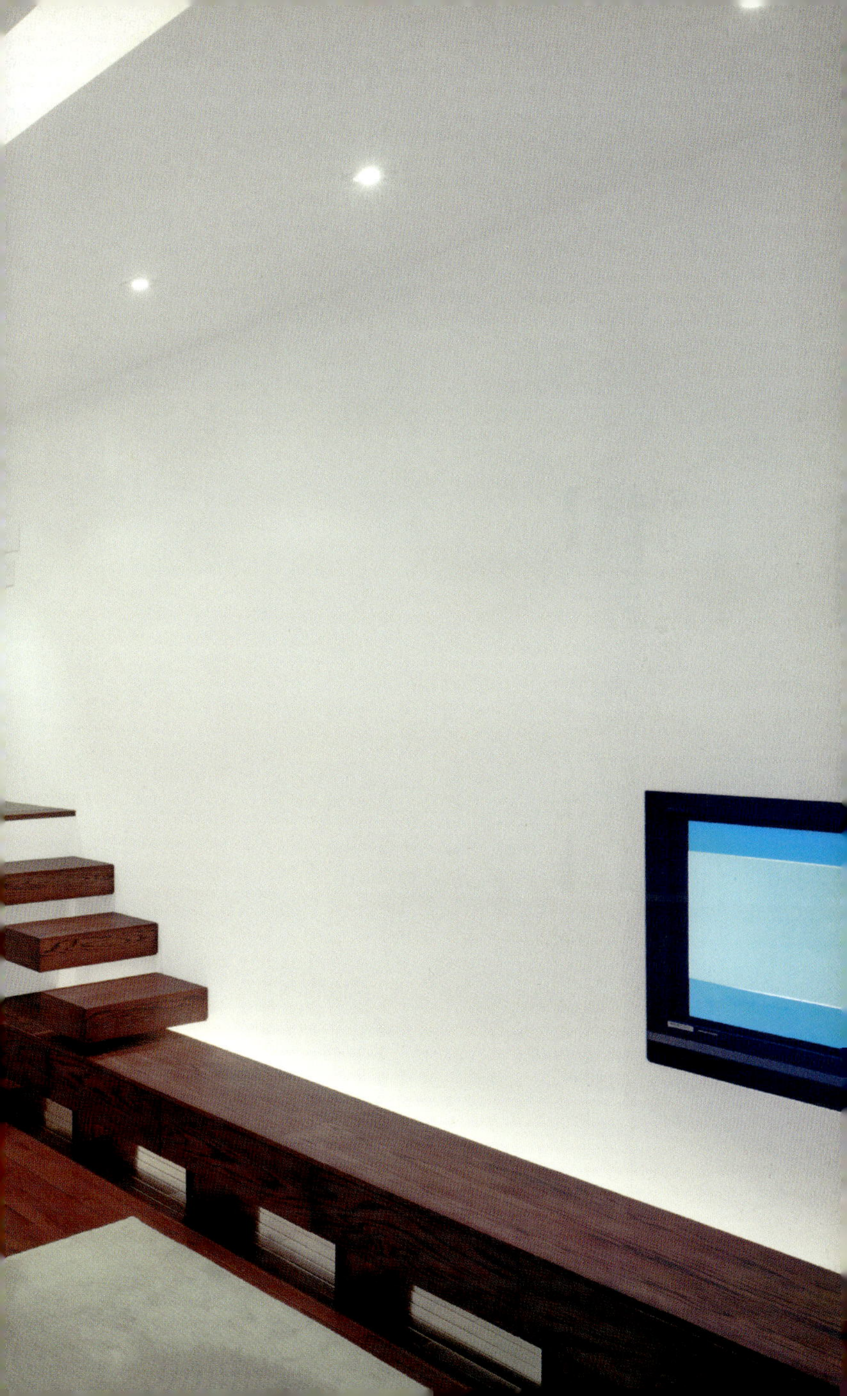

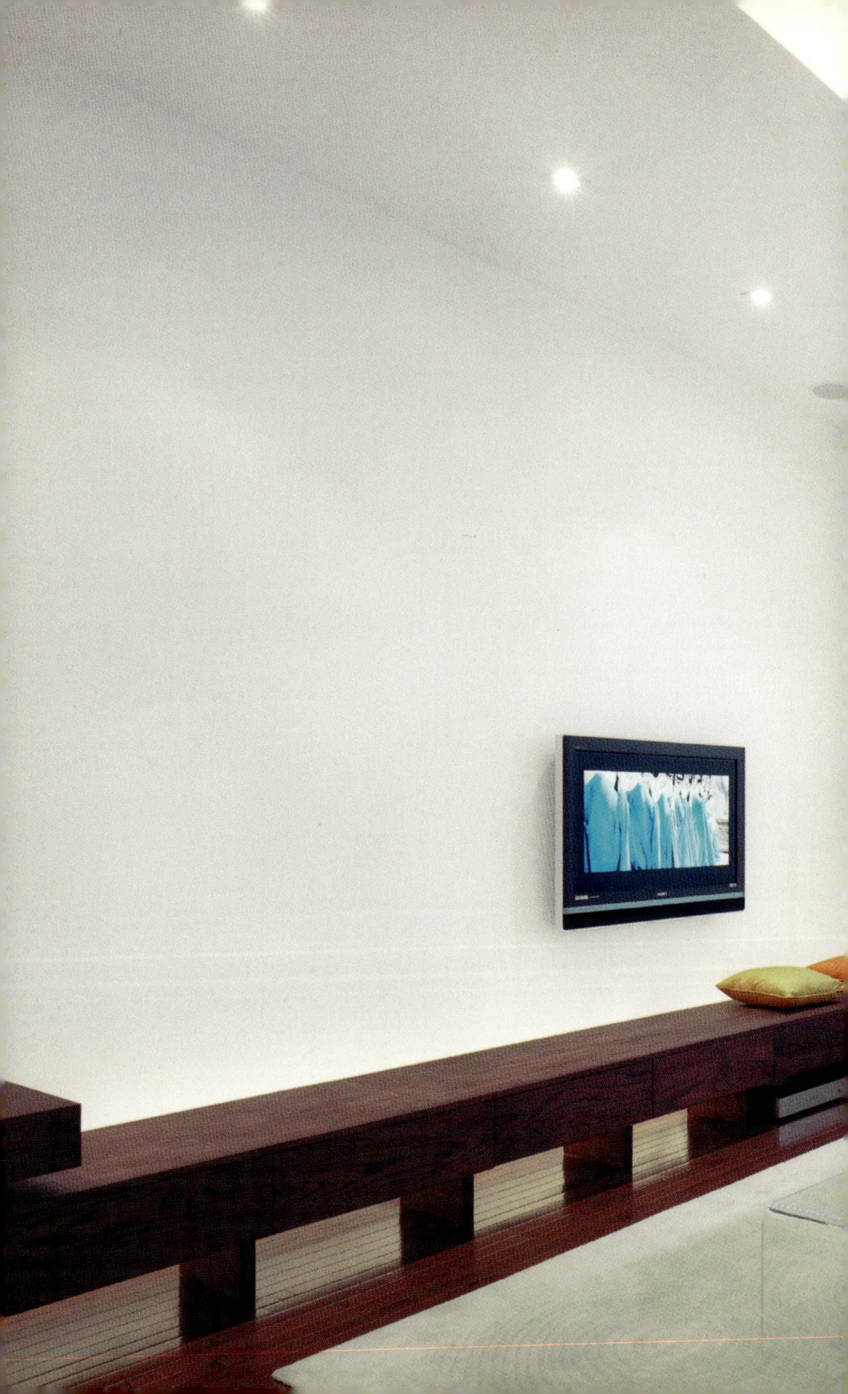

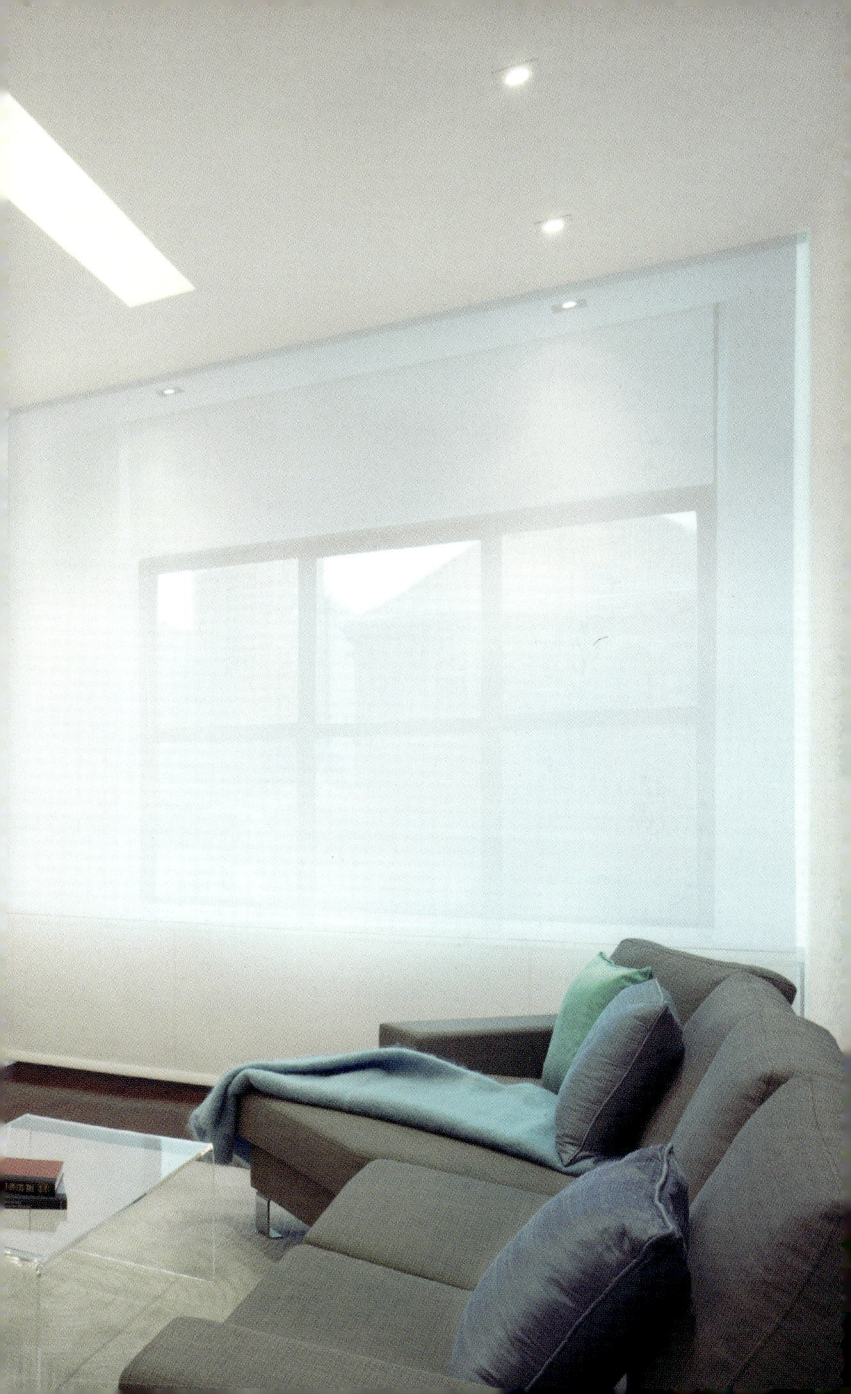

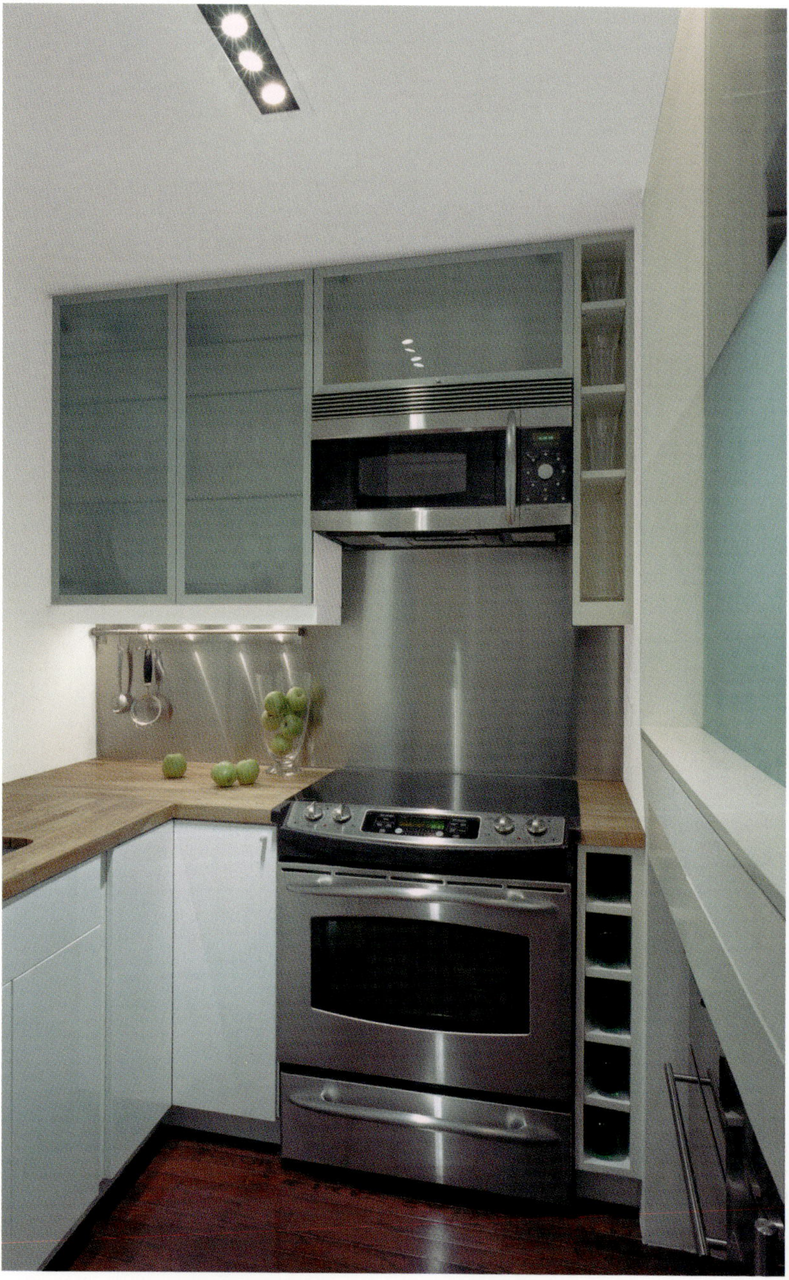

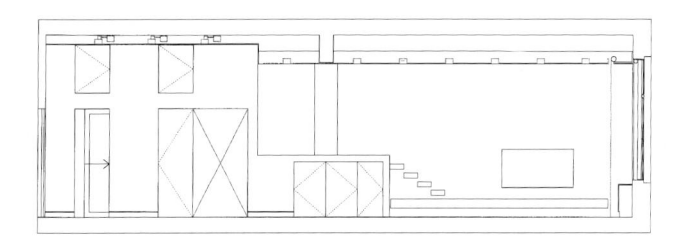

Side elevation

Küche und Badezimmer verfügen über kein Außenfenster; eine sandgestrahlte Glaswand und ein Fenster mit Milchglas sorgen dafür, dass in Küche bzw. Badezimmer ausreichend Tageslicht einfällt.

La cuisine et la salle de bains n'ont pas de fenêtres : un mur en verre poli à la sableuse dans la cuisine et une fenêtre en verre dépoli dans la salle de bains laissent pénétrer un généreux flot de lumière naturelle.

The kitchen and bathroom have no windows; a wall of glass polished with a sand jet in the kitchen and a frosted glass window in the bathroom mean that plenty of natural light can enter.

De keuken en badkamer hebben geen ramen; een gezandstraalde glazen wand in de keuken en een matglazen venster in de badkamer zorgen ervoor dat er voldoende daglicht kan binnentreden.

Beim Eintritt in diesen Loft fühlt sich der Besucher von dem Zyklopenauge beobachtet, das über eine in jede Richtung verstellbare Feder an einer an der Decke befestigten Schiene hängt. Das bewegliche Auge ist Zeuge der ohne jede klare räumliche Trennung stattfindenden Tätigkeiten im Haushalt sowie der von verschiedenen Ebenen vorgezeichneten Wege.

When entering this loft, one feels observed by the Cyclopean eye hanging from the ceiling, suspended from a horizontal bar tied to a spring, which enables it to be aimed in any direction. The moving eye is a witness to the domestic activities taking place without any obvious physical divisions, and to the suggestive routes traced by different floor levels.

PUTXET LOFT

Eduard Samsó

Barcelona, Spain

Passée l'entrée de ce loft, le visiteur se sent observé par l'œil de Cyclope pendu au plafond : il est fixé à une barre horizontale avec un ressort pour être orienté dans n'importe quelle direction. Cet œil mobile est le témoin des activités qui ont lieu dans cet espace sans divisions physiques claires et des parcours suggérés par les différents niveaux.

Bij binnenkomst krijgt men het gevoel geobserveerd te worden door het cyclopische oog aan het plafond. Het hangt aan een horizontale balk met een veer, waardoor het in elke gewenste richting kan worden gedraaid. We kunnen getuige zijn van de huiselijke activiteiten zonder duidelijke fysieke scheidingen en van de suggestieve routes die via de verschillende verdiepingen lopen.

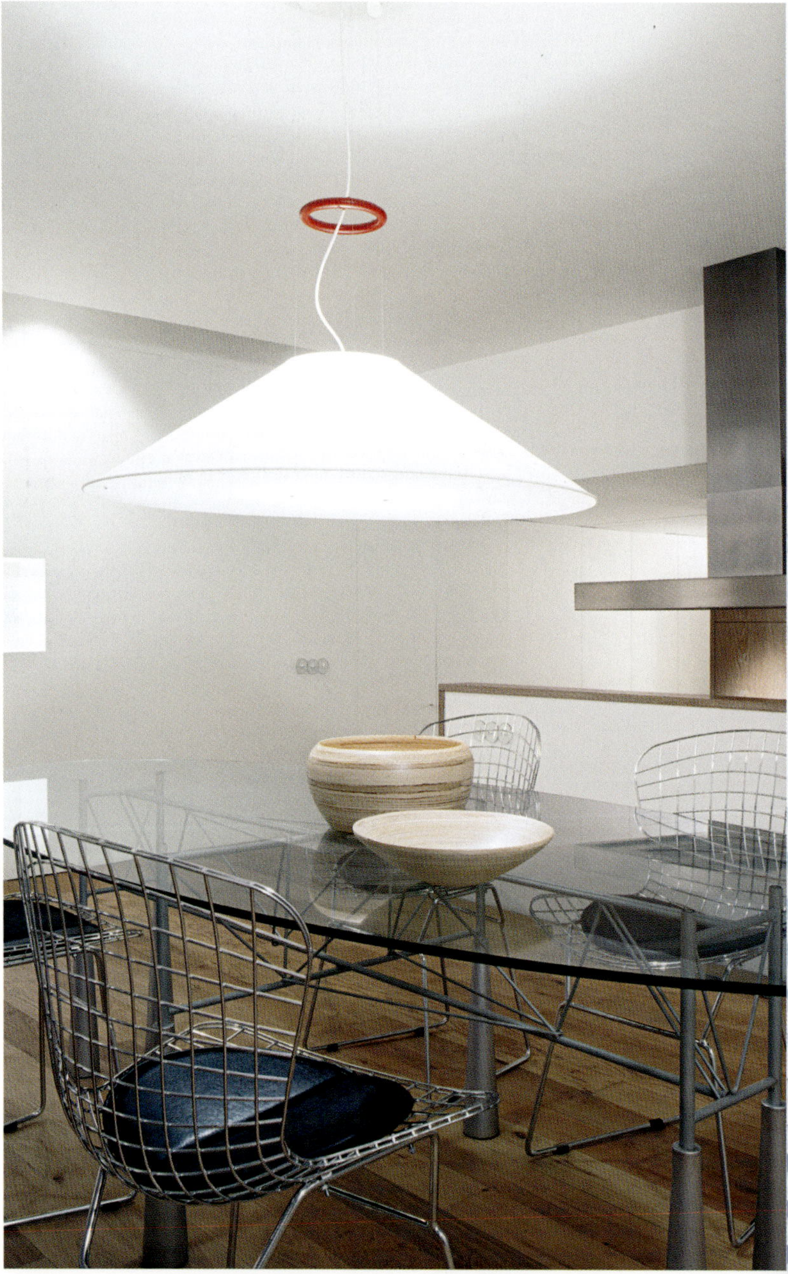

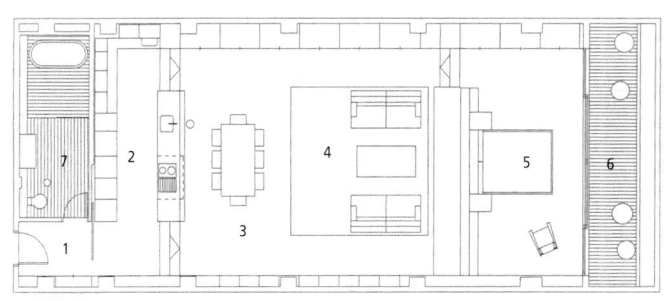

Penthouse's plan

1. Entrance
2. Kitchen
3. Dining room
4. Living room
5. Bedroom
6. Terrace
7. Bathroom

Küche und Essbereich bilden ein minimalistisches Ambiente, in dem Stahl und unlackiertes Holz perfekt mit Weiß kombinieren. Die Abzugshaube trennt die beiden Bereiche.

The kitchen and dining room feature a minimalist environment in which white, steel and unvarnished wood combine to perfection. The shape of the hood is used to separate them.

L'environnement minimaliste de la cuisine et de la salle à manger combine parfaitement le blanc, l'acier et le bois non traité. La hotte assure la séparation entre ces deux espaces.

De keuken en eetkamer stralen een minimalistische sfeer uit waarin wit, staal en ongelakt hout een perfecte combinatie opleveren. De vorm van de schoorsteen wordt gebruikt om de ruimten van elkaar te scheiden.

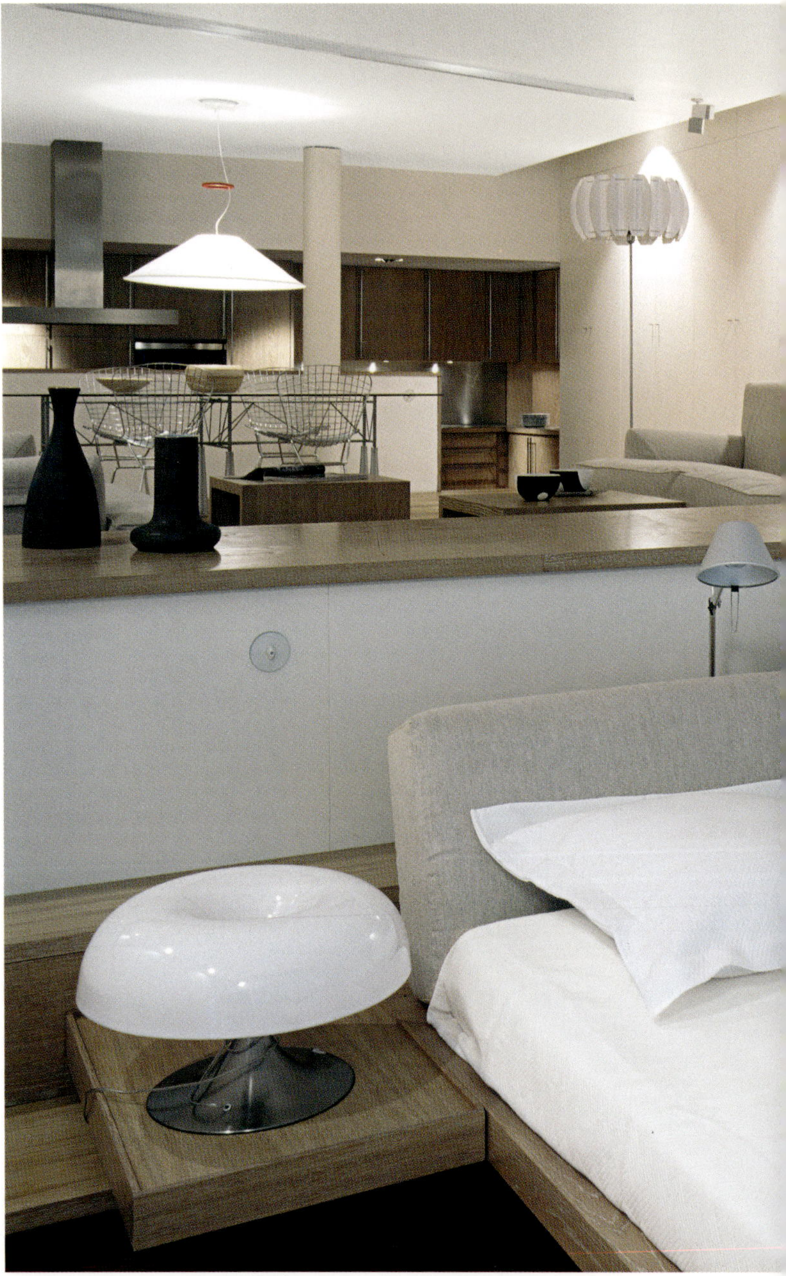

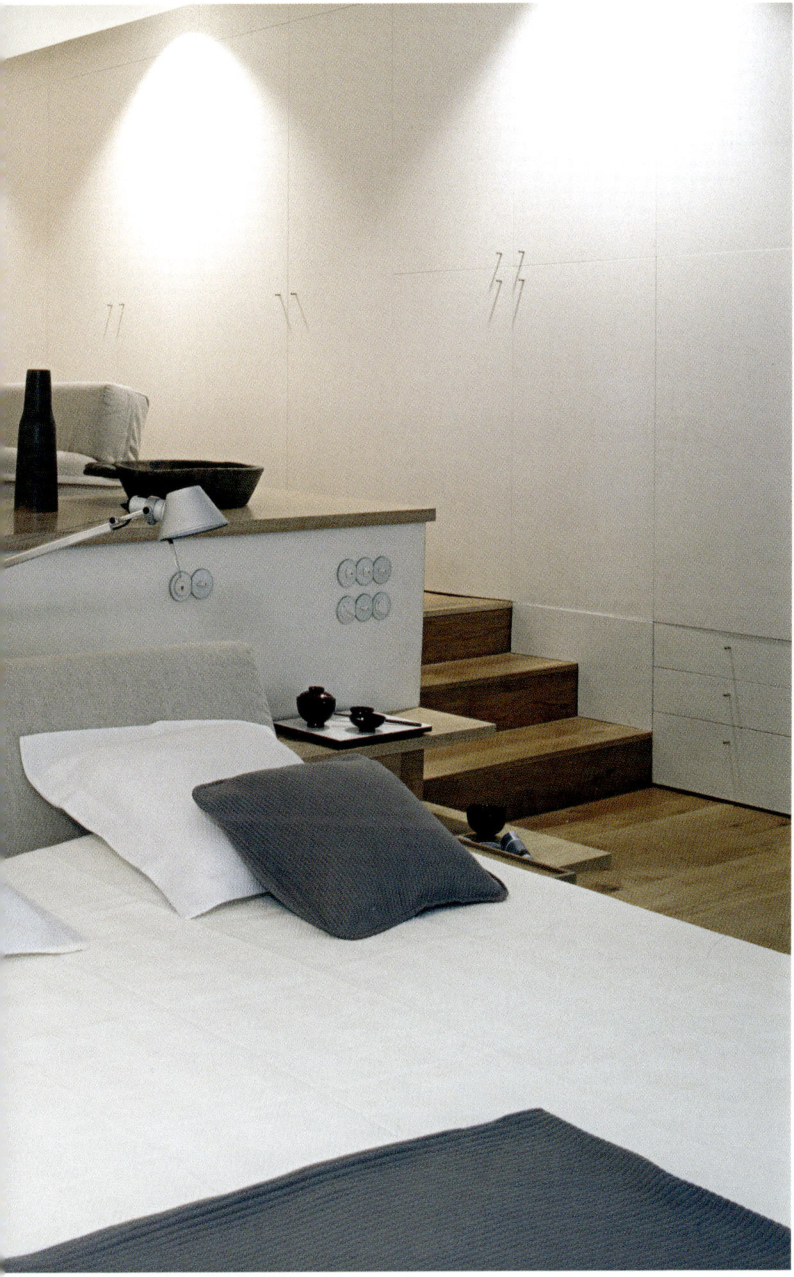

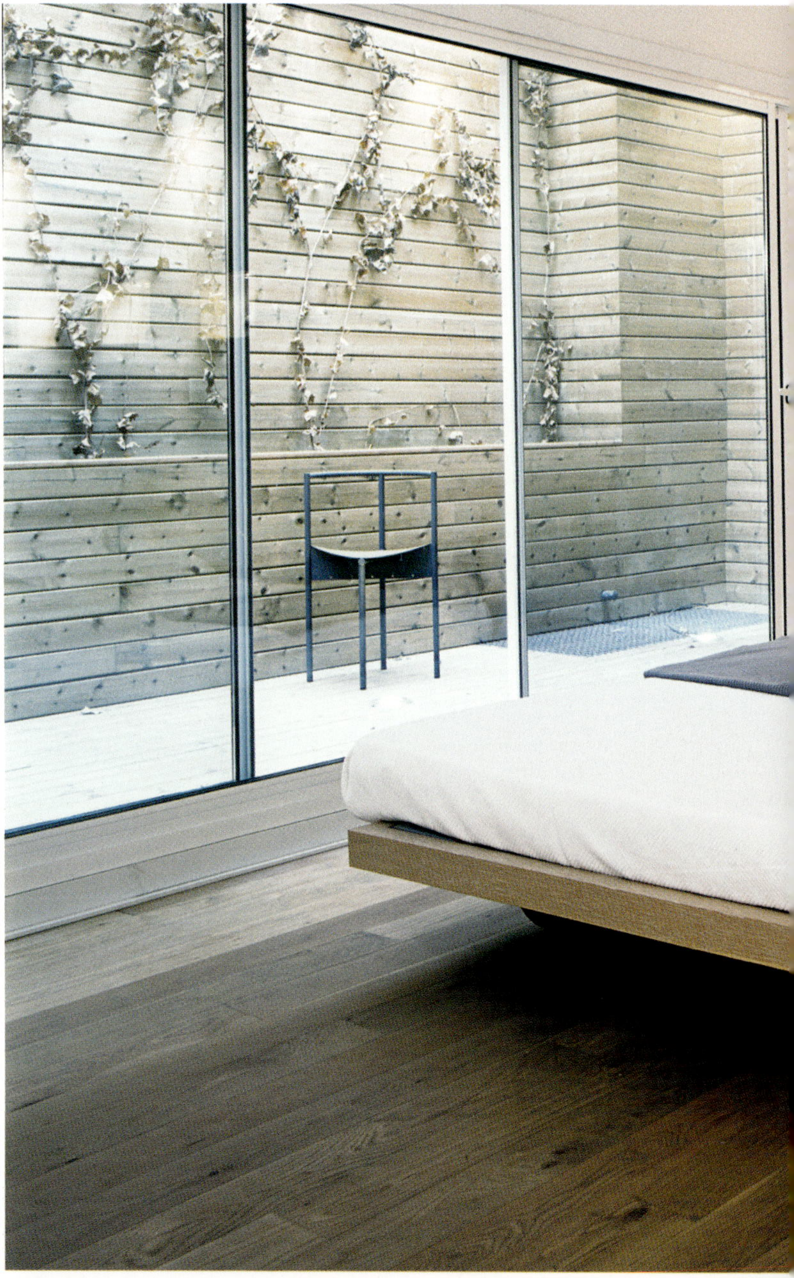

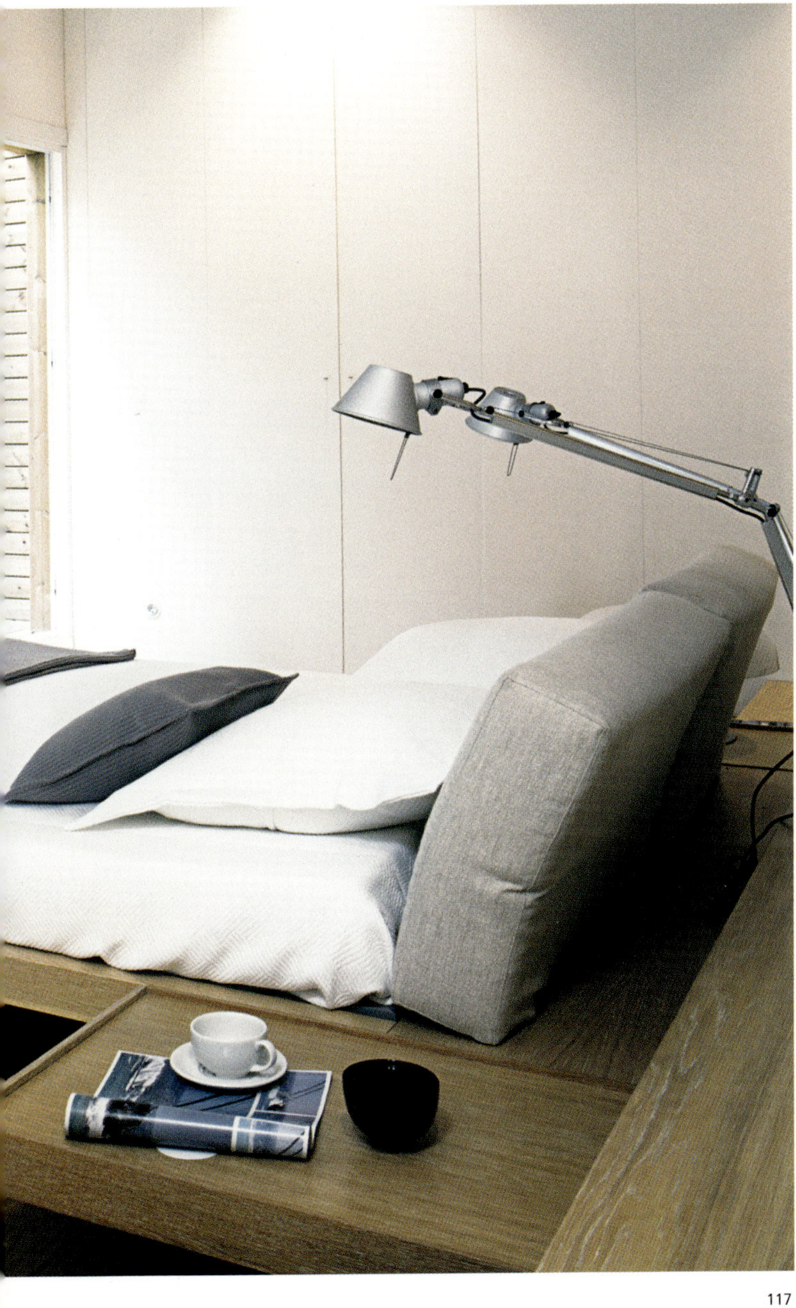

Die hohen Decken und Säulen sowie das begrenzte Tageslicht spielten bei der Renovierung dieses Lofts, dessen Design von zwei jungen Fotografen stammt, eine große Rolle. Daher wurden halbhohe Möbel und lichtdurchlässige Paneele zur Aufhellung der Räume eingesetzt. Einfache, transparente Faserplatten filtern das Licht und bilden eine Grenze zwischen Tag- und Nachtbereich.

Designed by a couple of young photographers, this loft's high ceilings, columns and limited natural light were crucial factors in its refurbishment. Furniture at medium height and translucent panels which enhance the brightness were added to solve this problem. Simple diaphanous fibre panels filter the natural light to separate the day and night areas.

NOHO LOFT

James Slade/Slade Architecture

New York, USA

Conçue par un couple de jeunes photographes, la restauration de ce loft a été dictée par les hauts plafonds, les colonnes et le peu de lumière naturelle. Le problème de lumière a été résolu en adoptant un mobilier à mi-hauteur et des panneaux translucides améliorant la luminosité. Ces simples panneaux de tissu diaphanes filtrent la lumière naturelle et séparent les zones de jour et de nuit.

Deze loft is ontworpen door een stel jonge fotografen. De hoge plafonds, de zuilen en het beperkte daglicht speelden een cruciale rol bij dit project. Dit werd opgelost door de plaatsing van halfhoge meubels en doorschijnende panelen die meer helderheid in de ruimte brengen. Eenvoudige panelen van transparante stof filteren het daglicht en scheiden de dag- en nachtruimten.

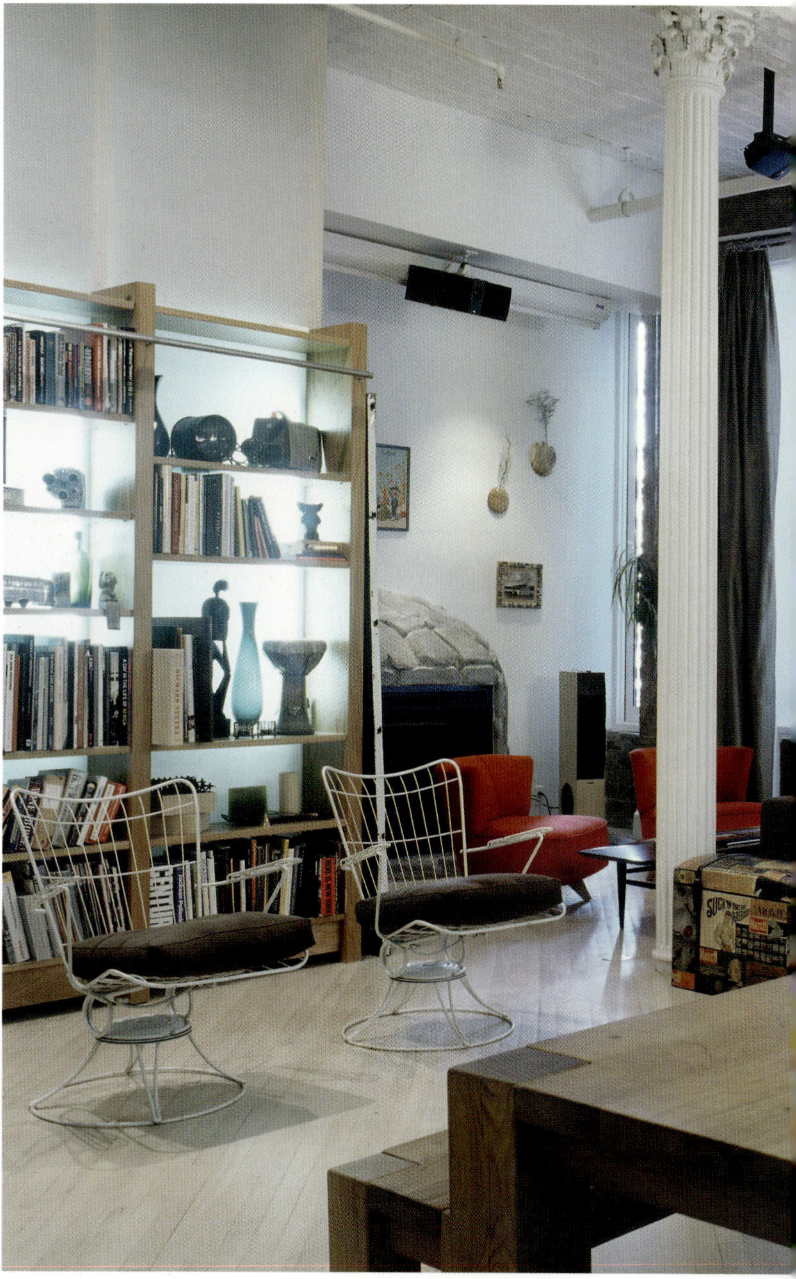

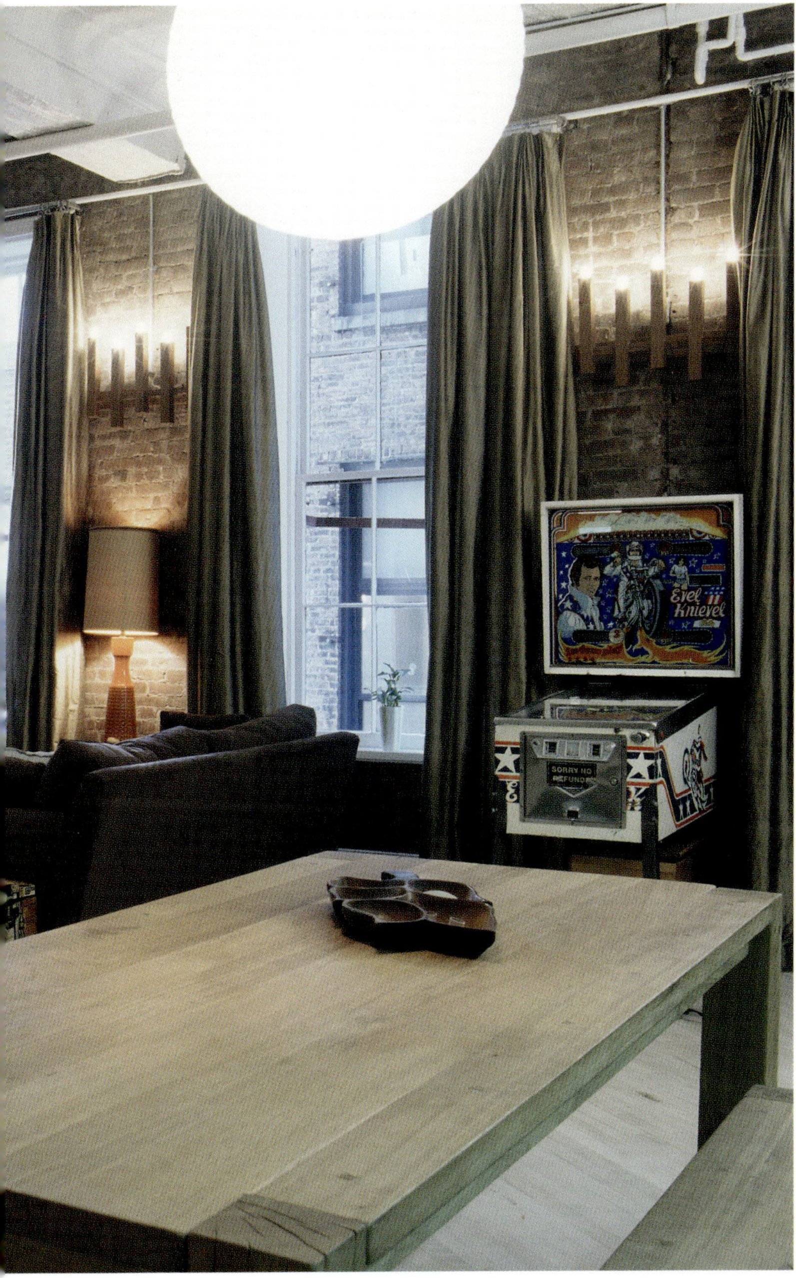
Evel Knievel
SORRY NO REFUND

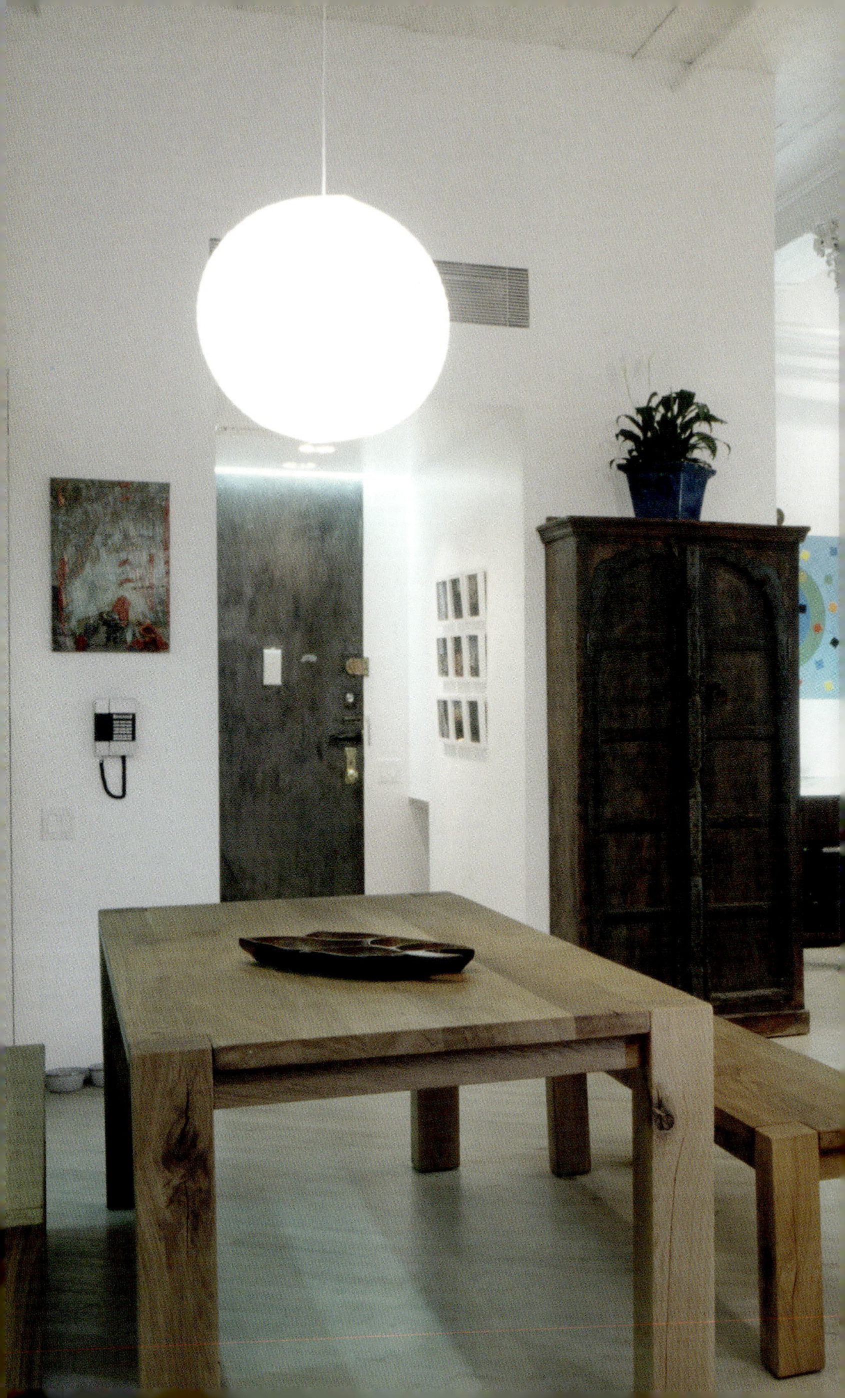

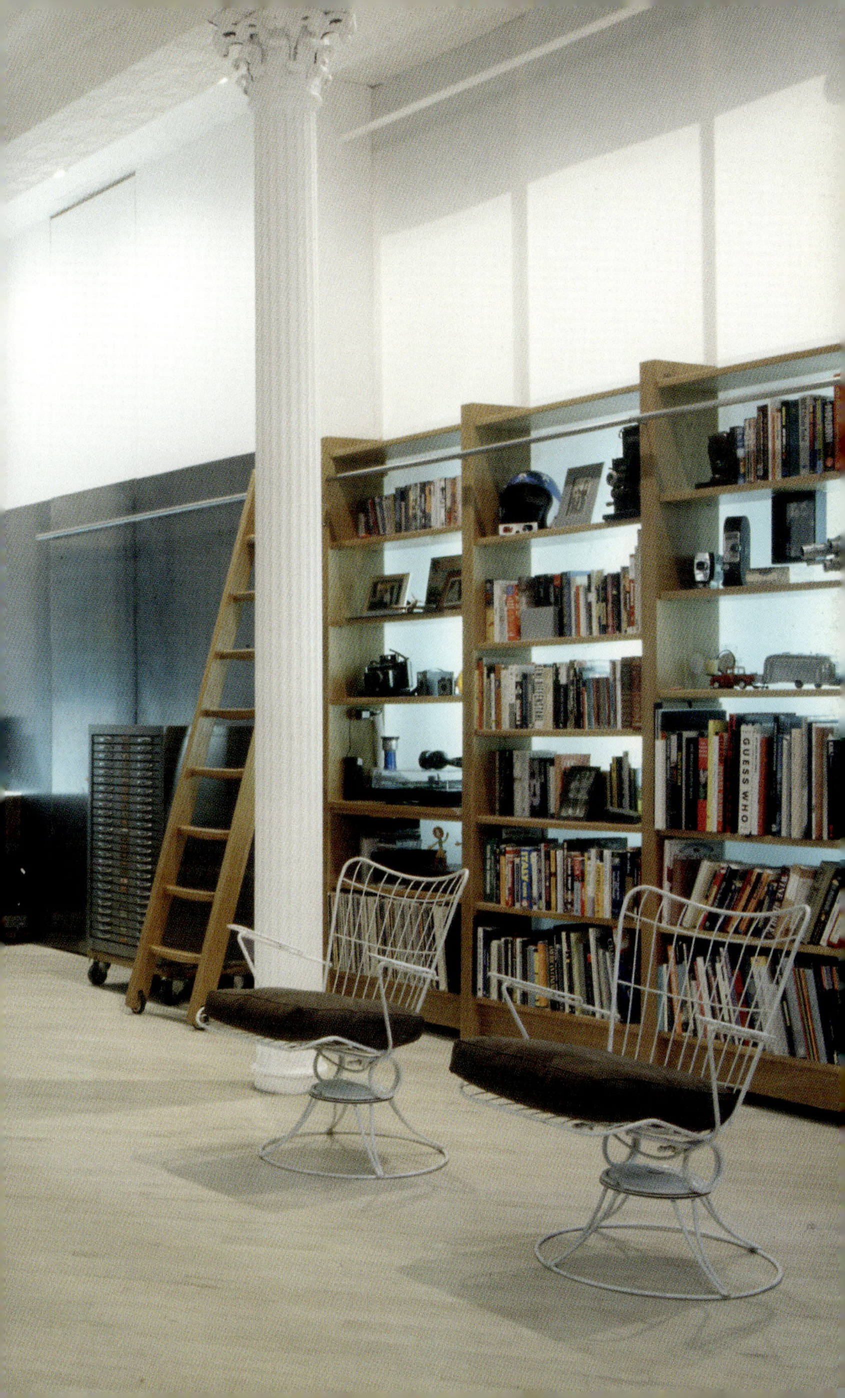
GUESS WHO

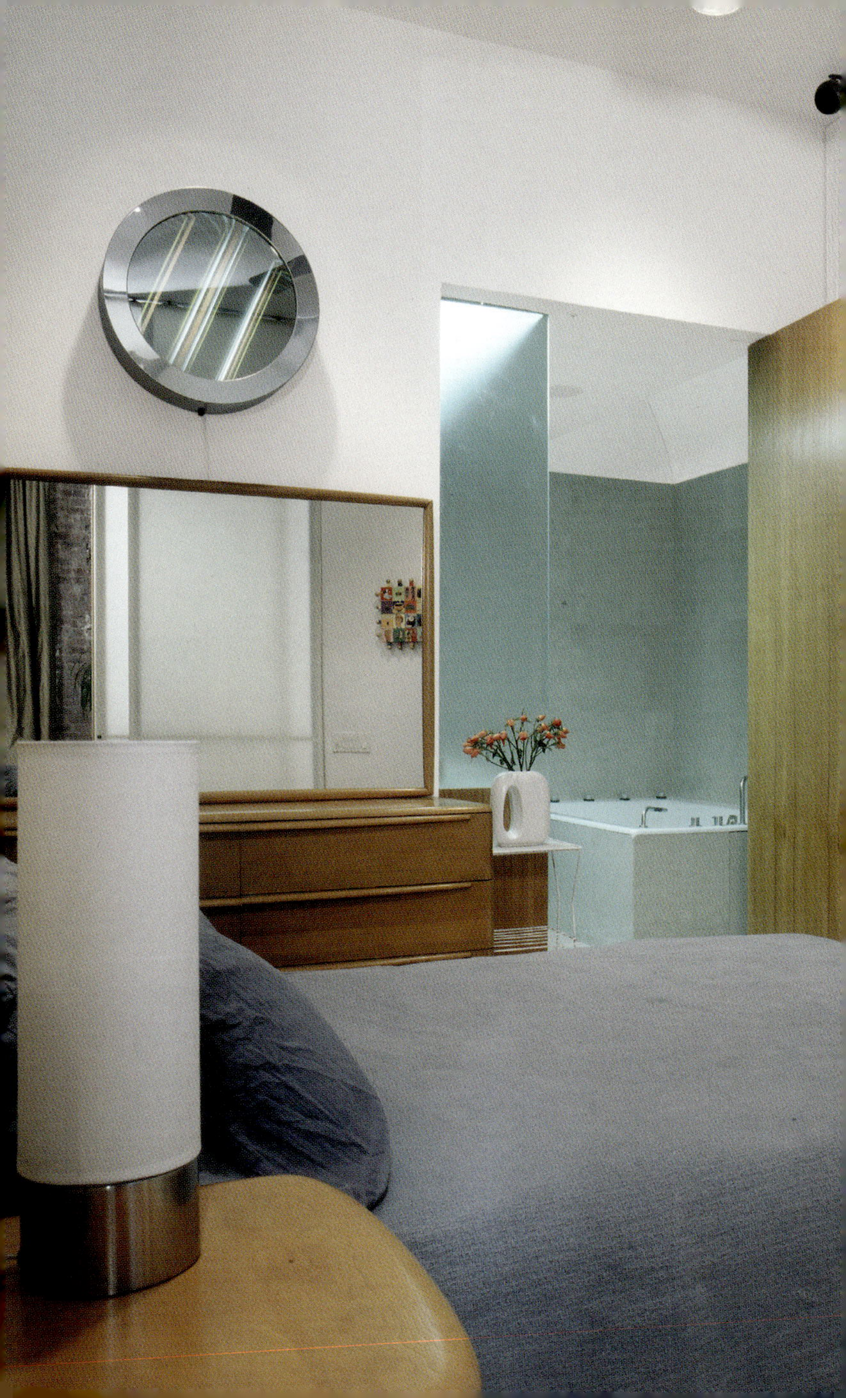

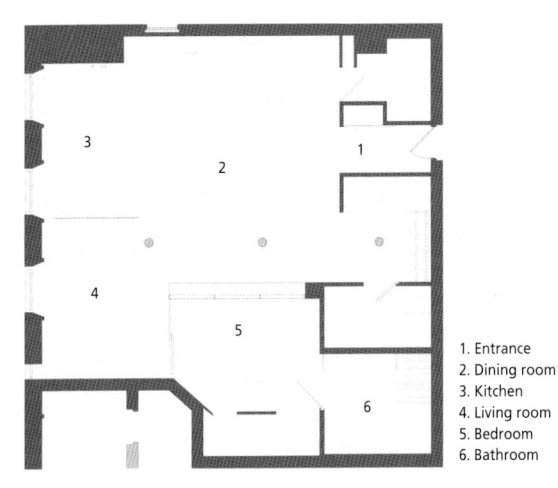

1. Entrance
2. Dining room
3. Kitchen
4. Living room
5. Bedroom
6. Bathroom

Loft's plan

Die hohen Decken und Säulen, zwei ursprüngliche Merkmale des Lofts, haben diesem ihren Stempel aufgedrückt. Der Waschtisch im Badezimmer ist ebenso wie die Seitenverkleidung und die Lampe aus Kunstharz.

The high ceilings and columns, two original features of this loft, leave their mark on it. The bathroom in the bedroom has a resin sink made of the same material as the side panels and lamp.

Les deux caractéristiques de ce loft, hauts plafonds et colonnes, lui confèrent son originalité. Le lavabo en résine dans la salle de bains de la chambre est du même matériau que les panneaux latéraux et la lampe.

De hoge plafonds en zuilen, twee originele elementen, drukken hun stempel op deze loft. De badkamer in de slaapkamer heeft een wastafel van kunsthars, hetzelfde materiaal als de zijpanelen en de lamp.

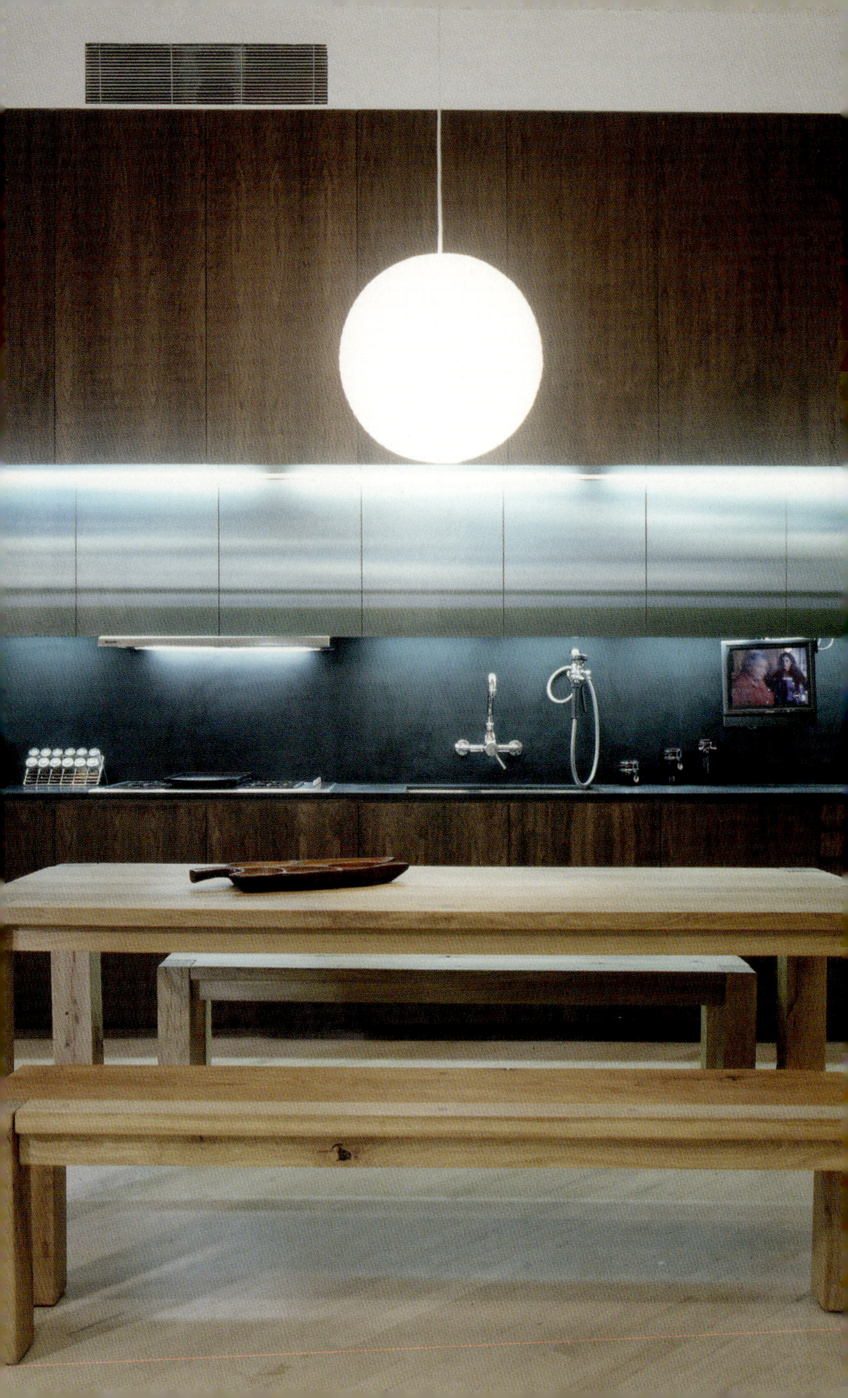

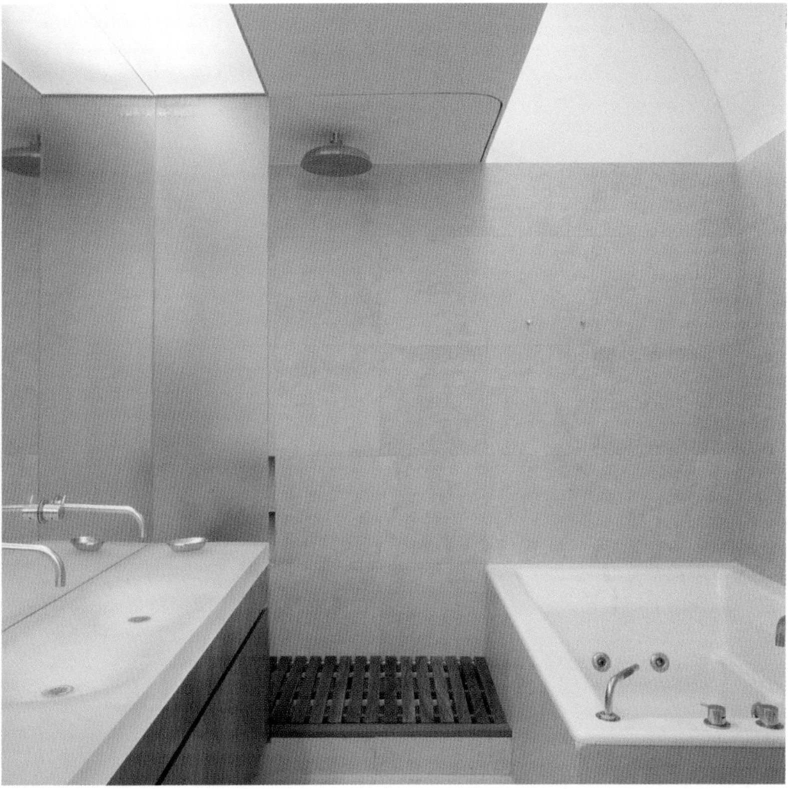

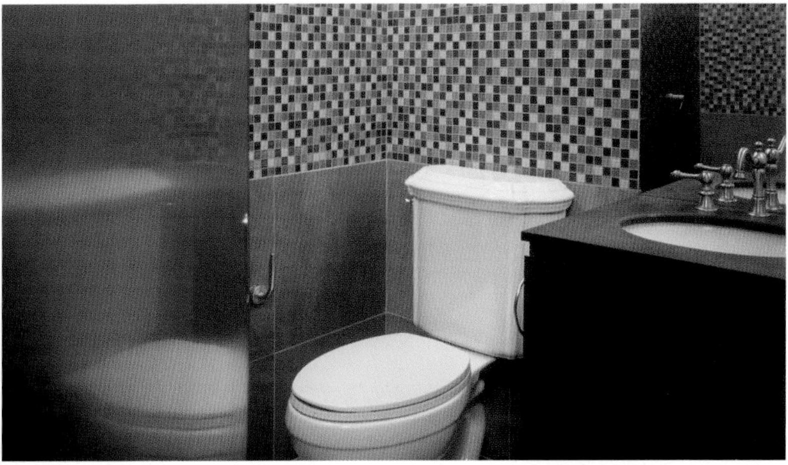

Die optische und funktionale Offenheit erzeugt im Gegensatz zur üblichen Raumtrennung eine Abfolge von Bereichen, die zur Optimierung des begrenzten Raums im Laufe des Tages unterschiedliche Funktionen übernehmen. So werden das Schlafzimmer als Ankleide, die Diele als Frühstücksbereich, das Wohnzimmer als Gästeschlafzimmer und das große Schlafzimmer als Arbeitszimmer genutzt.

The visual and functional openness creates a sequence of atmospheres as opposed to traditional compartments, so that the limited space is optimised to perform different functions during the day. Thus, the bedroom is used as a dressing room, the entry hall becomes a breakfast area, the living room turns into the guest bedroom and the main bedroom becomes a home office.

JORALEMON STREET LOFT
Anima LLC

Brooklyn Heights, New York, USA
68 m² / 732 square feet

L'ouverture tant visuelle que fonctionnelle crée une série d'atmosphères loin des divisions traditionnelles. L'espace limité remplit ainsi différents rôles au cours de la journée. La chambre sert de dressing, le vestibule devient une zone pour le petit déjeuner, le salon se transforme en chambre d'invités et la chambre principale se convertit en bureau.

De visuele en functionele openheid creëert een opeenvolging van sferen, in plaats van traditionele kamers, zodat de beperkte ruimte gedurende de dag optimaal wordt ingezet voor verschillende functies. Zo wordt de slaapkamer een kleedkamer, wordt de entree een ontbijtruimte, verandert de woonkamer in een logeerkamer, en wordt de grote slaapkamer een huiskantoor.

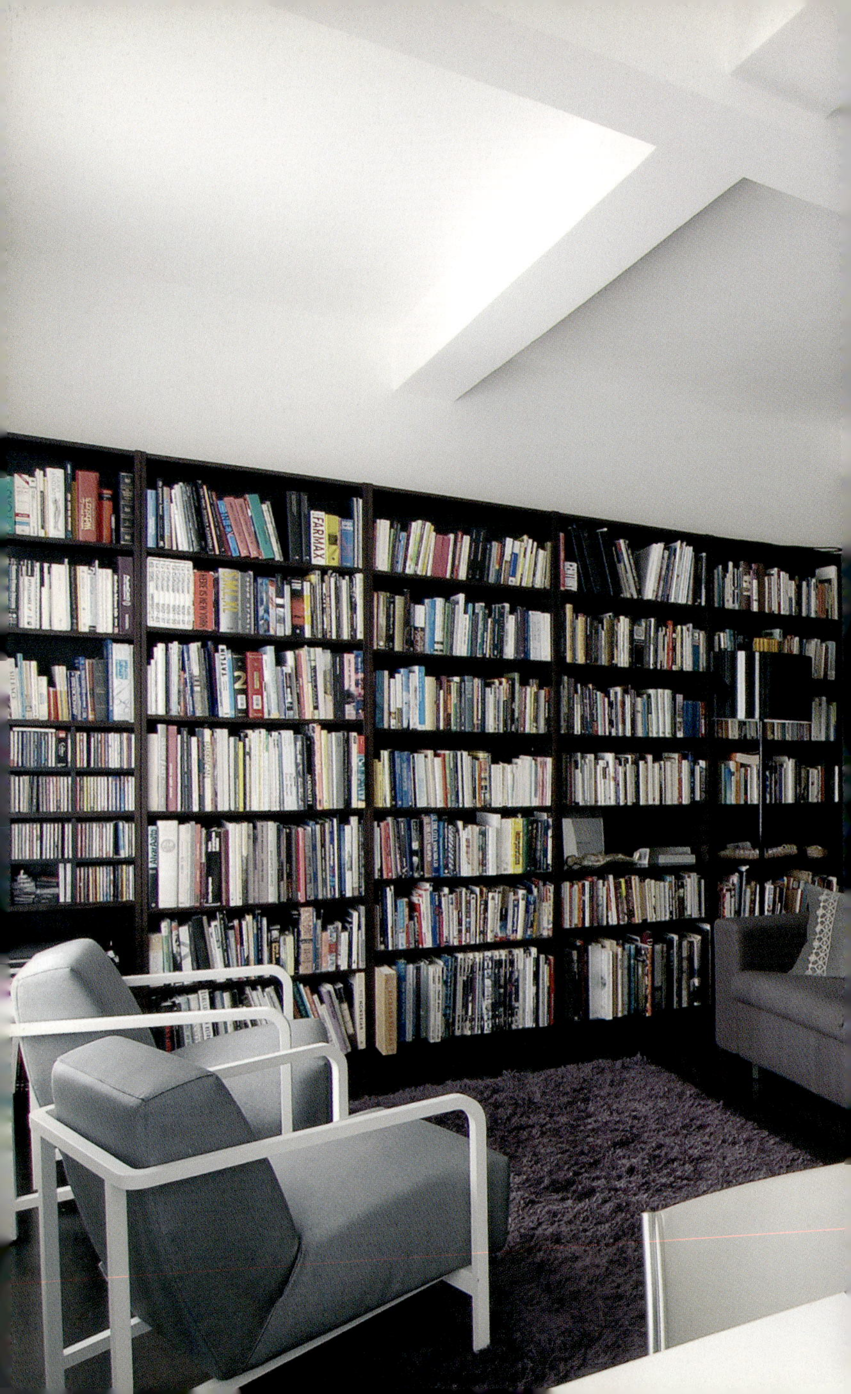

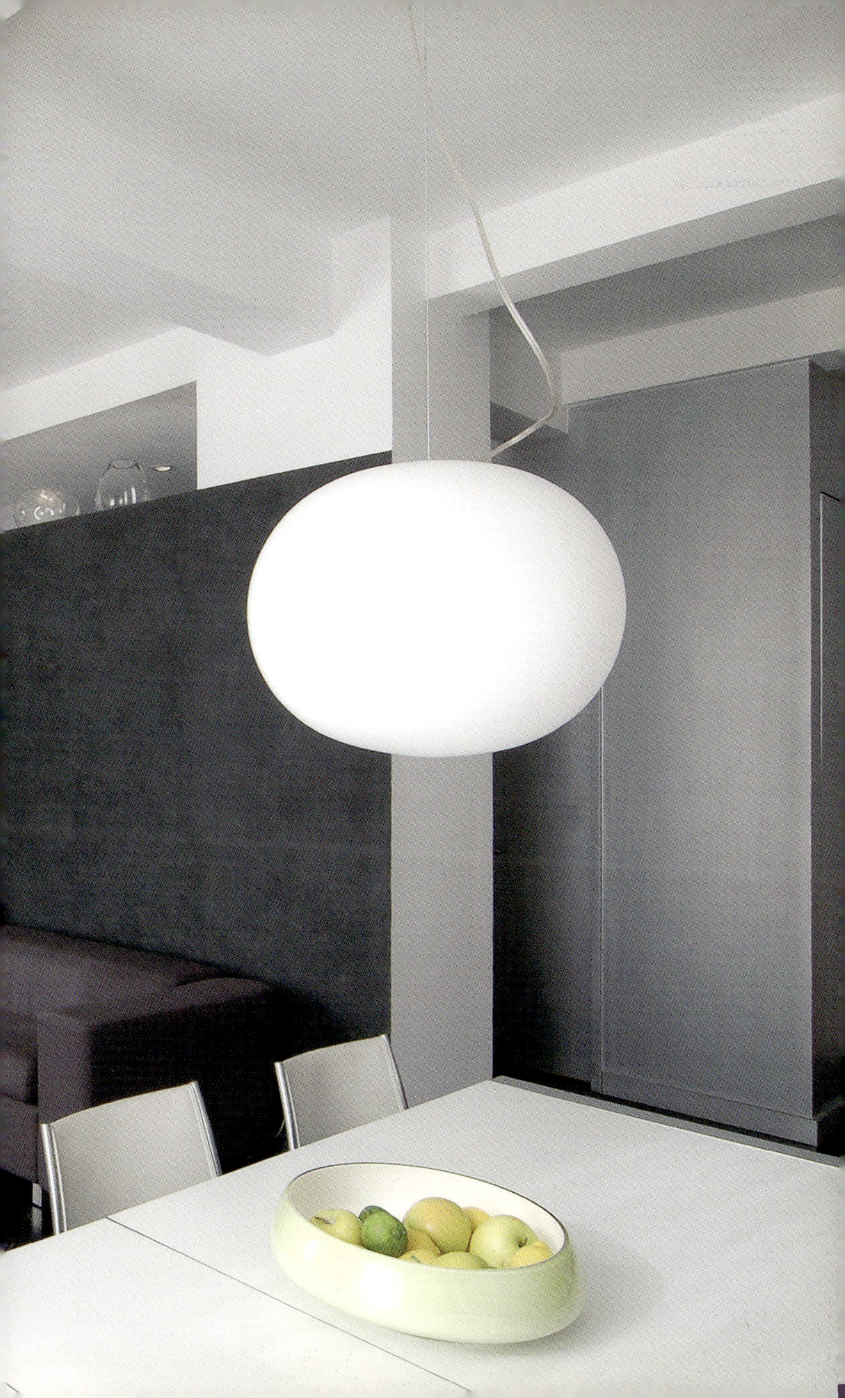

Penthouse's plan

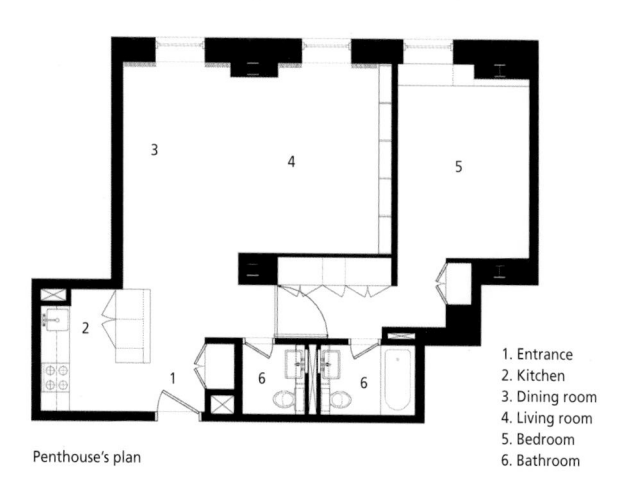

1. Entrance
2. Kitchen
3. Dining room
4. Living room
5. Bedroom
6. Bathroom

Aufgrund der engen Platzverhältnisse sind die Räume multifunktional gestaltet: Die Diele dient als Ankleide, das Wohnzimmer als Gästeschlafzimmer und das große Schlafzimmer als Arbeitszimmer.

Due to the small dimensions of the home, its spaces are multipurpose - the hallway is used as a dressing room, the living room as a guest bedroom and the main bedroom as an office.

En raison de la superficie réduite, les espaces sont polyvalents : le vestibule sert de dressing, le salon de chambre d'invités et la chambre principale de bureau.

Vanwege de kleine afmetingen van de woning krijgen de ruimten een multifunctioneel doel - de hal wordt gebruikt als kleedruimte, de woonkamer als logeerkamer en de slaapkamer als kantoor.

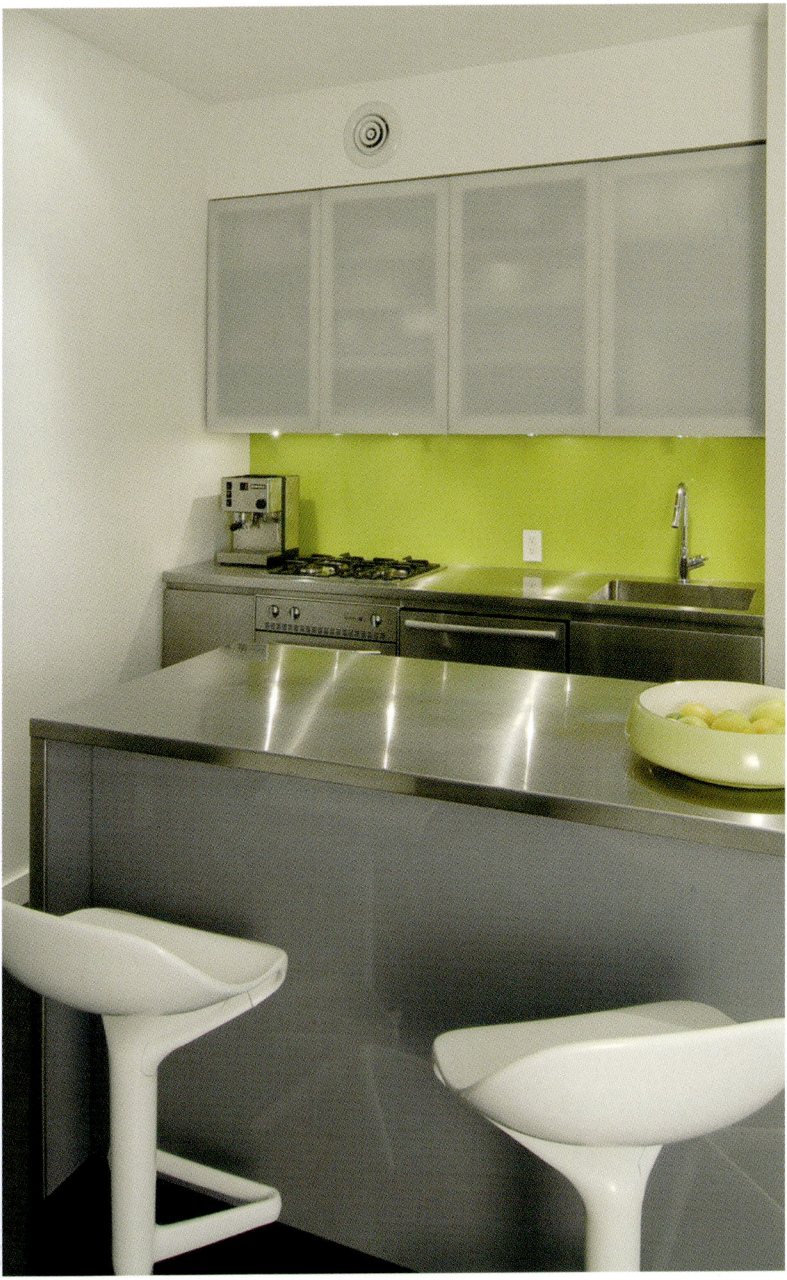

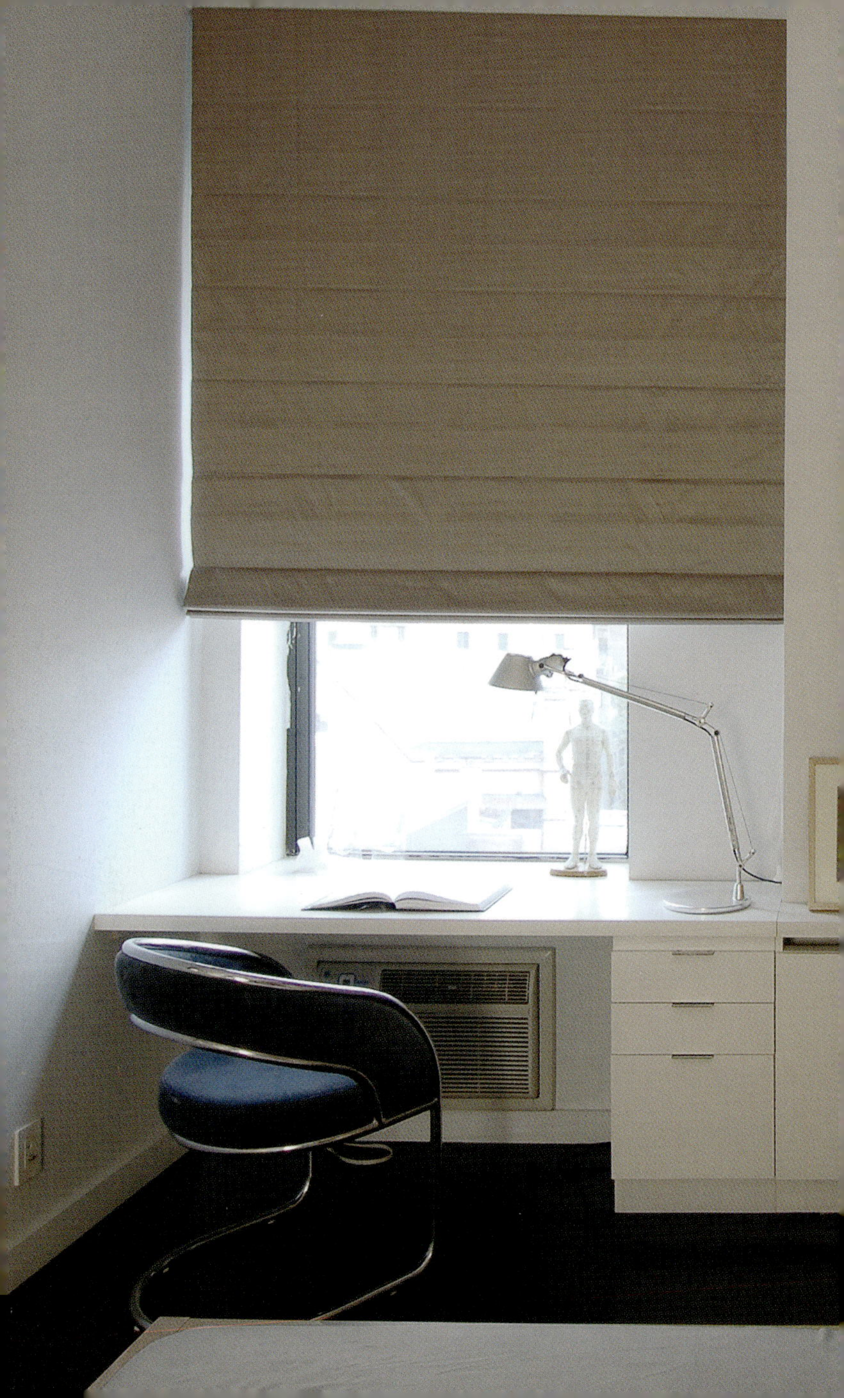

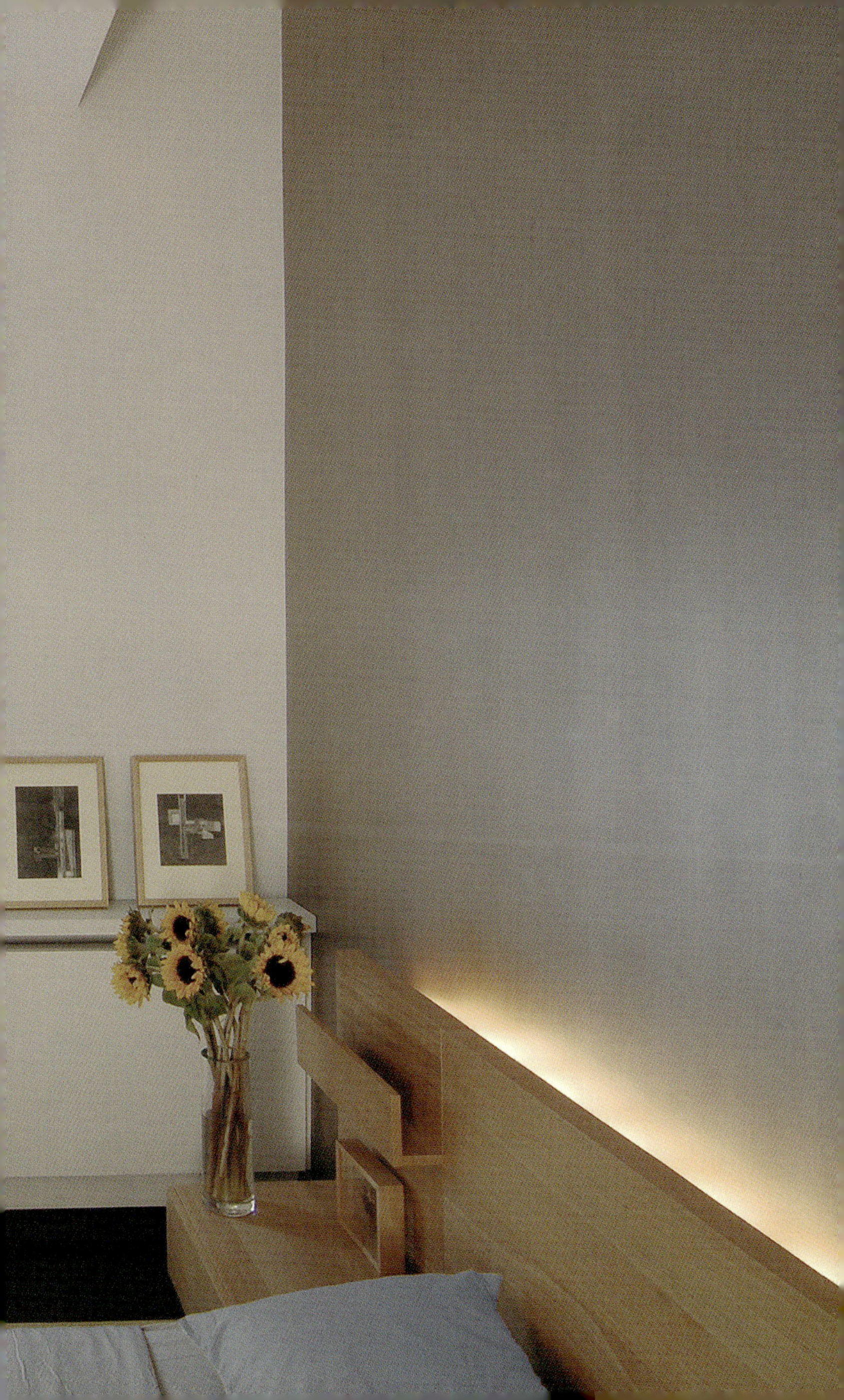

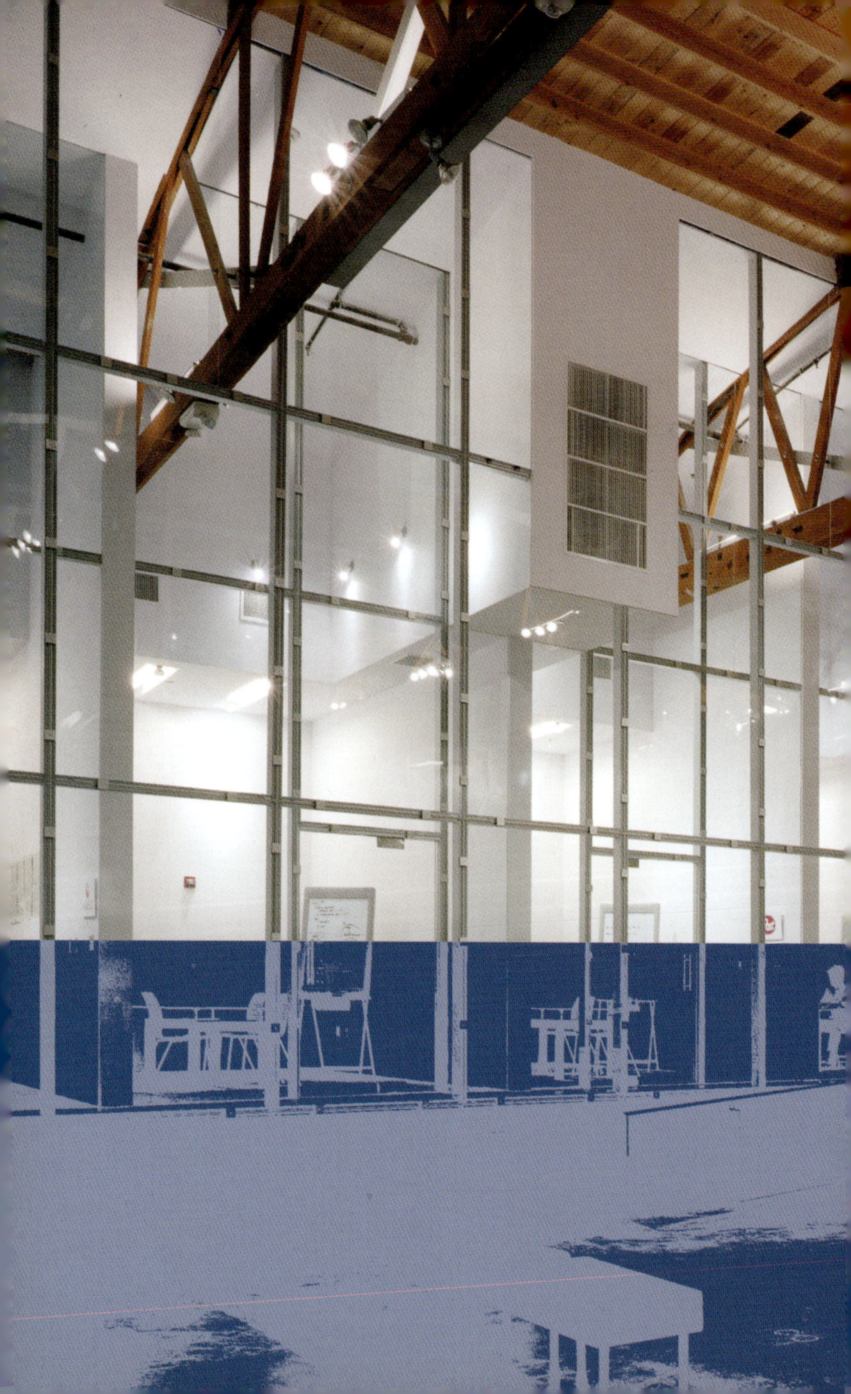

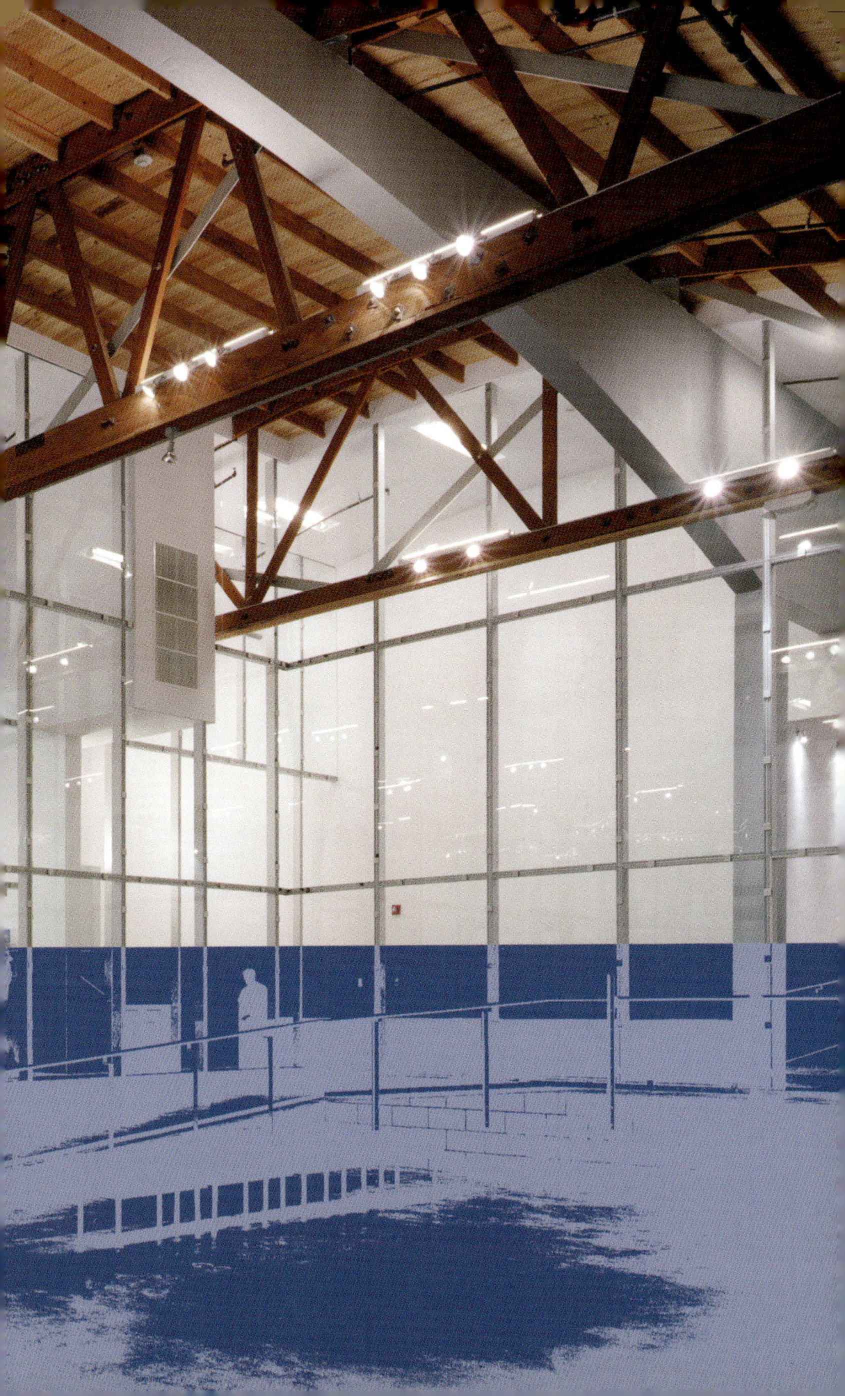

Diele, Küche, Wohn- sowie Essbereich dieser modernen Maisonette befinden sich in der unteren Ebene, während Bade- und Hauptschlafzimmer im Obergeschoss liegen. Der Loft zeichnet sich durch sein modernes Flair mit einem durch Grau und gelegentlich etwas Rot unterbrochenen Schwarz-Weiß-Schema sowie durch seine einfache, aber elegante Möblierung aus.

The entry hall, kitchen, living room and dining room of this modern duplex are all on the lower level, while the bathroom and main bedroom are located on the upper level. This loft stands out due to its touches of modernity, with a black and white colour scheme broken up with the presence of grey and an occasional touch of red, as well as the use of furniture with simple but very elegant lines.

BORN DUPLEX

Joan Pons Forment

Barcelona, Spain

Le vestibule, la cuisine, le salon et la salle à manger de ce duplex moderne se trouvent au niveau inférieur, alors que la salle de bains et la chambre principale sont situées à l'étage. Ce loft se distingue par ses touches de modernité, avec une composition en noir et blanc parfois interrompue par la présence de gris et d'un peu de rouge, et son mobilier aux lignes simples, mais élégantes.

De hal, keuken, woonkamer en eetkamer van dit moderne appartement bevinden zich alle op de onderste verdieping, en de badkamer en grote slaapkamer op de bovenste. Deze loft valt op vanwege het moderne karakter, met een zwart-wit kleurengamma dat wordt onderbroken door grijs en hier en daar iets roods, en door het gebruik van meubelen met eenvoudige maar zeer elegante lijnen.

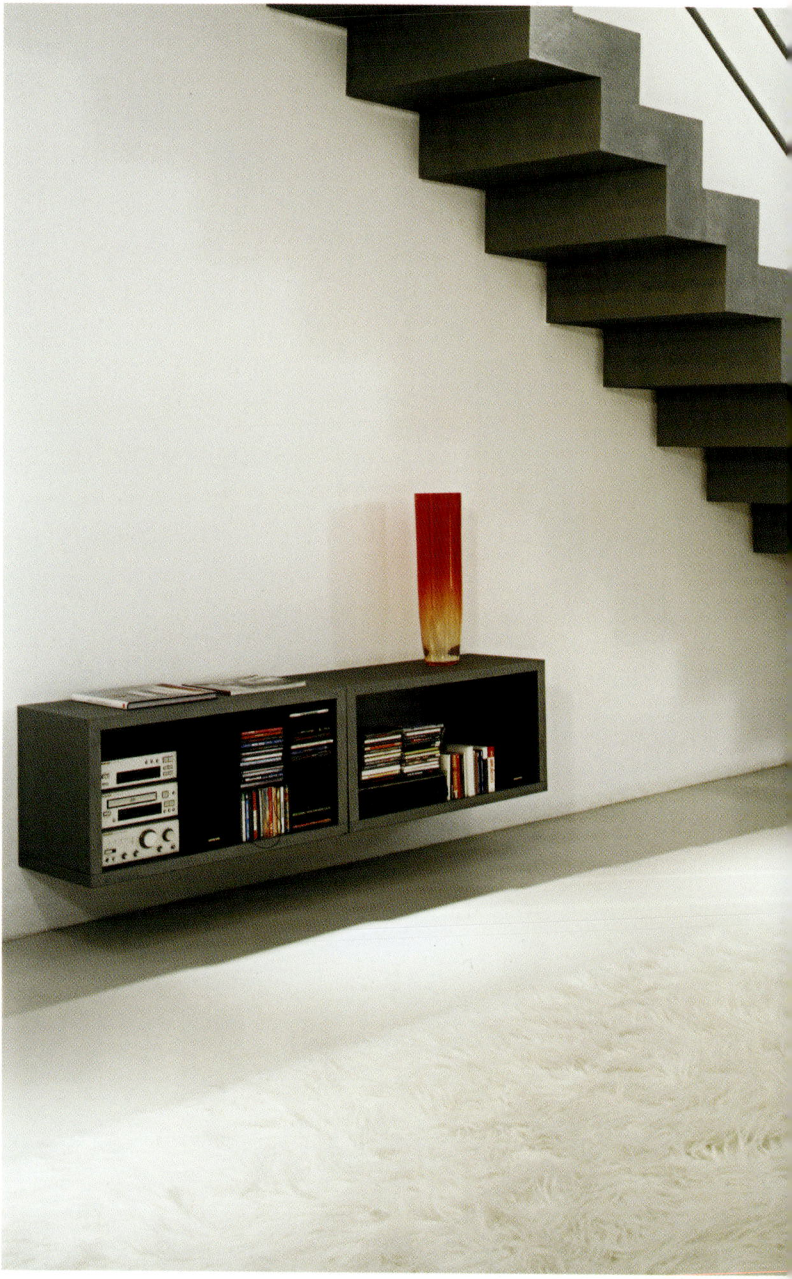

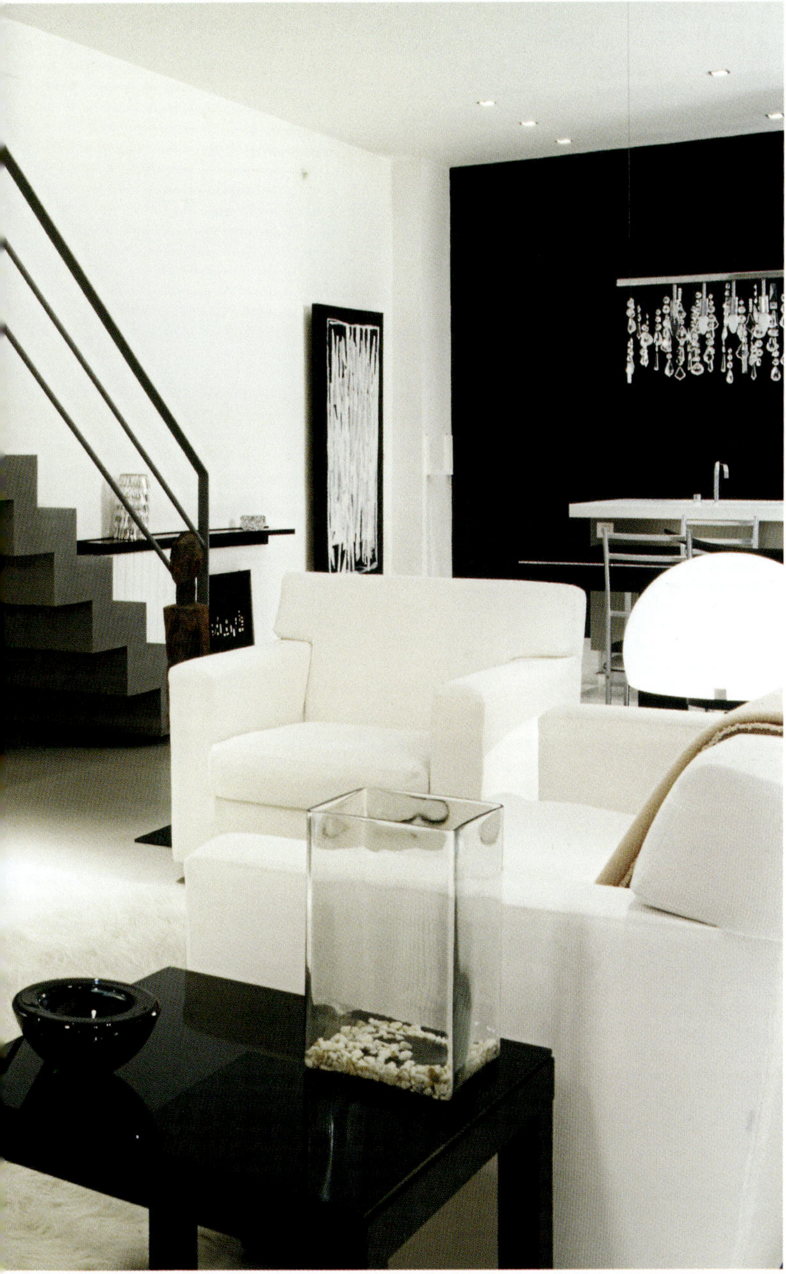

Die Treppe wirkt aufgrund ihrer geraden Linien wie eine Skulptur. Die Küche passt in ihrer räumlichen Schlichtheit zum Rest des Lofts. Minimalismus und Tageslicht erzeugen eine entspannte Atmosphäre.

The staircase takes on a somewhat sculptural feel due to the linearity of its design. The kitchen fits in with the spatial simplicity of the loft as a whole. Minimalism and natural light create a serene atmosphere.

L'escalier donne l'impression d'une sculpture avec son design linéaire. La cuisine se fond dans la simplicité spatiale du loft. Le minimalisme et la lumière naturelle créent une atmosphère de sérénité.

Het lineaire ontwerp van de trap geeft deze een bijna plastische aanblik. De keuken past bij de ruimtelijke eenvoud van de loft als geheel. Minimalisme en een natuurlijke lichtinval creëren een serene sfeer.

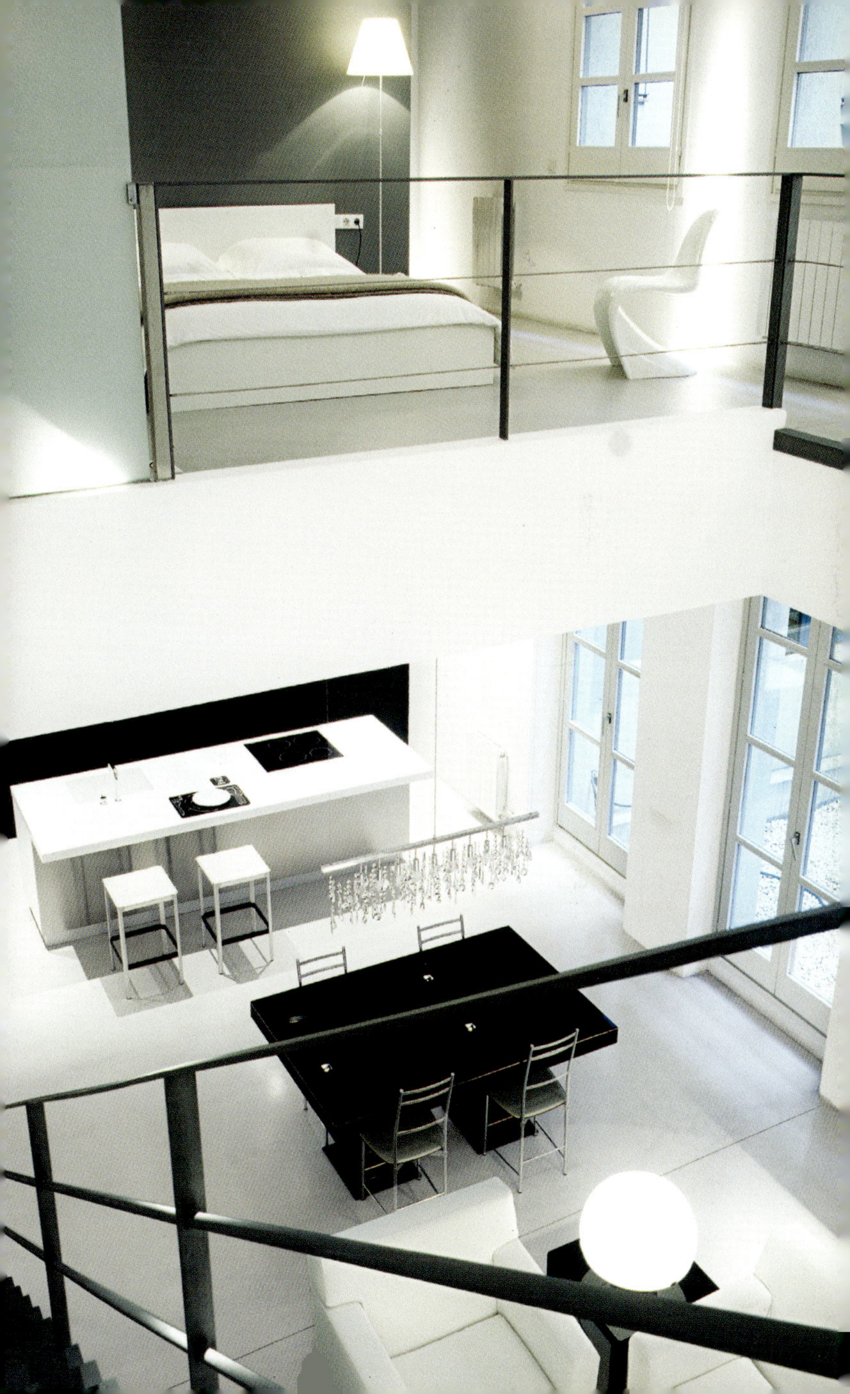

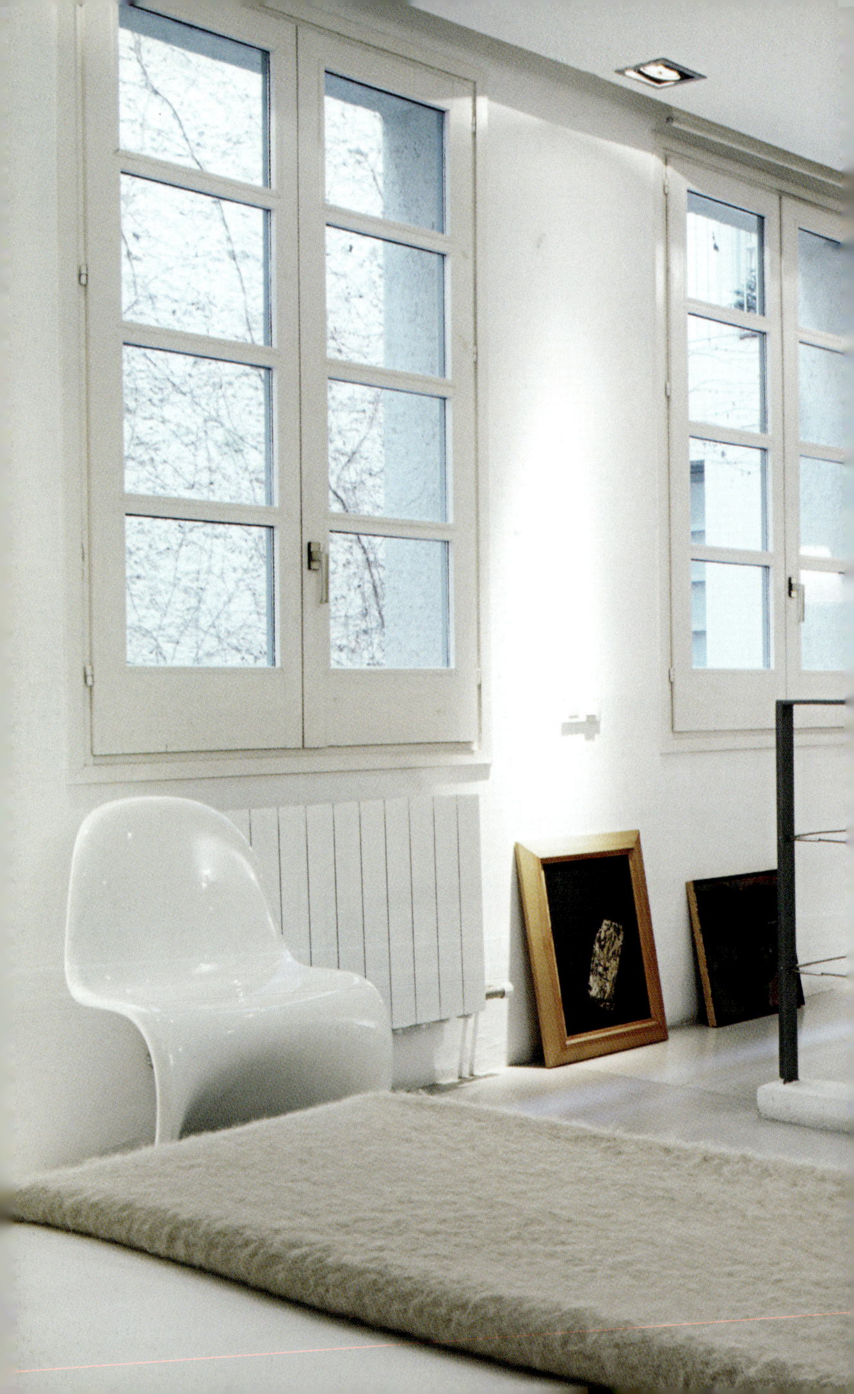

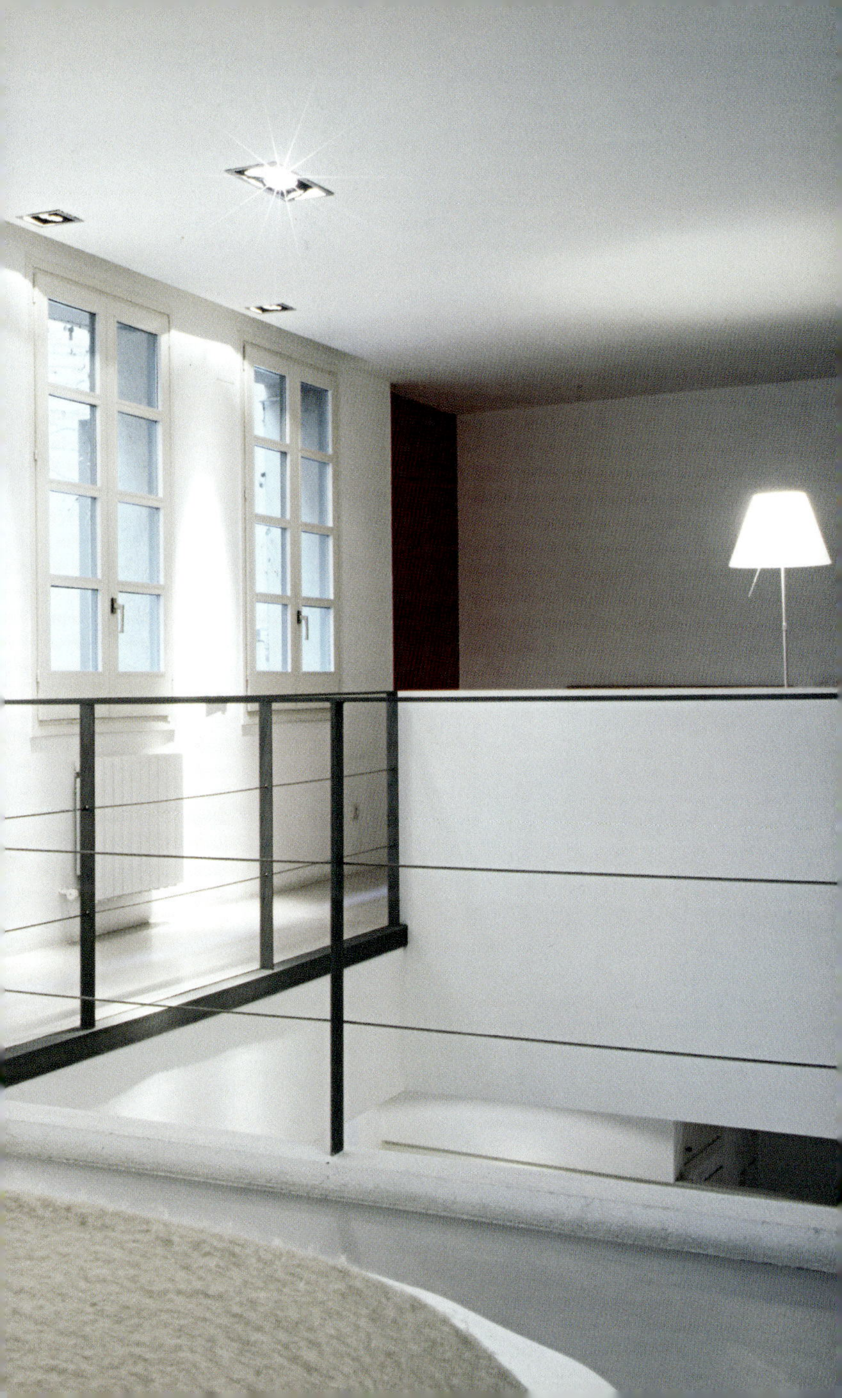

Mit der Neuanordnung der Räume nach dem Abriss der alten Zwischenwände sollte ein durchgängiger Raum mit vielfältigen Verbindungen zwischen den unterschiedlichen Bereichen und einem Rundweg durch die gesamte Wohnung geschaffen werden. So entstehen zwei mögliche Zugänge zur Küche und zum Wohnraum.

After the old partitions had been demolished, the new location of the rooms in the home was designed with the intention of creating a continuous space with multiple relationships between the different areas and a continuous circular route unifying the entire home. There are two alternatives in the circular route: access to the kitchen and to the living room.

RESIDENCE IN BOGOTA

Luis Cuartas

Bogota, Colombia
90 m² / 969 square feet

Une fois les anciennes divisions supprimées, la nouvelle distribution des pièces a permis de créer un espace comprenant plusieurs connexions entre les différentes zones, ainsi qu'un parcours circulaire unifiant toute la maison. Ce parcours offre deux possibilités : un accès à la cuisine et un autre au salon.

Nadat de oude scheidingswanden waren weggebroken, werd de nieuwe locatie van de kamers in deze woning ontworpen met het idee, een doorlopende ruimte te maken met diverse verbanden tussen de verschillende ruimten, en een ononderbroken rondgaande route te creëren die de hele woning met elkaar verbindt. De route biedt twee alternatieven: toegang tot de keuken en tot de woonkamer.

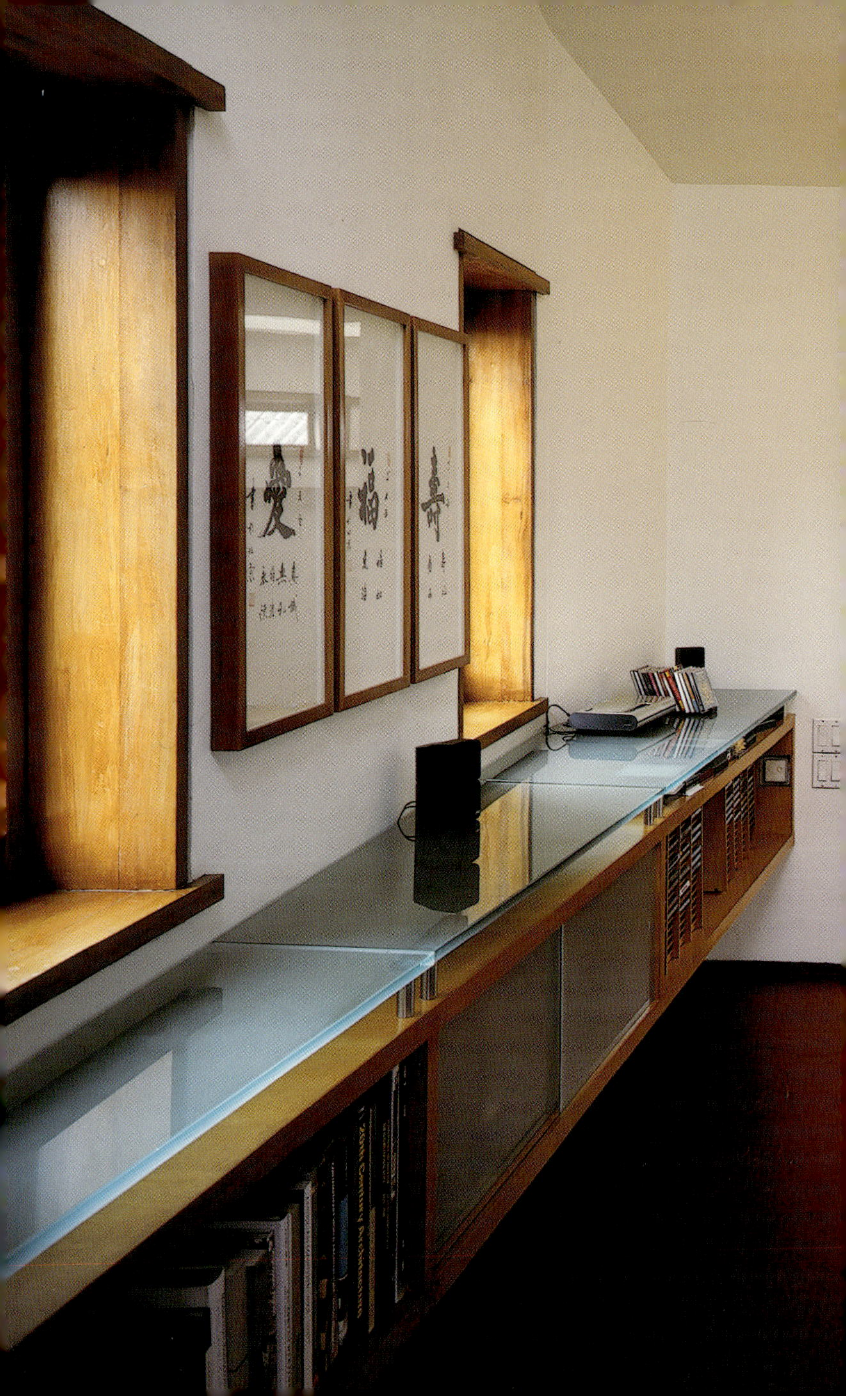
愛
福
壽

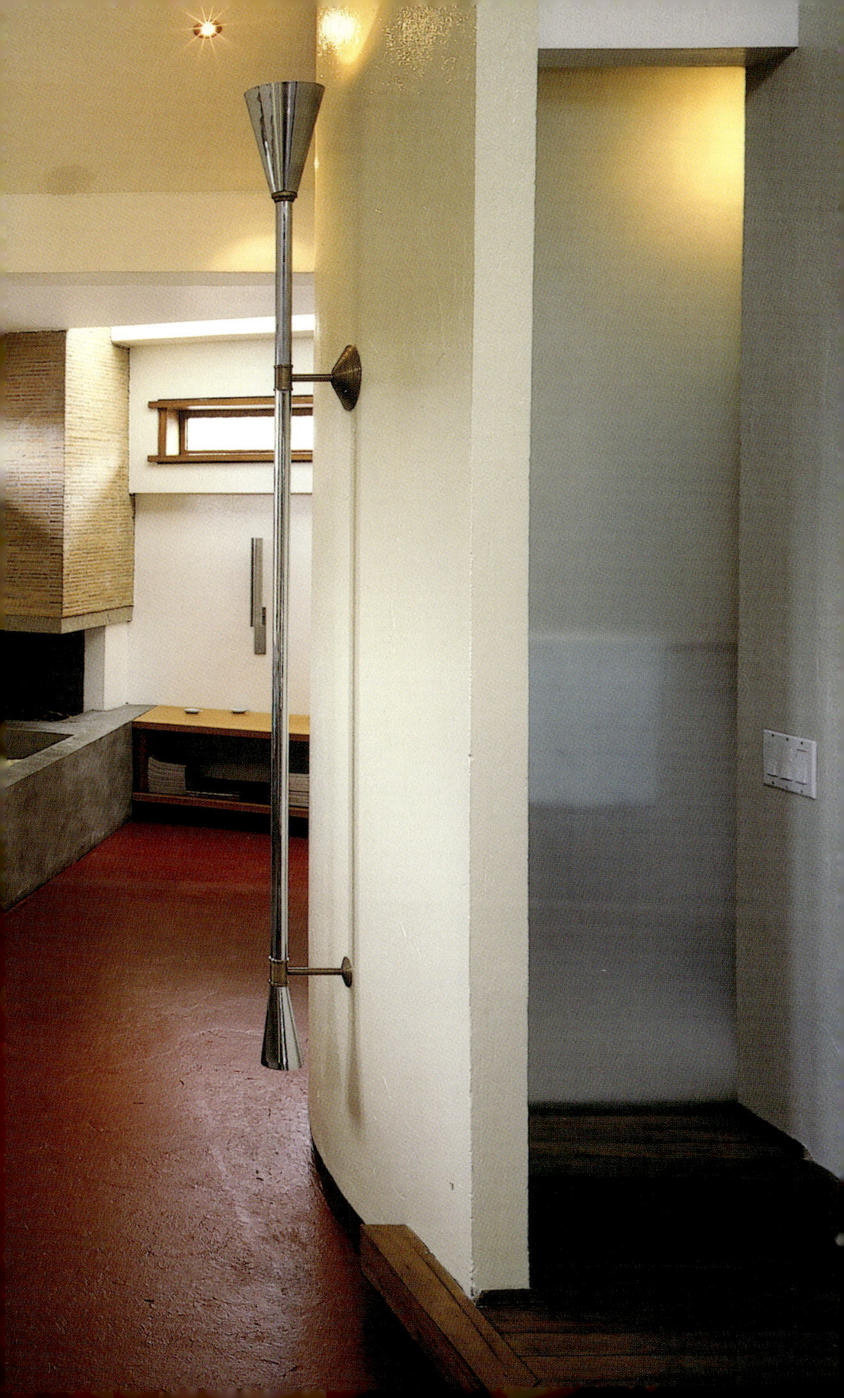

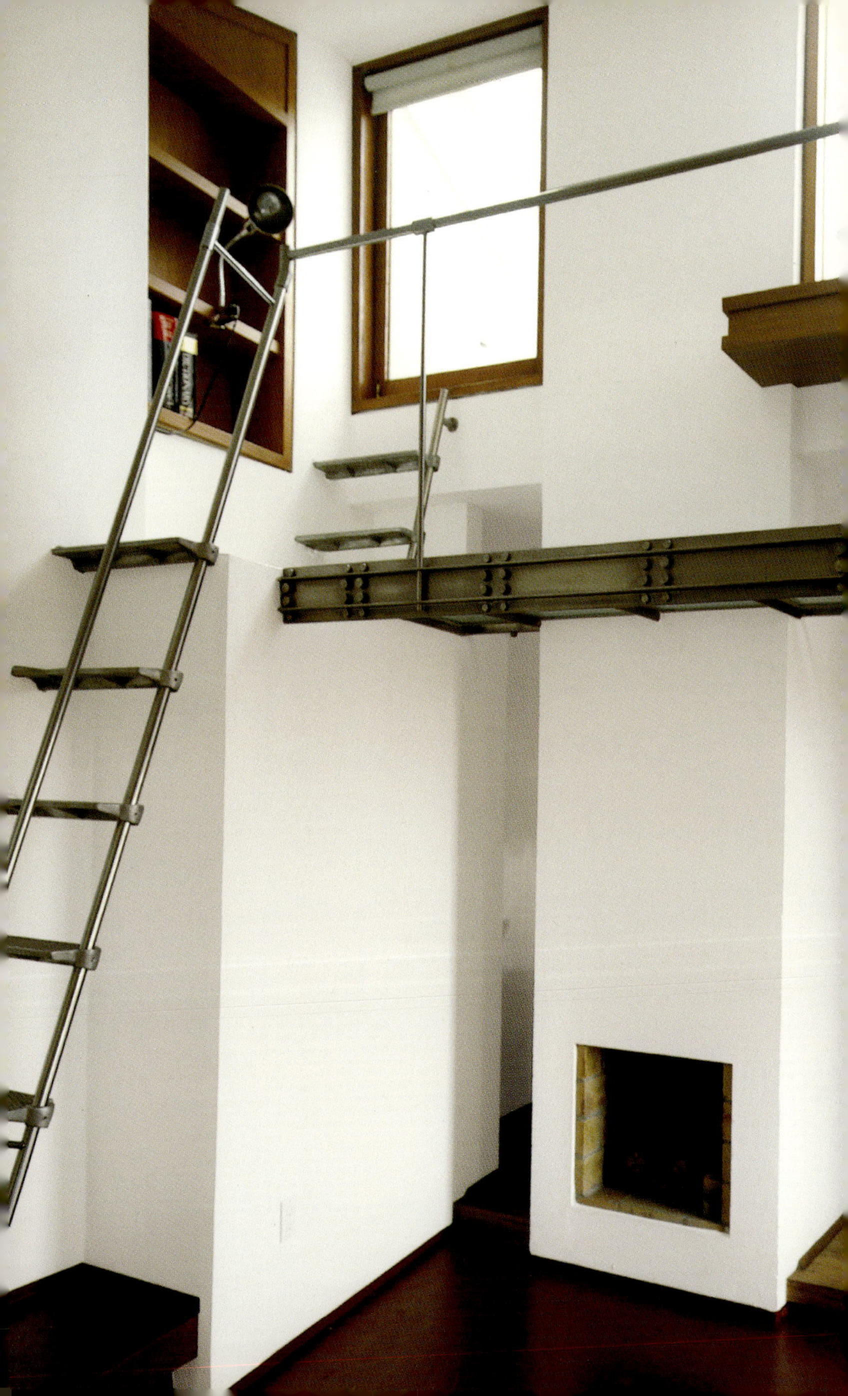

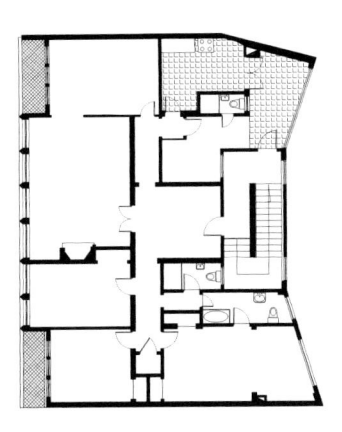

Previous plan

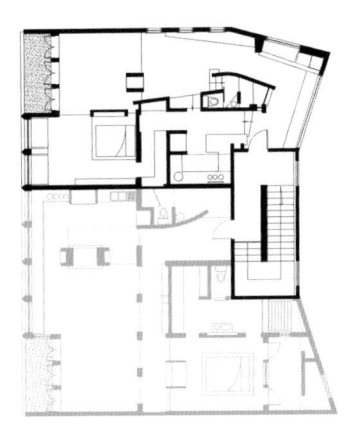

Actual plan (upper level)

Der Rundweg führt durch alle Räume und legt deren Funktionen fest. Beton, grüner Marmor, Ziegelstein, Holz, Stahl und Glas werden harmonisch kombiniert und charakterisieren die einzelnen Bereiche.

Le parcours passe par toutes les pièces et en détermine la fonctionnalité. Béton, marbre vert, brique, bois, acier et verre se combinent harmonieusement et caractérisent chaque espace.

The route passes through all the rooms and defines them functionally. Concrete, green marble, brick, wood, steel and glass combine harmoniously, leaving their mark on each space.

De route loopt via alle ruimten en definieert deze functioneel. Beton, groen marmer, baksteen, hout, staal en glas worden op harmonieuze wijze gecombineerd en drukken hun stempel op de diverse ruimten.

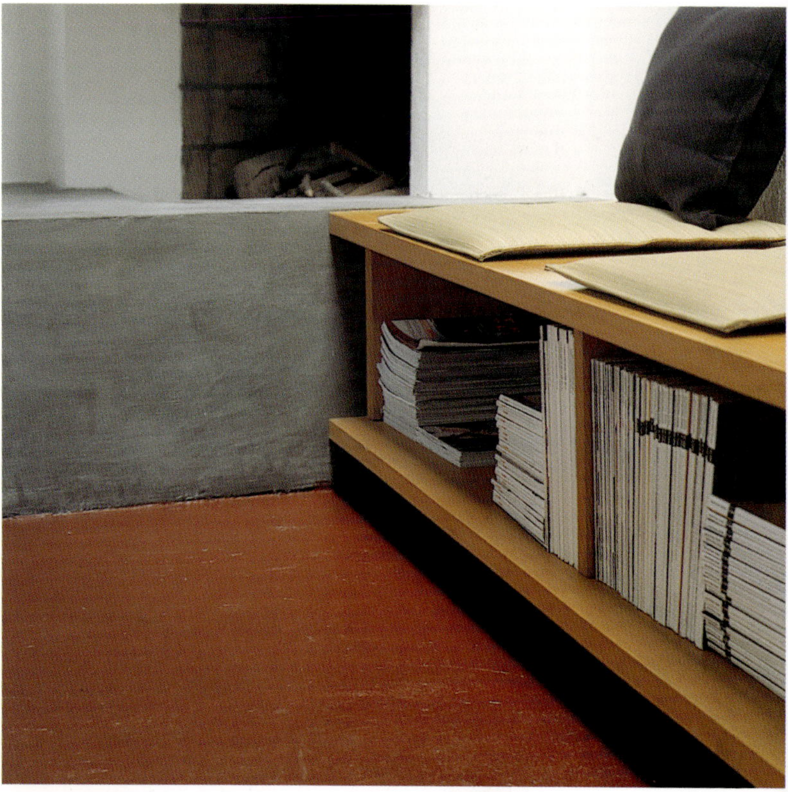

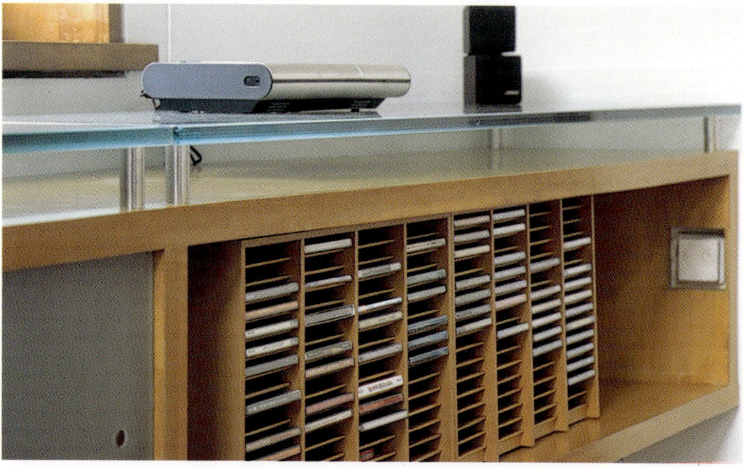

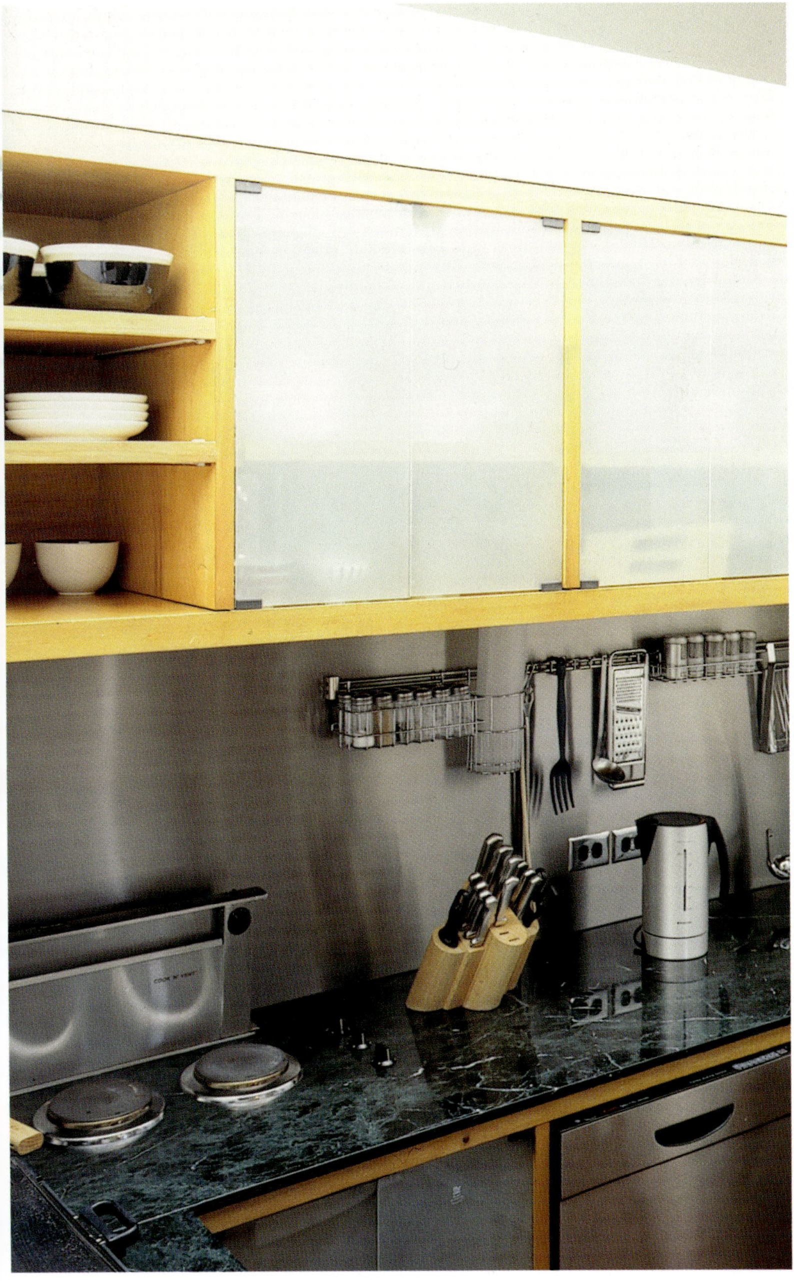

Ziel der Umbauarbeiten war es, alle Funktionen in einem einzigen, jedoch aufgeteilten Wohnraum zusammenzufassen. Um dies zu erreichen, wurden die Trennwände entfernt. Das Tragwerk wurde beleuchtet und bildet das Skelett, um das die drei Hauptbereiche angeordnet wurden: Wohn-Essbereich mit Küche; Schlaf- und Badezimmer sowie Arbeits- und Meditationsbereich.

The goal of this overhaul was to bring together all the functions in a single but fragmented living space. To achieve this, the partition walls were pulled down and the structure was spotlighted, becoming the skeleton around which the three main spaces in the home are arranged: living/dining room-kitchen; bedroom-bathroom and work-meditation area.

STEVE HOUSE

Marco Guido Savorelli Architetto

Milan, Italy

L'objectif de cette rénovation était de doter un espace fragmenté de toutes les fonctions utiles. Pour ce faire, les murs ont été abattus et la structure a été mise en vedette, devenant ainsi la colonne vertébrale autour de laquelle s'articulent les trois principaux espaces que sont le salon/salle à manger/cuisine, la chambre/salle de bains et la zone de travail/méditation.

Het doel van deze renovatie was het verenigen van alle functies in één enkele maar gefragmenteerde woonruimte. Om dit te bereiken, zijn de scheidingswanden weggebroken zodat de structuur zichtbaar wordt. Dit is het skelet waar de drie hoofdruimten in het huis omheen zijn geplaats: woonkamer/eetkamer-keuken, slaapkamer-badkamer en werk-meditatieruimte.

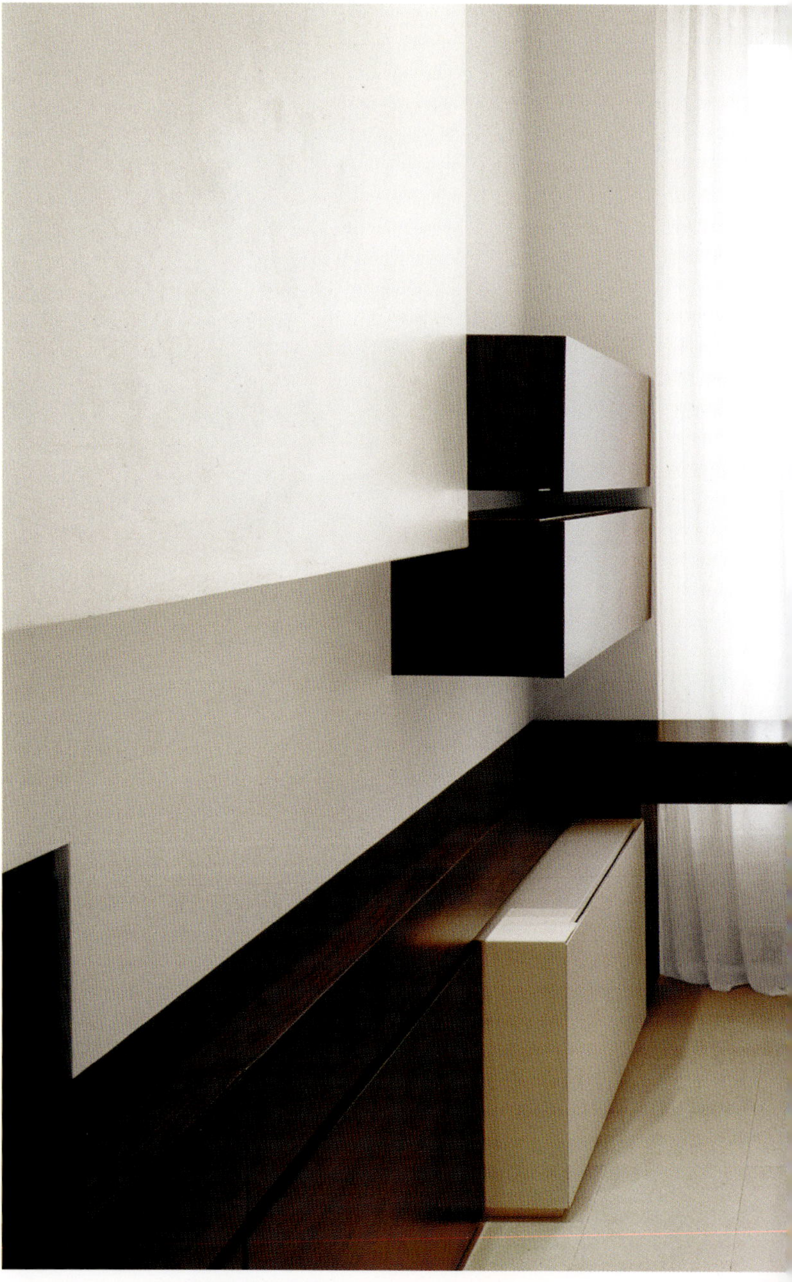

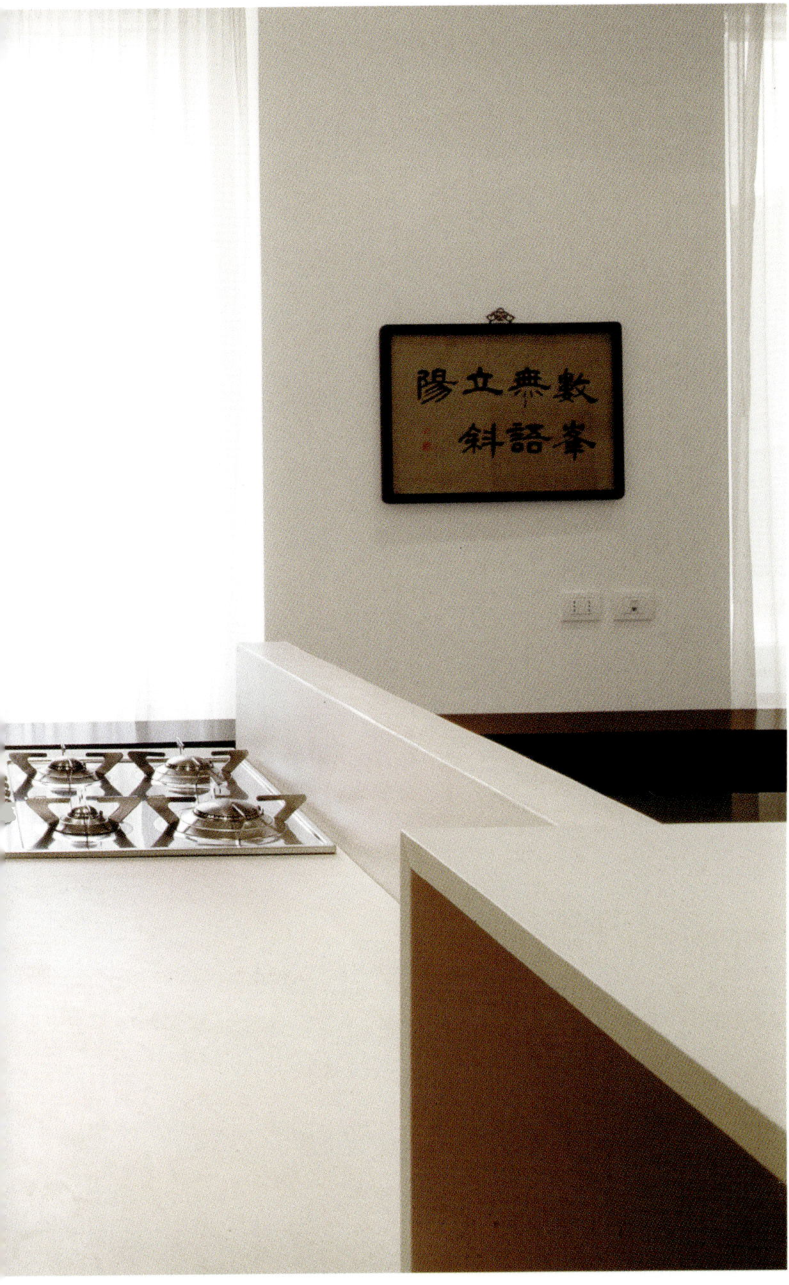
數峯無語立斜陽

陽立無數
斜語峯

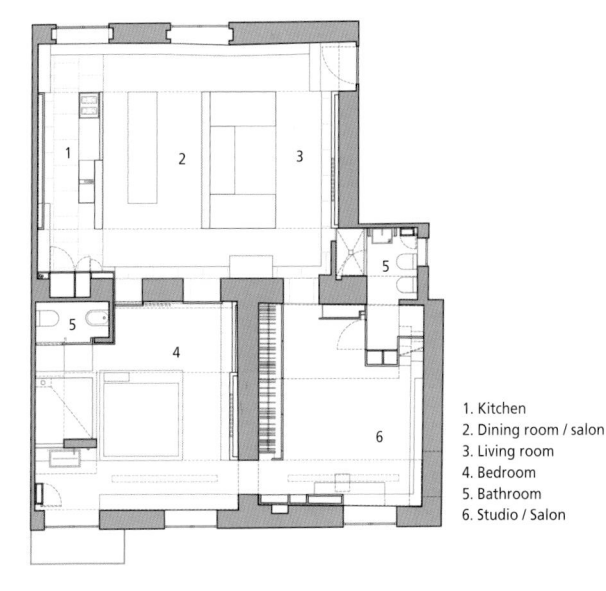

1. Kitchen
2. Dining room / salon
3. Living room
4. Bedroom
5. Bathroom
6. Studio / Salon

Loft's plan

Ziel war die Herstellung von Harmonie gemäß den Feng-Shui-Prinzipien. Ein Stuhl mit Tisch bildet den Arbeits- oder Meditationsbereich. Ganzheitlichkeit und Kontraste zwischen Oberflächenverarbeitung, Möblierung und Boden prägten den Umbau.

Following the principles of *Feng Shui,* the goal of the project was to create harmony. A stool and table make up the work or meditation area. Harmony and contrasts between finishes, furniture and flooring set the tone of the refurbishment.

L'objectif du projet était de créer une harmonie selon les principes du *Feng Shui*. Un tabouret et une table composent la zone de travail et de méditation. Harmonie et contrastes entre finitions, mobilier et sols ont donné le ton de la rénovation.

Er is gestreefd naar harmonie volgens de principes van *feng shui*. Een kruk en tafel vormen de werk- of meditatieruimte. Gezondheid en het contrast tussen afwerkingen, meubels en vloermateriaal zetten de toon.

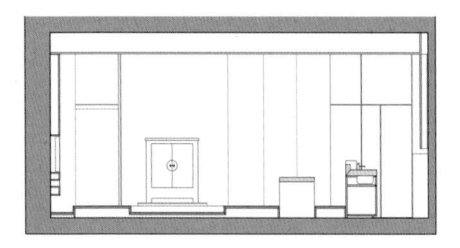

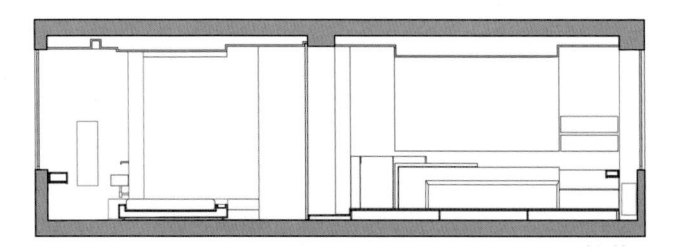

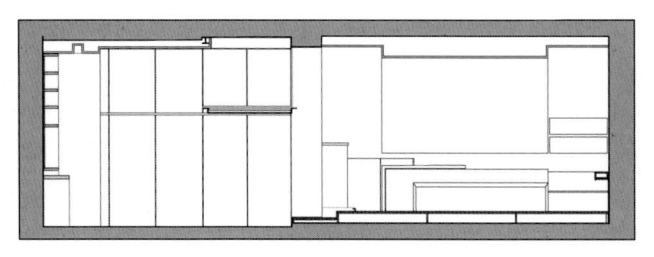

Sections

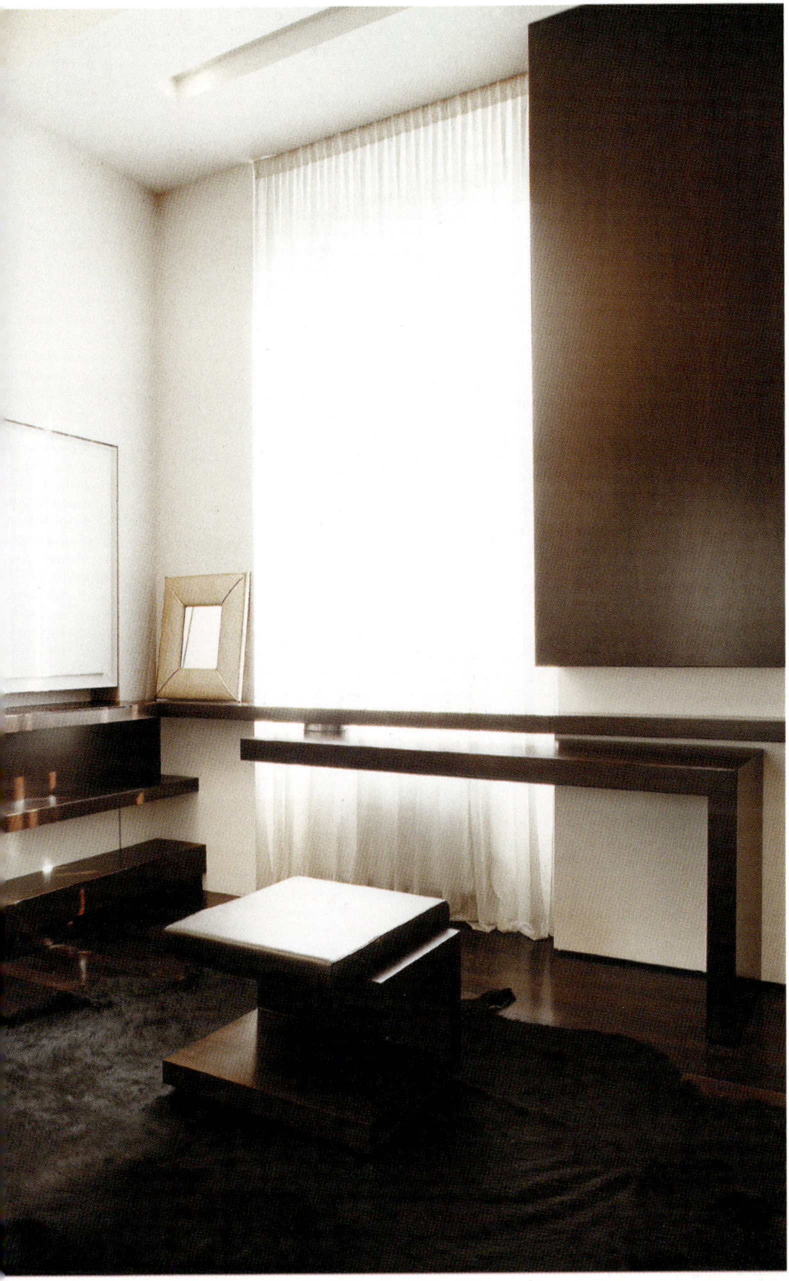

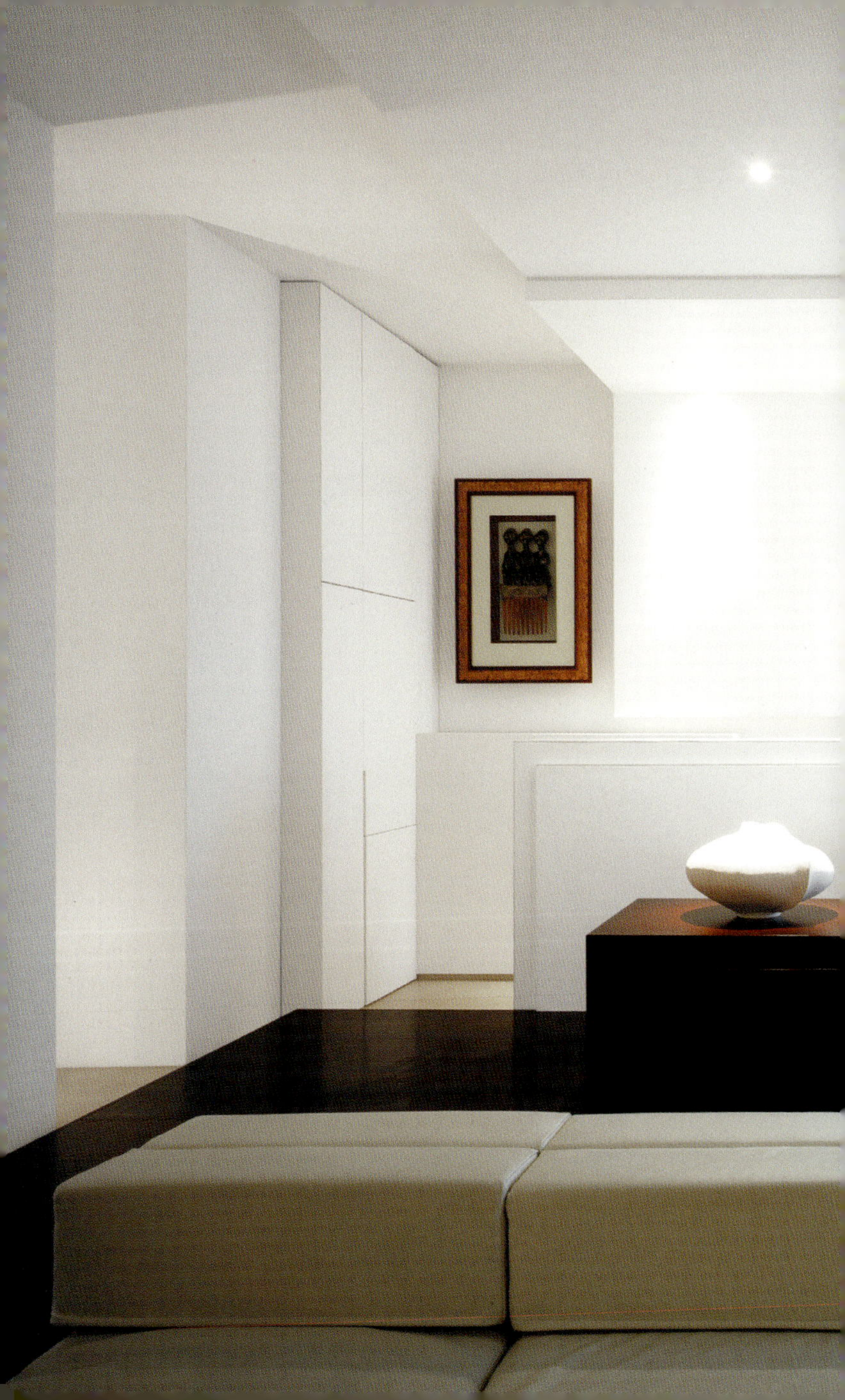

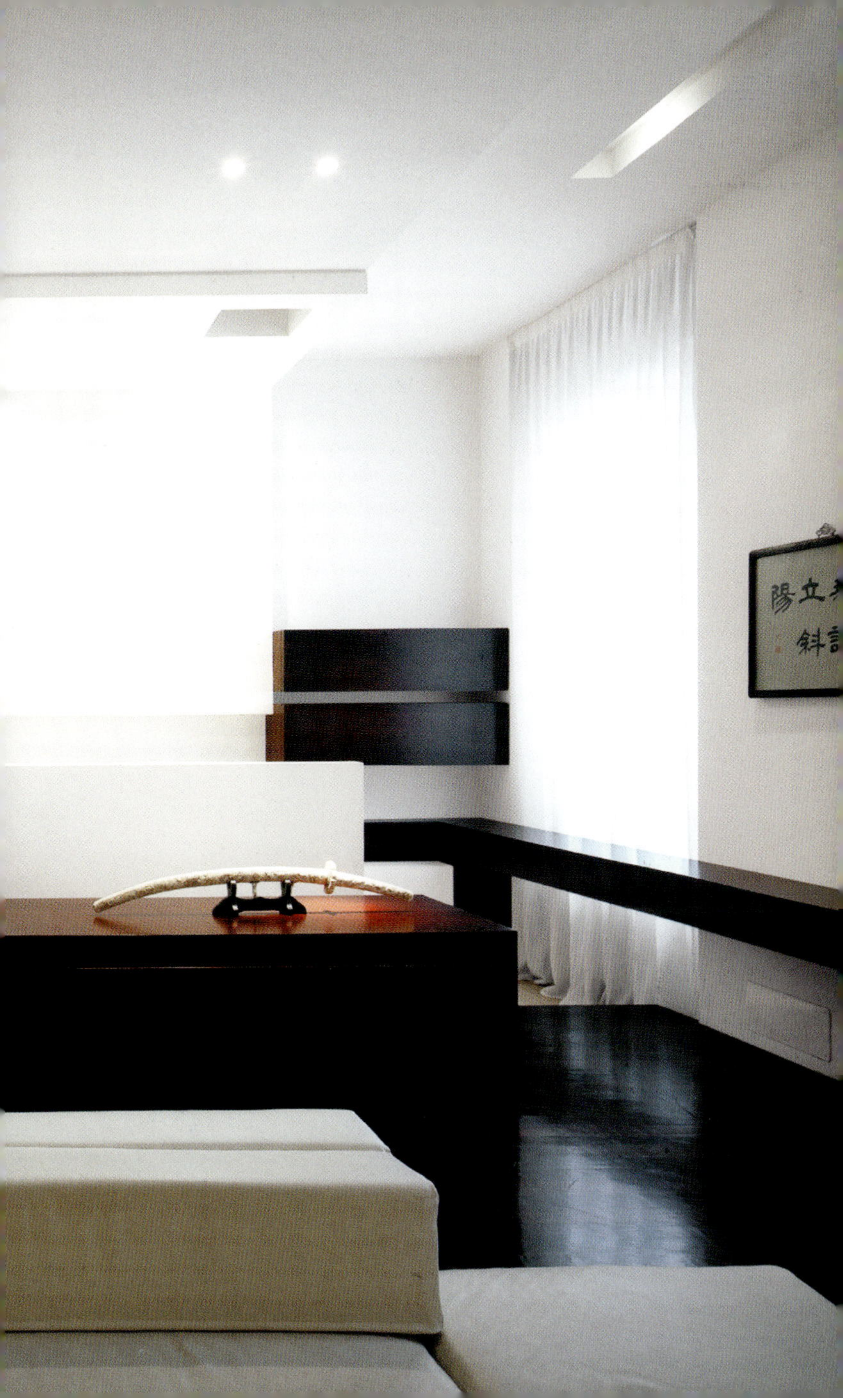

In diesem Loft in Barcelona zieht sich ein gemeinsames Element durch alle Bereiche: Bücher. Diese dienen nicht nur zur visuellen Verbindung der Bereiche, sondern entbinden die Schlafzimmer optisch ihrer eigentlichen Funktion. So wird der Essbereich zu einer Verlängerung des kleinen angrenzenden, als Arbeitszimmer genützten Bereichs.

A feature that is present in all the rooms has been used in this loft in Barcelona – books. Not only do they visually integrate the spaces, they also enable the bedrooms to be dissociated from their specific functions. That is how the dining room becomes an extension of the small space adjacent to it, which is used as a study.

SILVIA LOFT

Silvia Via

Barcelona, Spain

Un élément présent dans toutes les pièces a été utilisé dans ce loft à Barcelone : les livres. Ils permettent d'intégrer visuellement les espaces, mais aussi de dissocier les chambres de leurs fonctions spécifiques. De cette façon, la salle à manger devient une extension du petit espace adjacent utilisé comme bureau.

Eén element dat in alle ruimten van deze loft in Barcelona ruimschoots aanwezig is, zijn boeken. Niet alleen vormen de boeken visueel één geheel met de ruimten, ook maken ze het mogelijk dat de slaapkamers van hun specifieke functie worden losgemaakt. Zo wordt de eetkamer een uitbreiding van de kleine ruimte ernaast, die als studeerkamer wordt gebruikt.

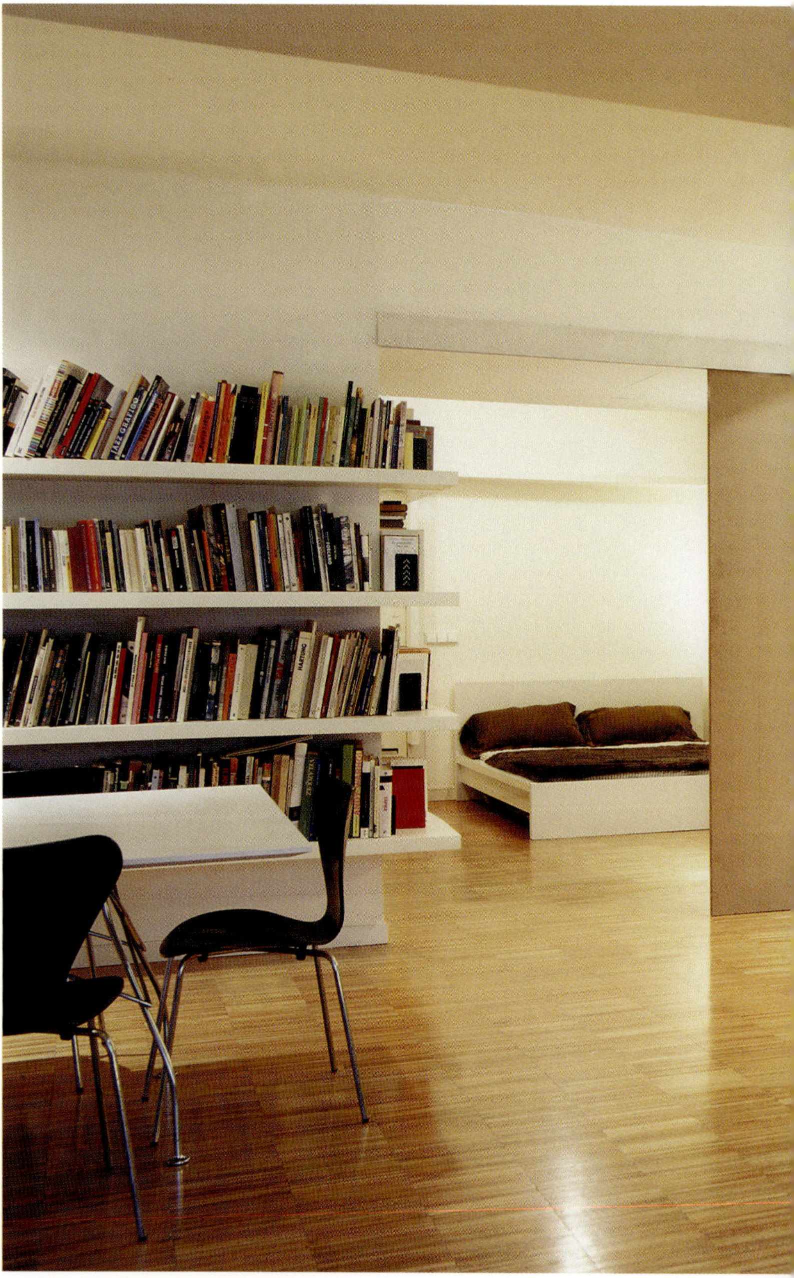

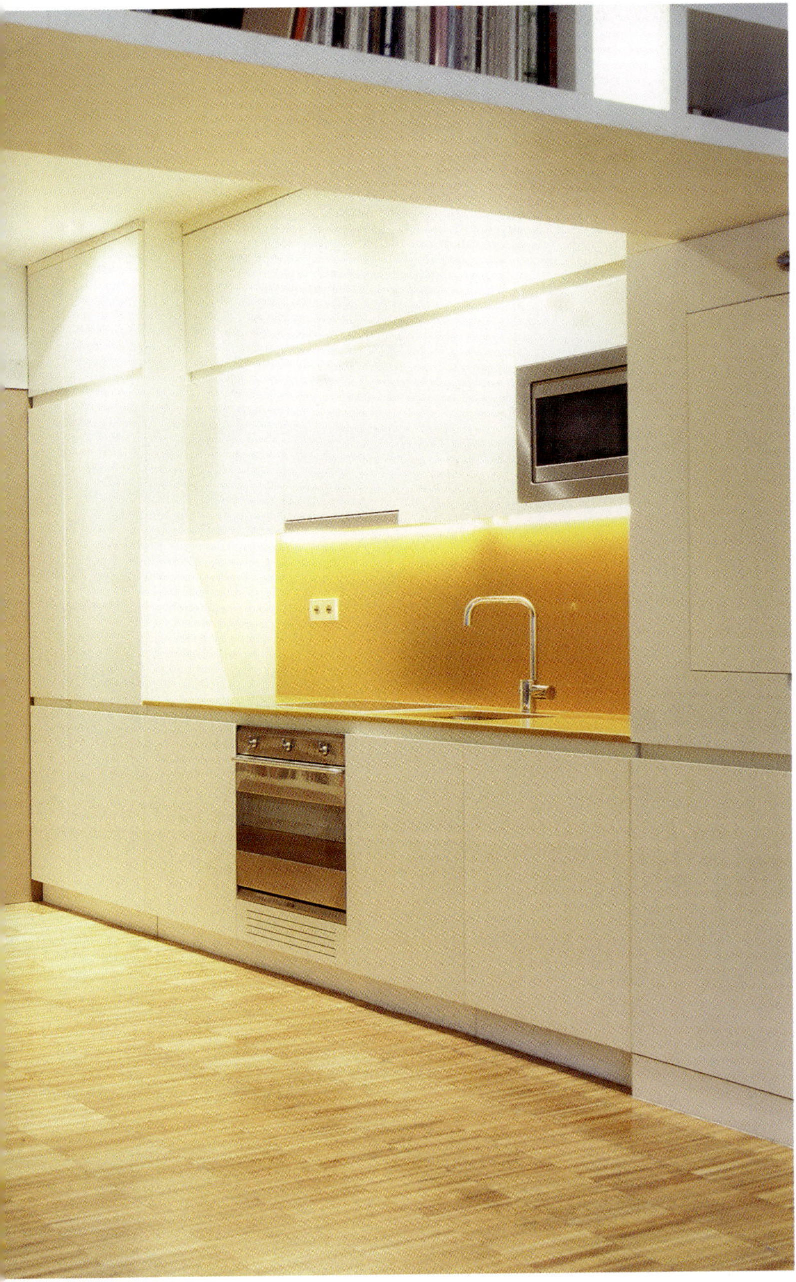

In Verbindung mit den weißen Wänden und Möbeln erzeugt der Parkettboden eine farbliche Einheitlichkeit, die nur durch einzelne Elemente, wie z.B. die gelbe Küchenwand, durchbrochen wird.

Le parquet associé au blanc des murs et du mobilier apporte une uniformité chromatique à l'ensemble, uniquement interrompue par certains éléments comme le mur jaune dans la cuisine.

The parquet floor coupled with the white of the walls and furniture creates a chromatic uniformity in the home, which is only broken up by certain features, such as the yellow wall in the kitchen.

De combinatie van de parketvloer en het wit van de wanden en de meubels brengt een kleureenheid in de woning, die slechts wordt onderbroken door bepaalde elementen, zoals het gele wandvlak in de keuken.

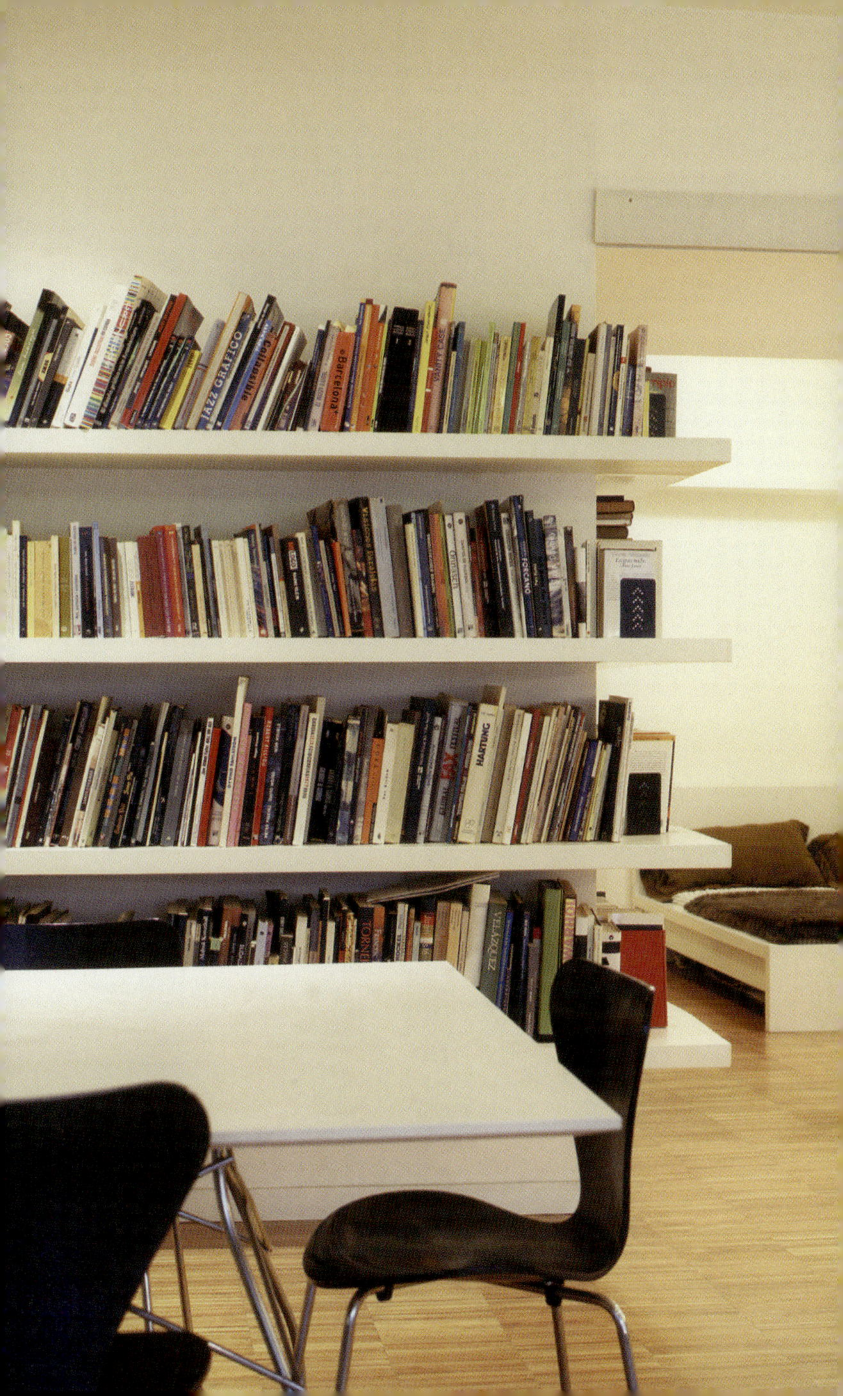
JAZZ GRAFICO
Collapsible
«Barcelona»
HARTUNG

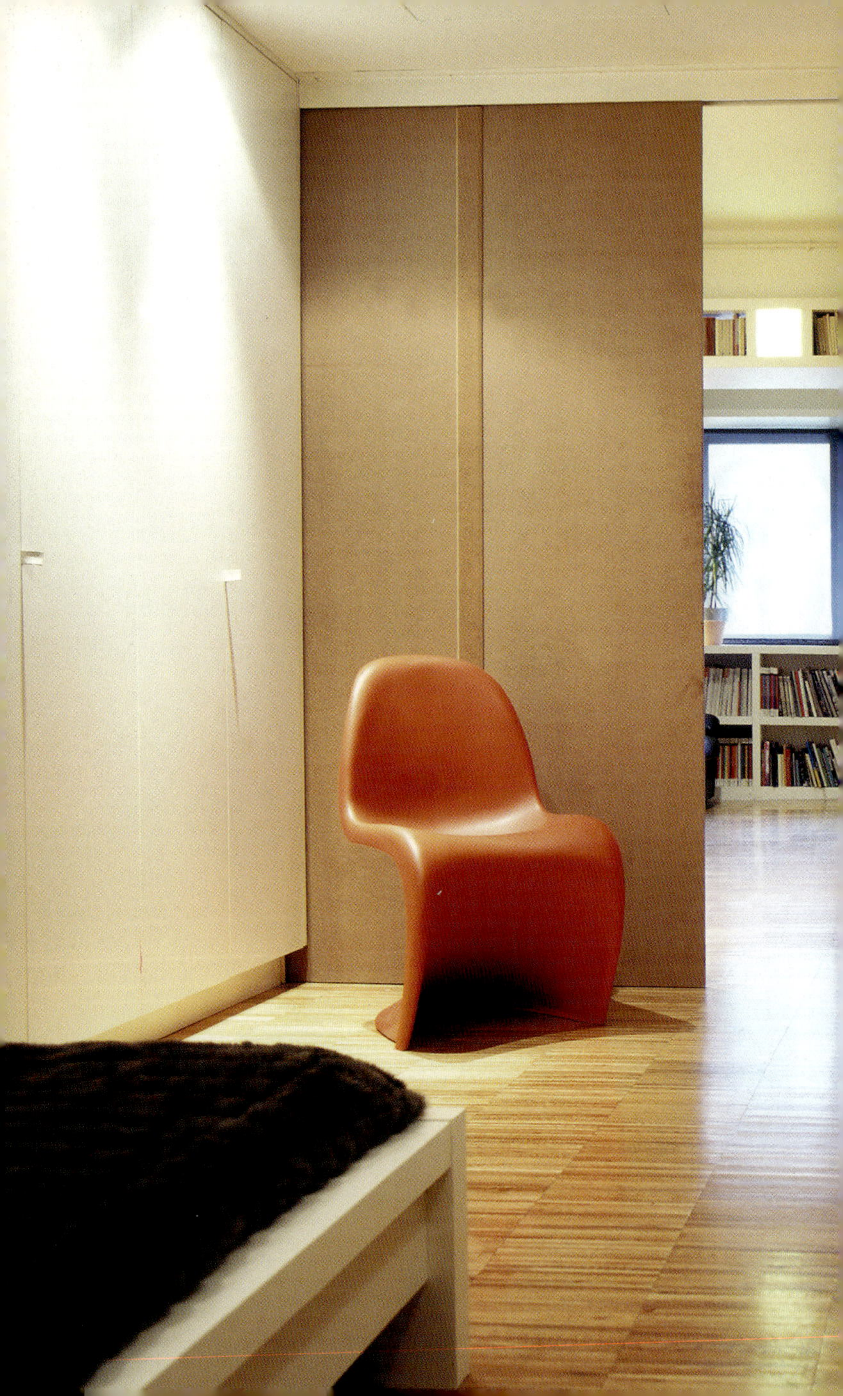

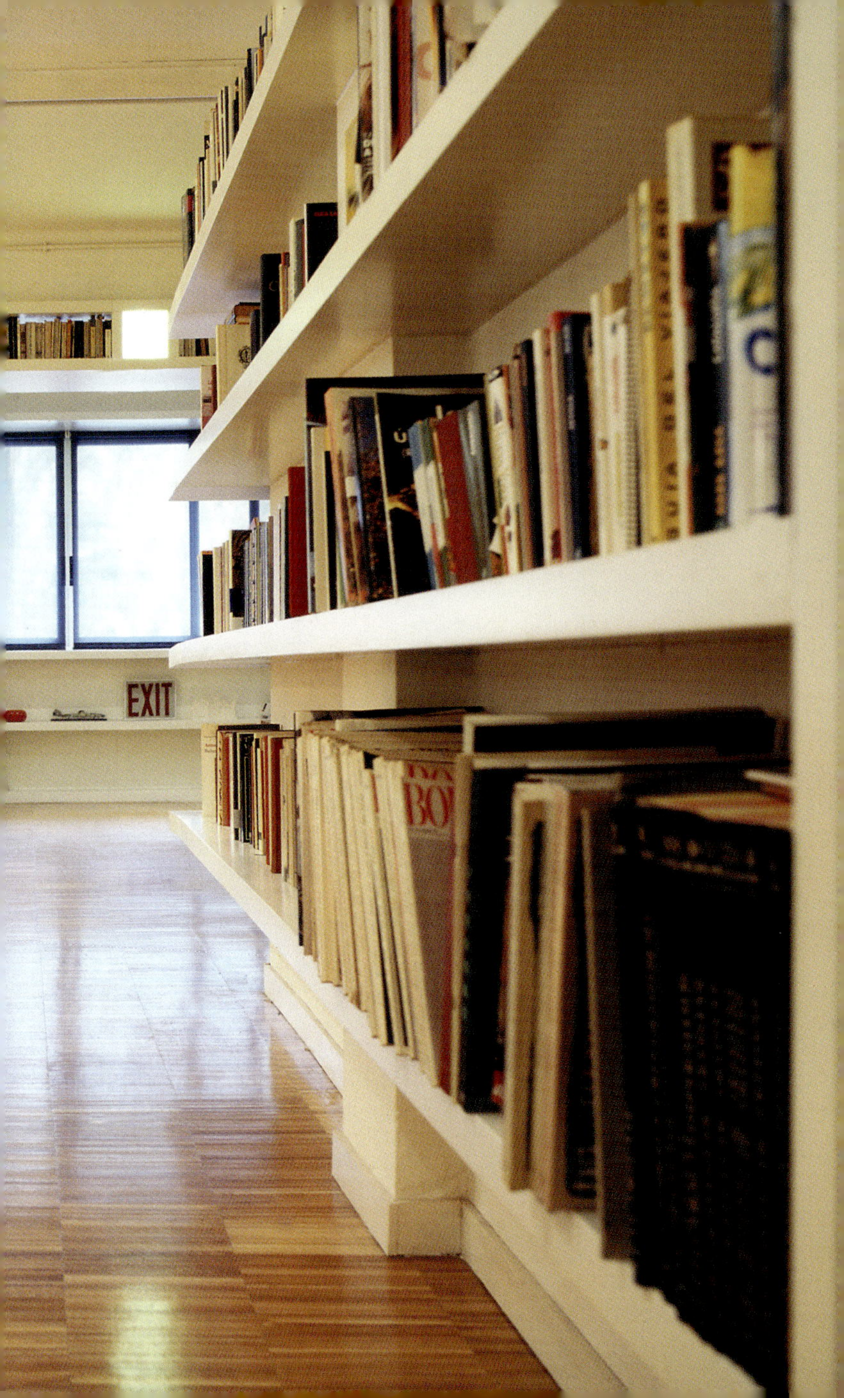
EXIT

Dieses Architekturbüro ist im Stil eines Industriegebäudes mit einfachem Innenausbau gehalten. Das Büro ist um einen zentralen Bereich angeordnet, der in Größe und Höhe auf Teamarbeit abgestimmt ist. Die Lichtführung spielt dabei eine wesentliche Rolle. Für den Bodenbelag in der Mitte wurde blaues Linoleum gewählt, während Wände und Decke weiß gestrichen sind.

This architecture studio has an industrial style with very simple finishes. The studio is organised around a central space, with a size and height that are important for facilitating teamwork. Light plays an essential role in this achievement. The central floor is covered with blue linoleum, while the walls and the ceilings are painted white.

ARCHITECT'S STUDIO
Enrique Bardají

Madrid, Spain

Cet atelier d'architecture possède un style industriel aux finitions épurées. Il est organisé autour d'un espace central dont le volume important favorise le travail d'équipe. La lumière joue un rôle clé dans cette composition. Le sol central est recouvert d'un linoléum bleu, alors que les murs et les plafonds sont peints en blanc.

Deze architectuurstudio heeft een industriële stijl met een bijzonder eenvoudige afwerking. De studio is georganiseerd rond een centrale ruimte, met een formaat en hoogte die het werken in team mogelijk maken. Licht speelt een essentiële rol in het resultaat. De centrale vloer is bekleed met blauw linoleum, terwijl de wanden en de plafonds wit geschilderd zijn.

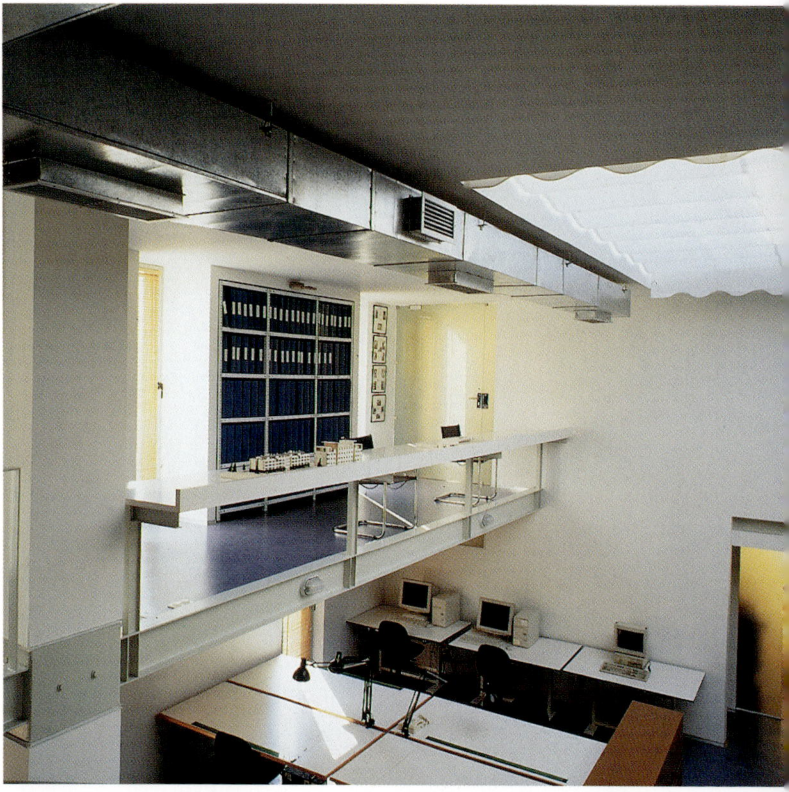

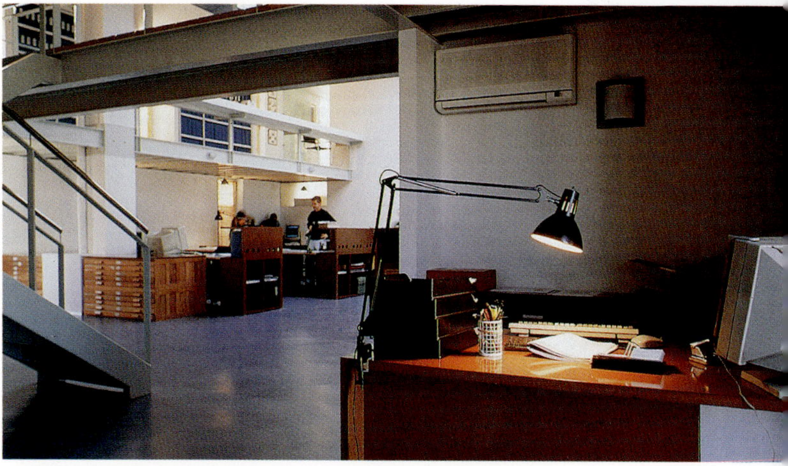

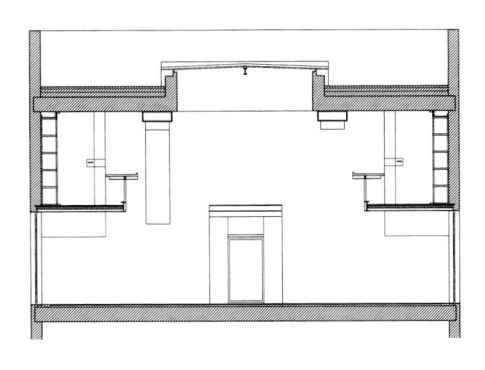

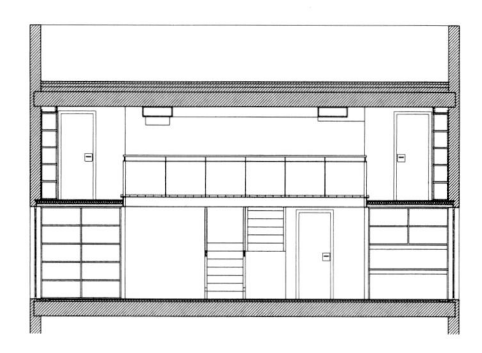

Cross sections

Die vom deutschen Architekten Egor Eiermann entworfenen Tische sollen die Teamarbeit fördern. Enrique Bardají entwarf die entlang der Wände aufgestellten Möbel.

The work tables, designed by the German architect Egor Eiermann, are designed to enable teamwork. Enrique Bardají created the furniture arranged against the walls.

Les tables de travail, conçues par l'architecte allemand Egor Eiermann, sont pensées pour faciliter le travail d'équipe. Enrique Bardají a créé les meubles installés le long des murs.

De werktafels, die zijn ontworpen door de Duitse architect Egor Eiermann, zijn geschikt voor het werken in teamverband. Enrique Bardají maakte de meubels die langs de wanden zijn geplaatst.

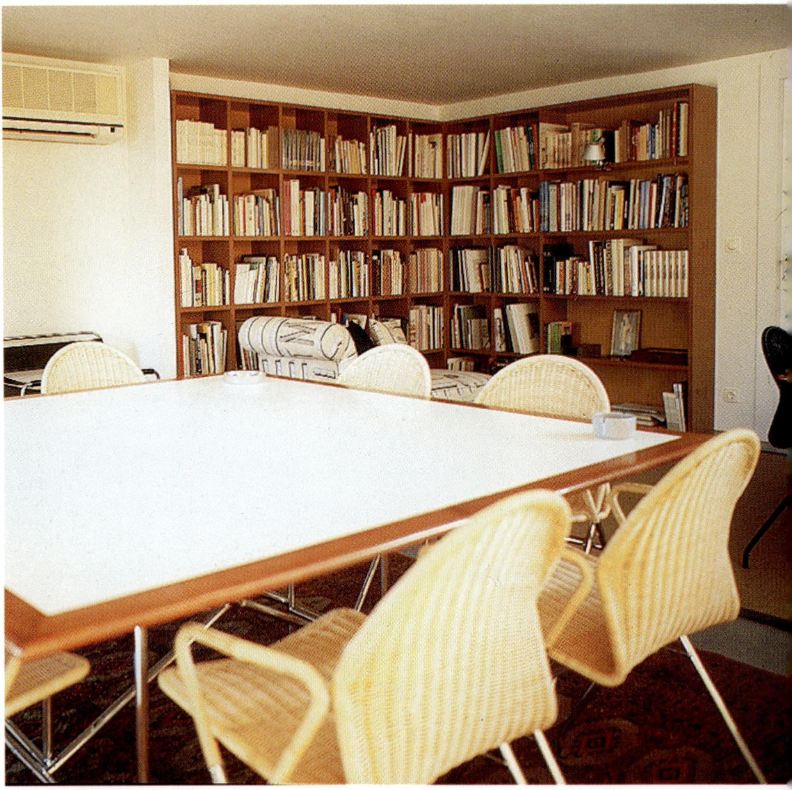

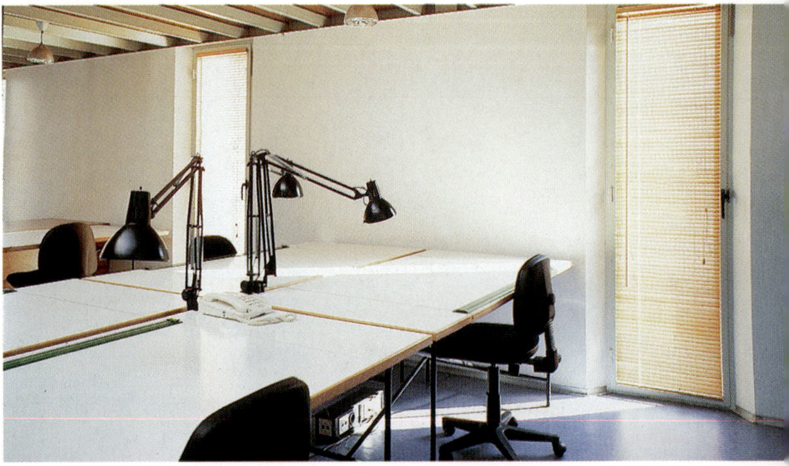

177

Dieses Projekt wurde in einer langen, rechtwinkeligen Fabrikhalle der Jahrhundertwende umgesetzt. Zuerst wurde ein neuer Fußboden verlegt und dann der Raum in multifunktionale Bereiche unterteilt. Dabei wurden verschiedene Arbeitsbereiche festgelegt und diese mit der erforderlichen Infrastruktur ausgestattet, ohne die Gesamtansicht des Raums zu verändern.

The project was carried out on a turn-of-the-century factory, a large rectangular space with windows. The first procedure was to install a new floor, and then the space was divided into multipurpose areas. The strategy consisted of defining various working areas and equipping them with the necessary infrastructure without interfering with the overall vision of the space.

LAIGUANA STUDIO
EQUIP XCL Xavier Claramunt

Barcelona, Spain

Ce projet a été réalisé dans une usine du début du siècle, grand espace rectangulaire doté de fenêtres. La première démarche a été d'installer un nouveau sol, puis de diviser l'espace en zones polyvalentes. Le principe était de créer diverses zones de travail et de les équiper avec l'infrastructure nécessaire sans interférer avec la vision d'ensemble du volume.

Dit project betreft een fabriek van rond de eeuwwisseling, een grote rechthoekige ruimte met ramen. Eerst moest er een nieuwe vloer worden aangebracht en vervolgens werd de ruimte in verschillende multifunctionele ruimten onderverdeeld. Het plan was verschillende werkruimten te definiëren en deze te voorzien van de benodigde infrastructuur zonder de complete aanblik van het gebouw te verstoren.

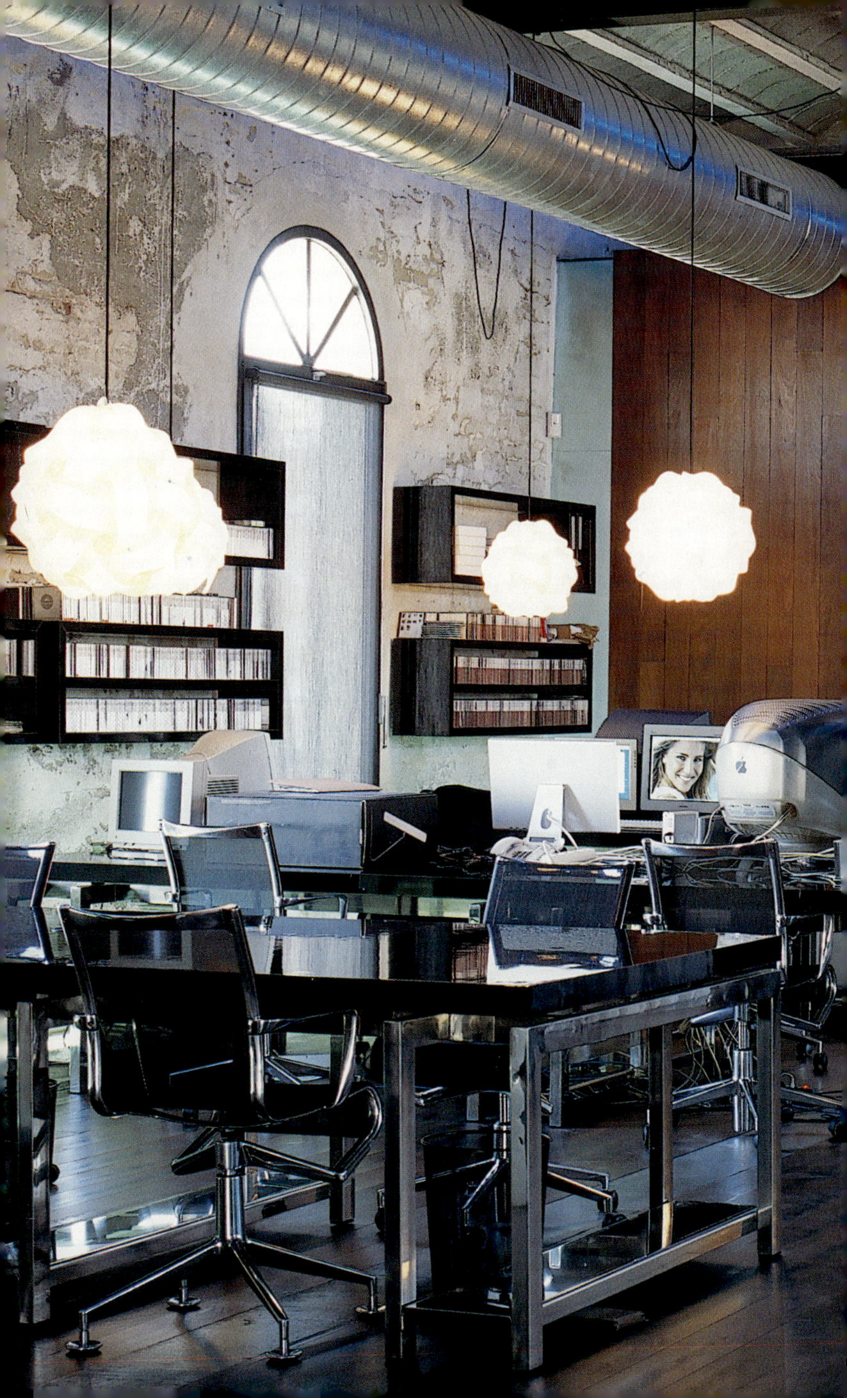

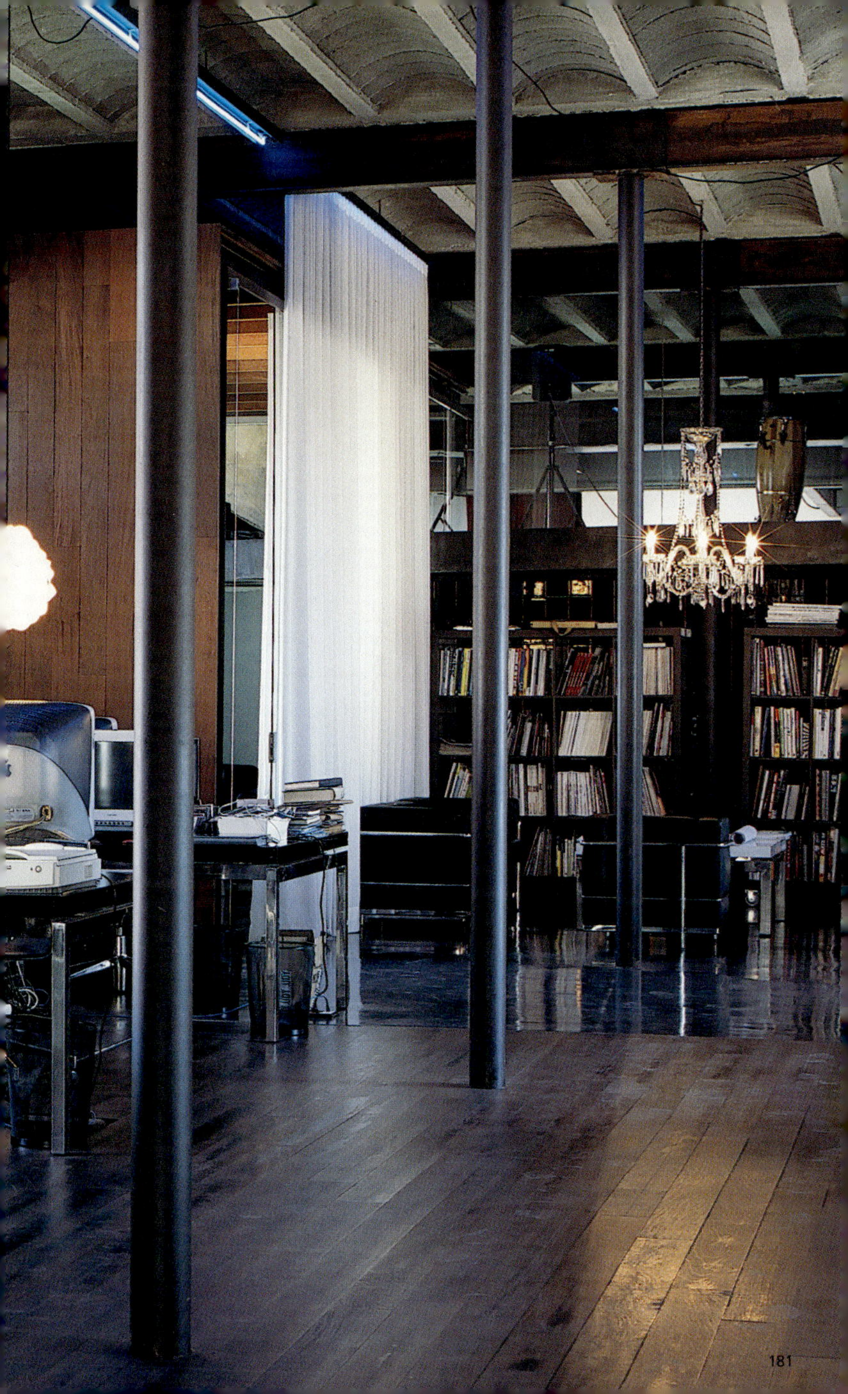

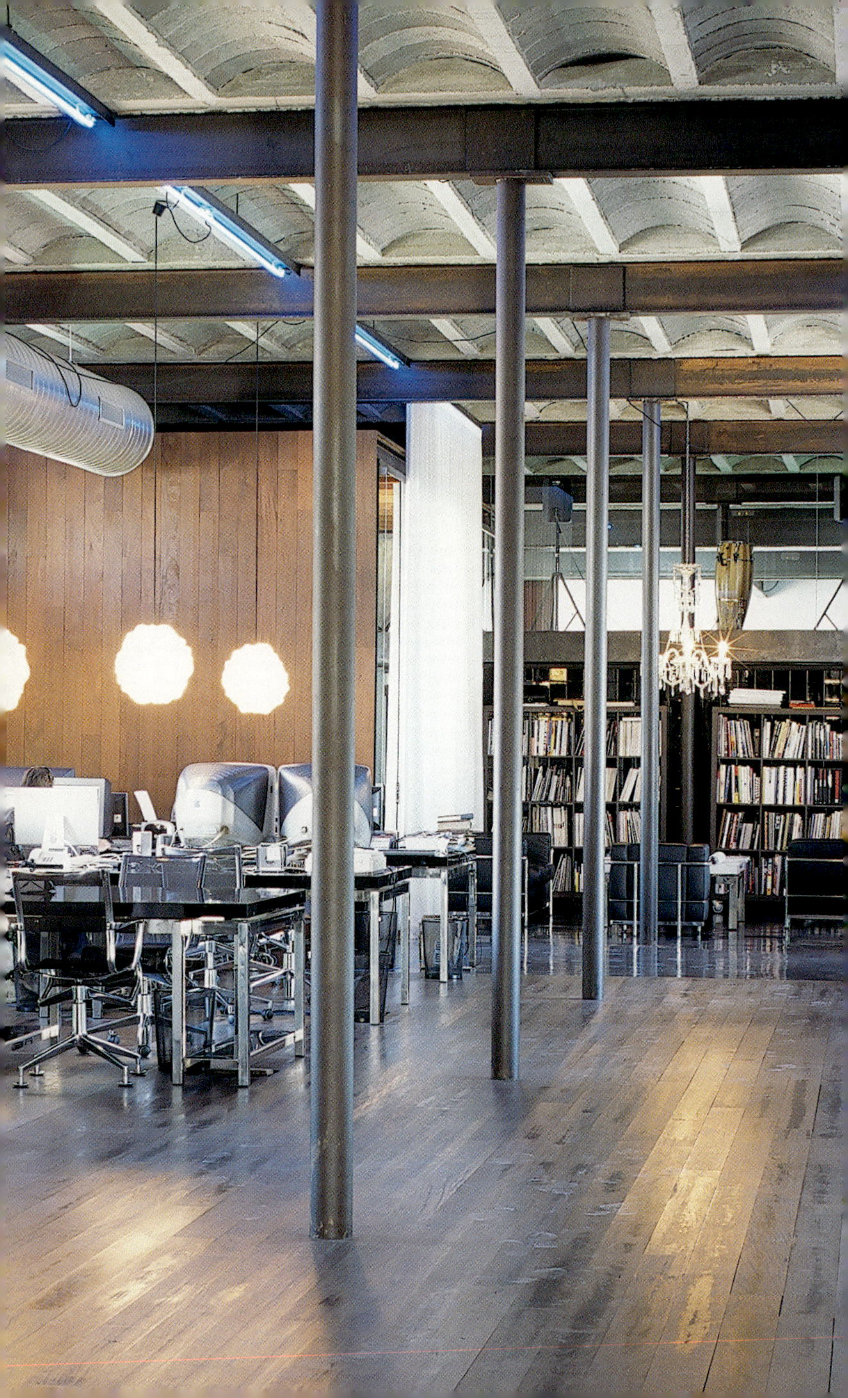

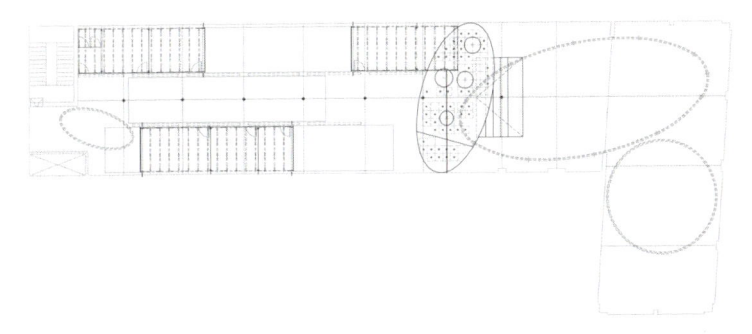

Office's plan

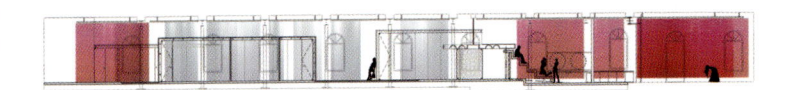

Longitudinal section

Der Fußboden des Hauptraums wurde in drei Bereichen in Holz ausgeführt. Der freie, mittlere Bereich verwandelte sich in einen breiten Durchgang, der zum Eingangsbereich mit Fotokamera führt.

Le sol de la pièce principale a été recouvert de parquet à trois endroits. L'absence d'infrastructures au milieu crée un imposant espace de transit menant à l'entrée d'un studio photo.

The floor of the main room was covered with wood in three areas. The absence of infrastructures in the middle turned it into an extensive transit area which leads to the entrance to a photography set.

De vloer van de hoofdruimte is op drie plaatsen van hout voorzien. Door de afwezigheid van infrastructuur in het midden ontstaat hier een ruim doorgangsgebied dat naar de ingang van een fotostudio leidt.

Als ehemalige Brauerei war dieses Gebäude früher mit Kühlräumen ausgestattet. Die Architekten beließen die großen Zinktüren der Kühlräume, um sie in das neue Konzept aufzunehmen. Diese Originaltüren kamen in verschiedenen Bereichen, einschließlich Haupteingang und Sitzungsraum, zur Anwendung. In der Innenausstattung spielt die Farbe Weiß eine entscheidende Rolle.

This building was formerly used as a brewery with refrigerated compartments. The architects retained the large zinc doors of the refrigerators in order to include them in the new design. These original doors were used in various areas, including the main entrance and the conference room. White plays a decisive role in the interior design project.

WONG DOODY

Shubin + Donaldson Architects

Steller Drive, Culver City (CA), USA

Ce bâtiment était auparavant occupé par une brasserie et des compartiments réfrigérés. Les architectes ont conservé les grandes portes en zinc des réfrigérateurs pour les intégrer au nouveau projet. Ces portes originales ont été placées dans diverses zones, dont l'entrée principale et la salle de conférences. Le blanc joue un rôle déterminant dans la décoration intérieure.

Dit gebouw werd vroeger gebruikt als brouwerij met afzonderlijke koelruimten. De architecten lieten de grote zinken deuren van deze koelruimten intact en namen ze op in het nieuwe ontwerp. De oorspronkelijke deuren werden in verschillende ruimten toegepast, waaronder bij de ingang en in de vergaderzaal. Wit speelt een overheersende rol in het interieurontwerp.

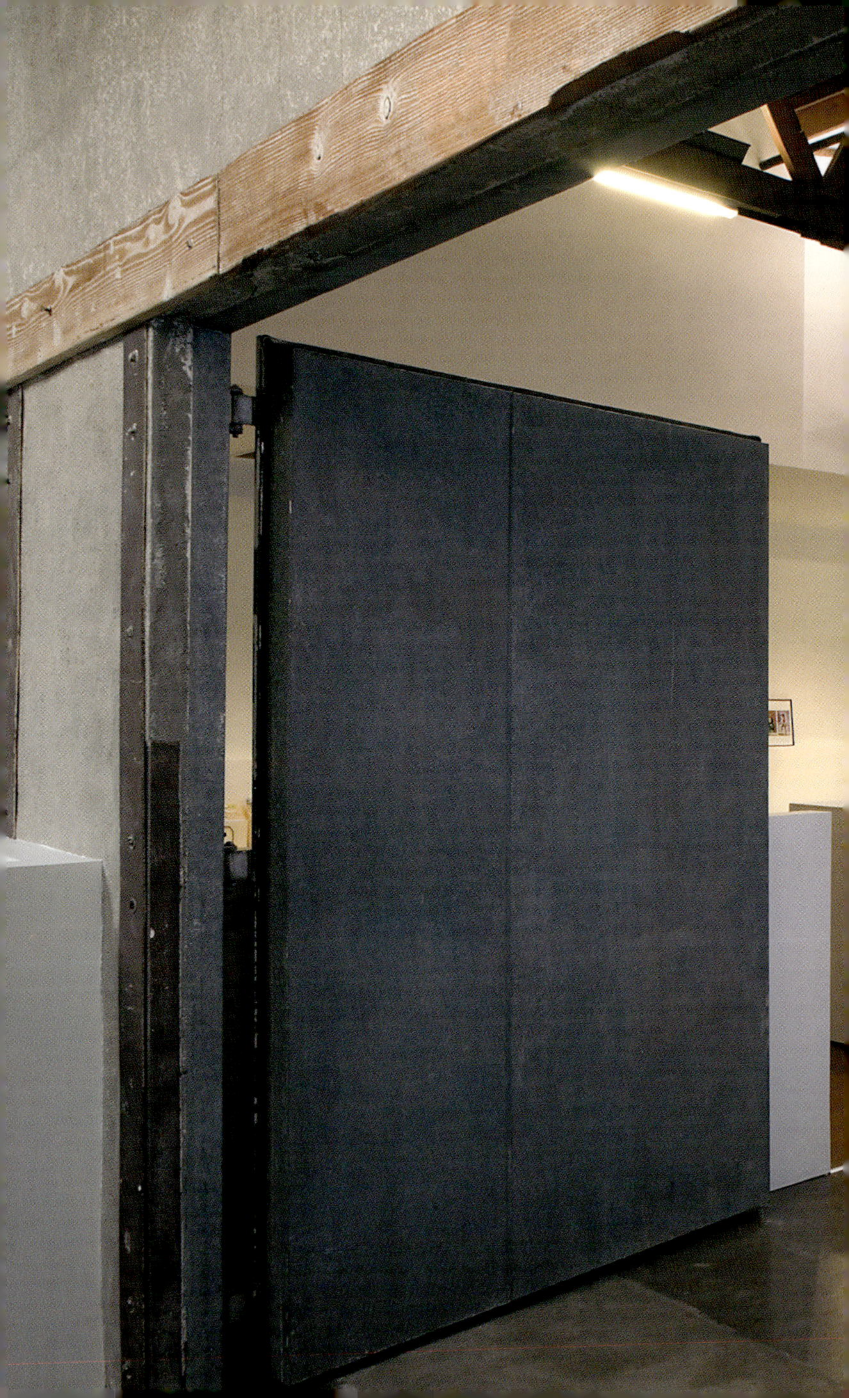

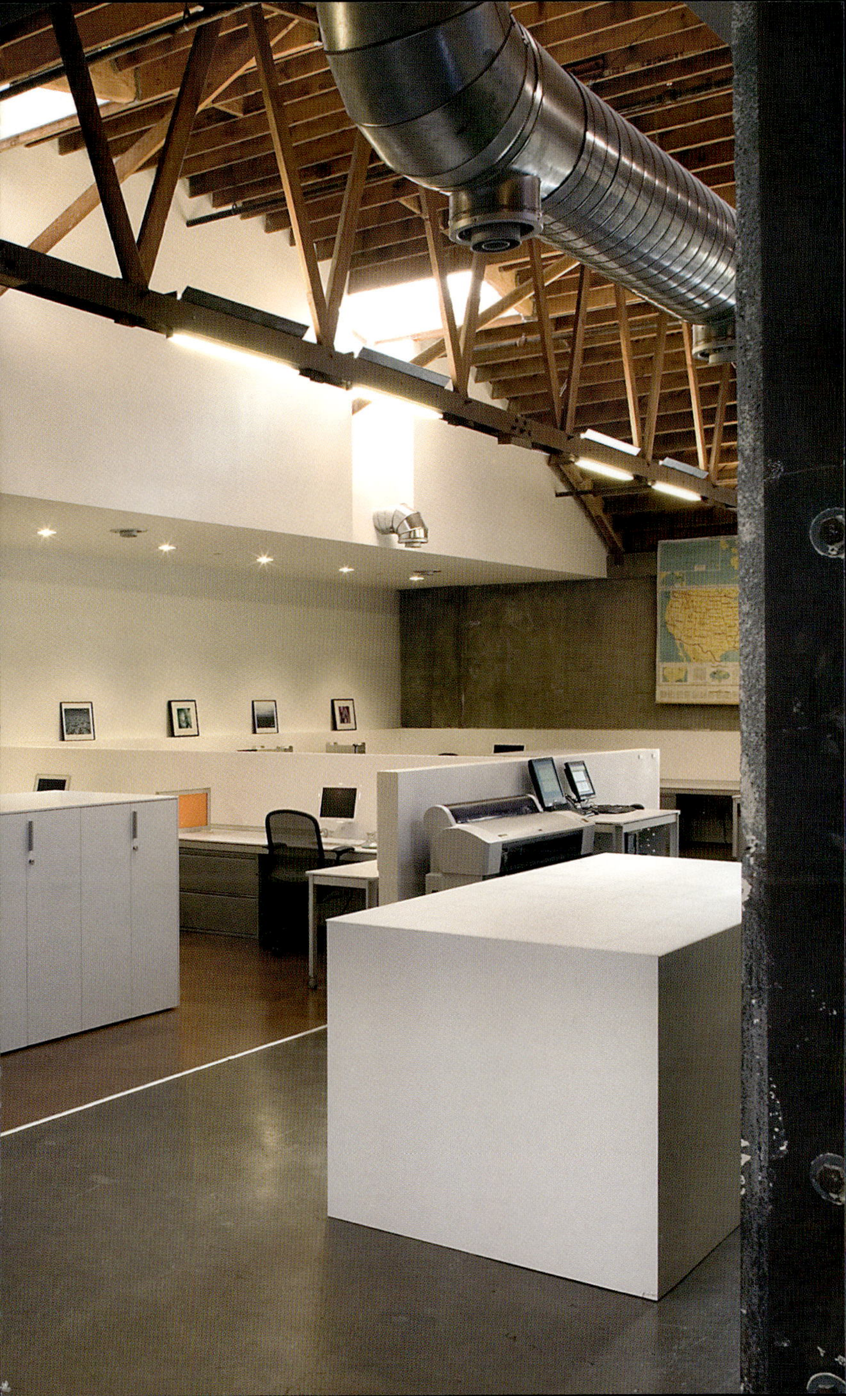

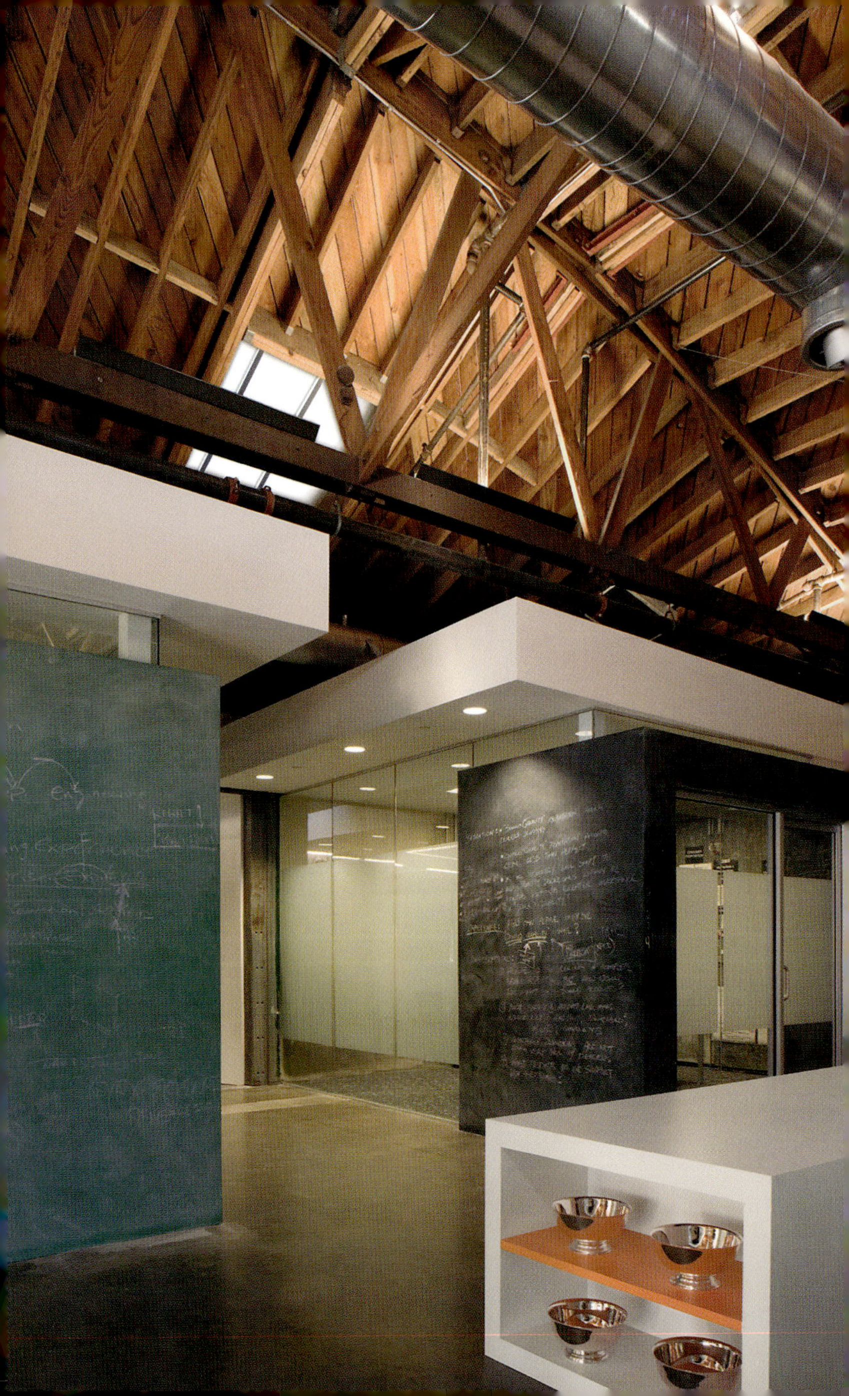

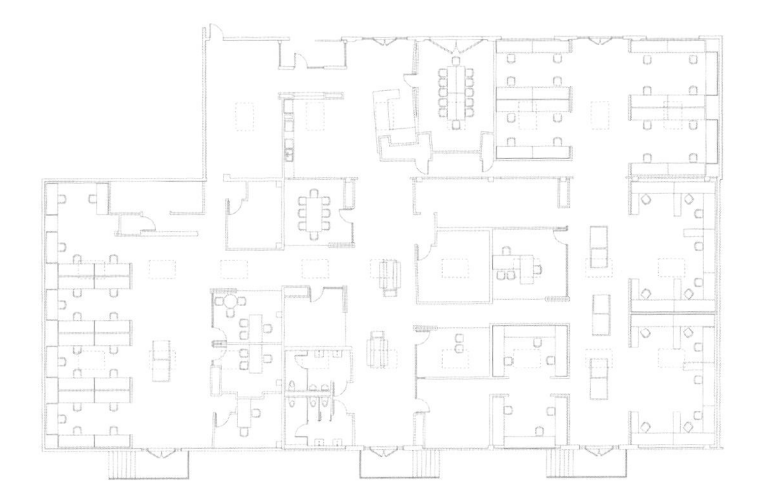

Office's plan

Eines der attraktiven Merkmale dieser Räumlichkeiten ist die Beibehaltung der Originalstruktur der alten Brauerei, einschließlich der Holzdecken, deren Oberlichter den Einfall von Tageslicht ermöglichen.

L'un des attraits de ces locaux est que la structure d'origine de l'ancienne brasserie a été conservée, y compris les plafonds en bois inclinés et leur verrière qui laisse passer la lumière naturelle.

One of the attractive features of these premises is that the original structure of the old brewery has been maintained, including the sloping wooden ceilings which have a skylight to allow natural light to pass through.

Een van de aardige kenmerken van dit gebouw is het feit dat de oorspronkelijke structuur van de oude brouwerij is gehandhaafd, zoals de aflopende houten plafonds met dakramen waardoor het daglicht binnenvalt.

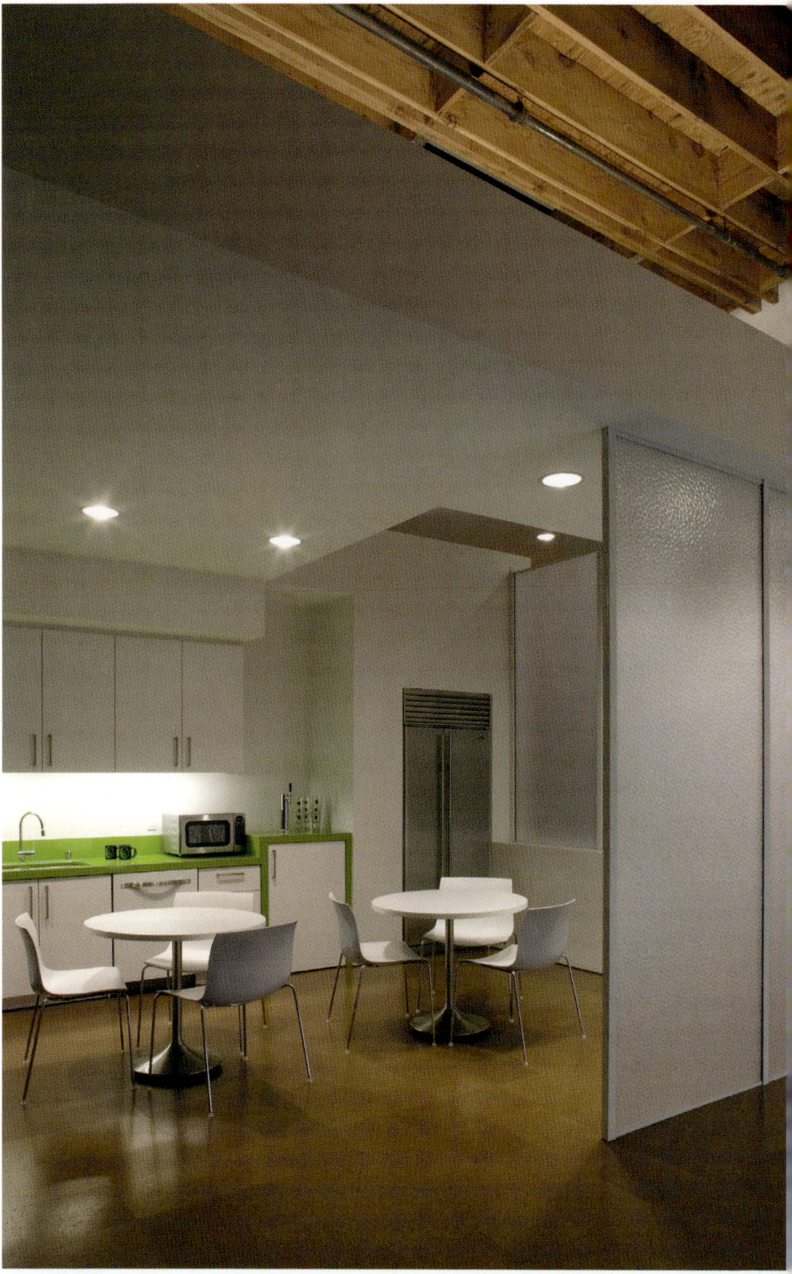

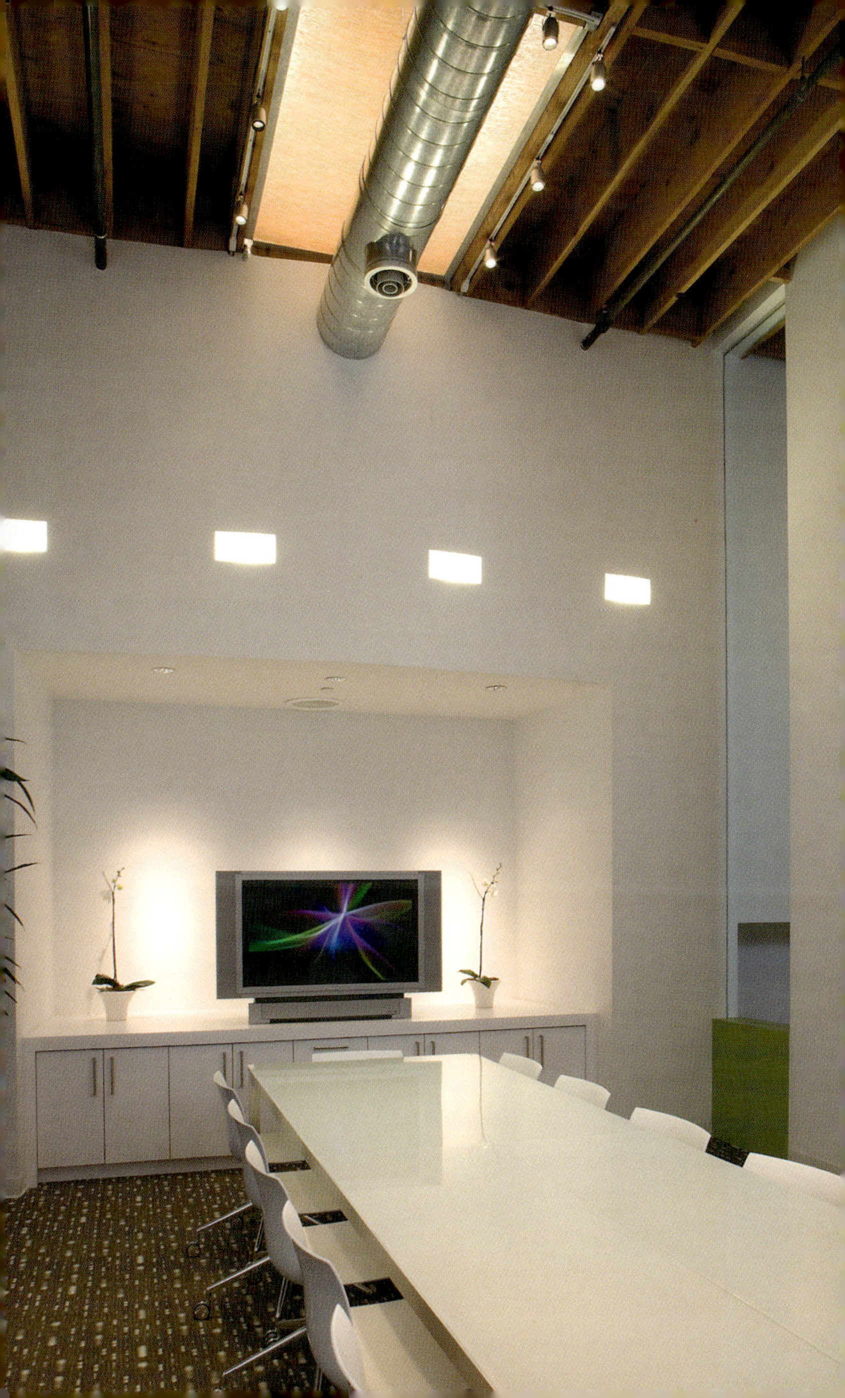

Das Projekt umfasste die Renovierung eines Arbeitsbereichs für eine Werbeagentur. Ziel war die Schaffung einer Art Großraumbüro mit Glasscheiben und gemeinsamen Besprechungsbereichen. Grundlegende Materialien wie Holz, Eisen und Stahl unterstreichen den klaren industriellen Charakter. Neutrale Farben wie Schwarz und Weiß existieren neben Rot und honigfarbenen Holztönen.

The project involved refurbishing a work space for an advertising agency. The goal was to create a type of open office with glass panels and common meeting areas. Basic materials such as wood, iron and steel intensify the clearly industrial style. Neutral colours such as black and white coexist with the red and honey tones of wood.

GREY WORLDWIDE

Cossmann de Bruyn

Hamburg, Germany

Le projet impliquait la restauration d'un espace de travail pour une agence de publicité. L'objectif était de créer un bureau ouvert à l'aide de panneaux de verre et de salles de réunions communes. Des matériaux de base tels que le bois, le fer et l'acier renforcent le style clairement industriel. Les couleurs neutres, comme le noir et le blanc, se marient aux tons rouges et miel du bois.

Dit project hield de verbouwing in van een werkruimte voor een reclamebureau. Het doel was een soort open kantoor te creëren met glazen panelen en gemeenschappelijke vergaderruimten. Basismaterialen zoals hout, ijzer en staal versterken de duidelijk industriële stijl. Neutrale kleuren, zoals zwart en wit, gaan goed samen met de rode en honingkleurige houttinten.

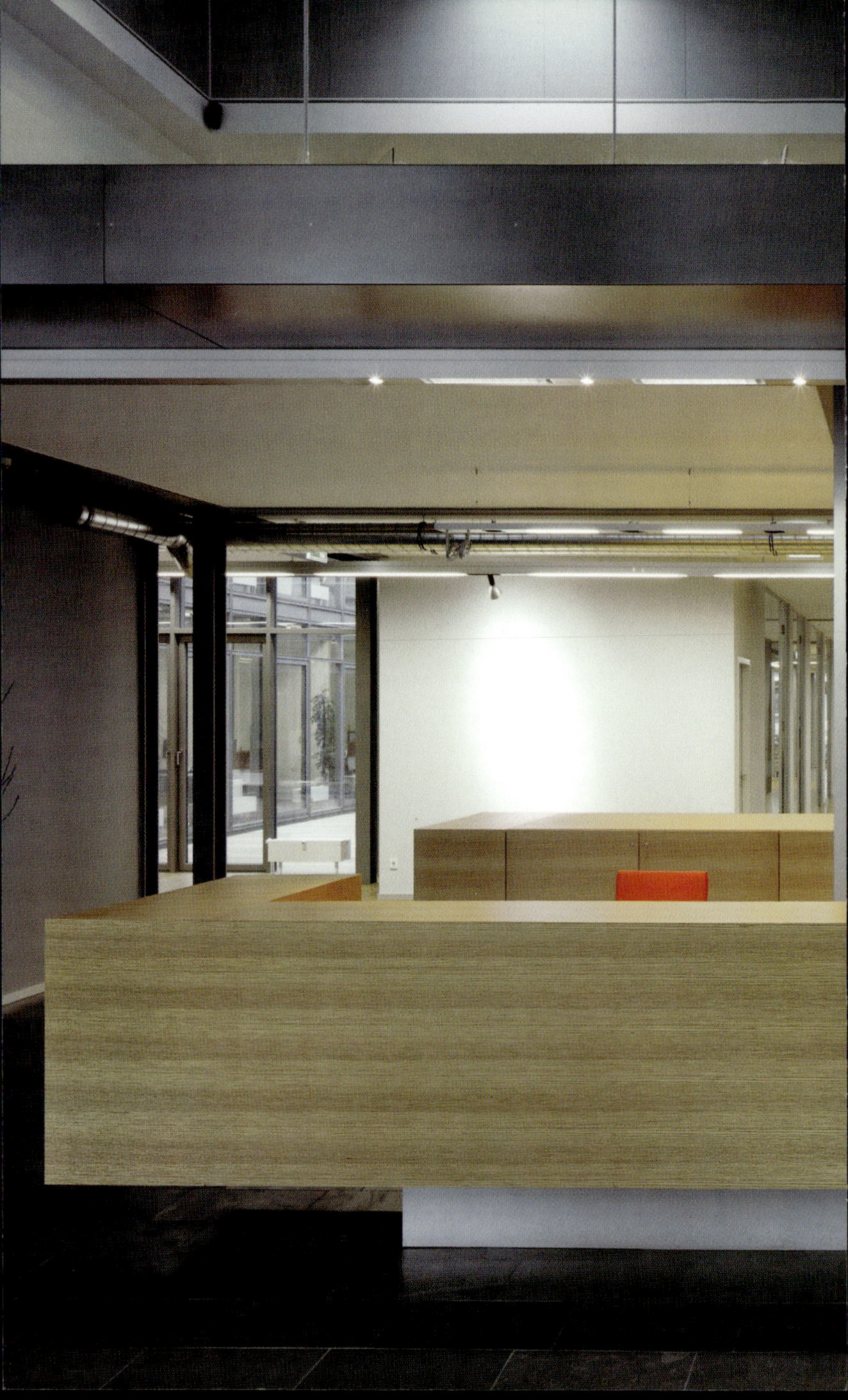

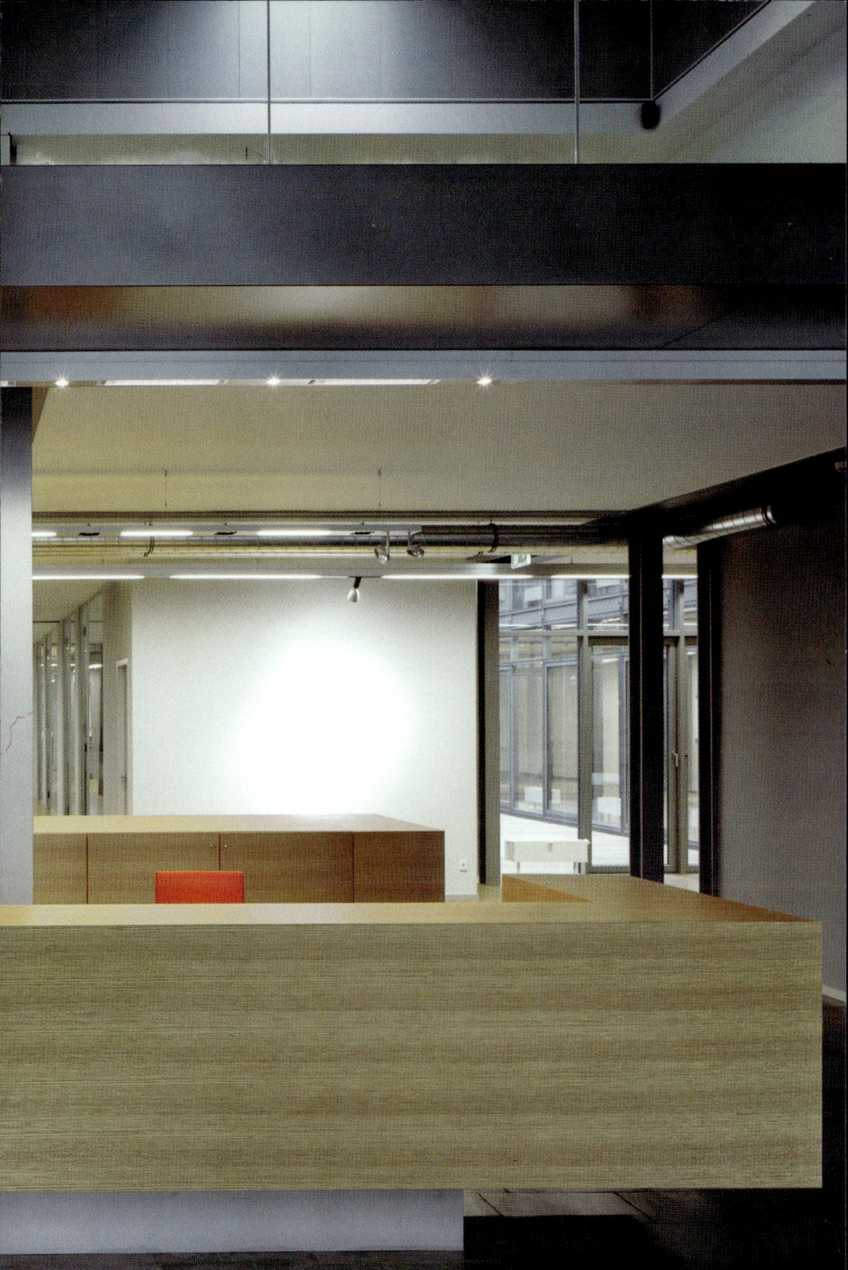

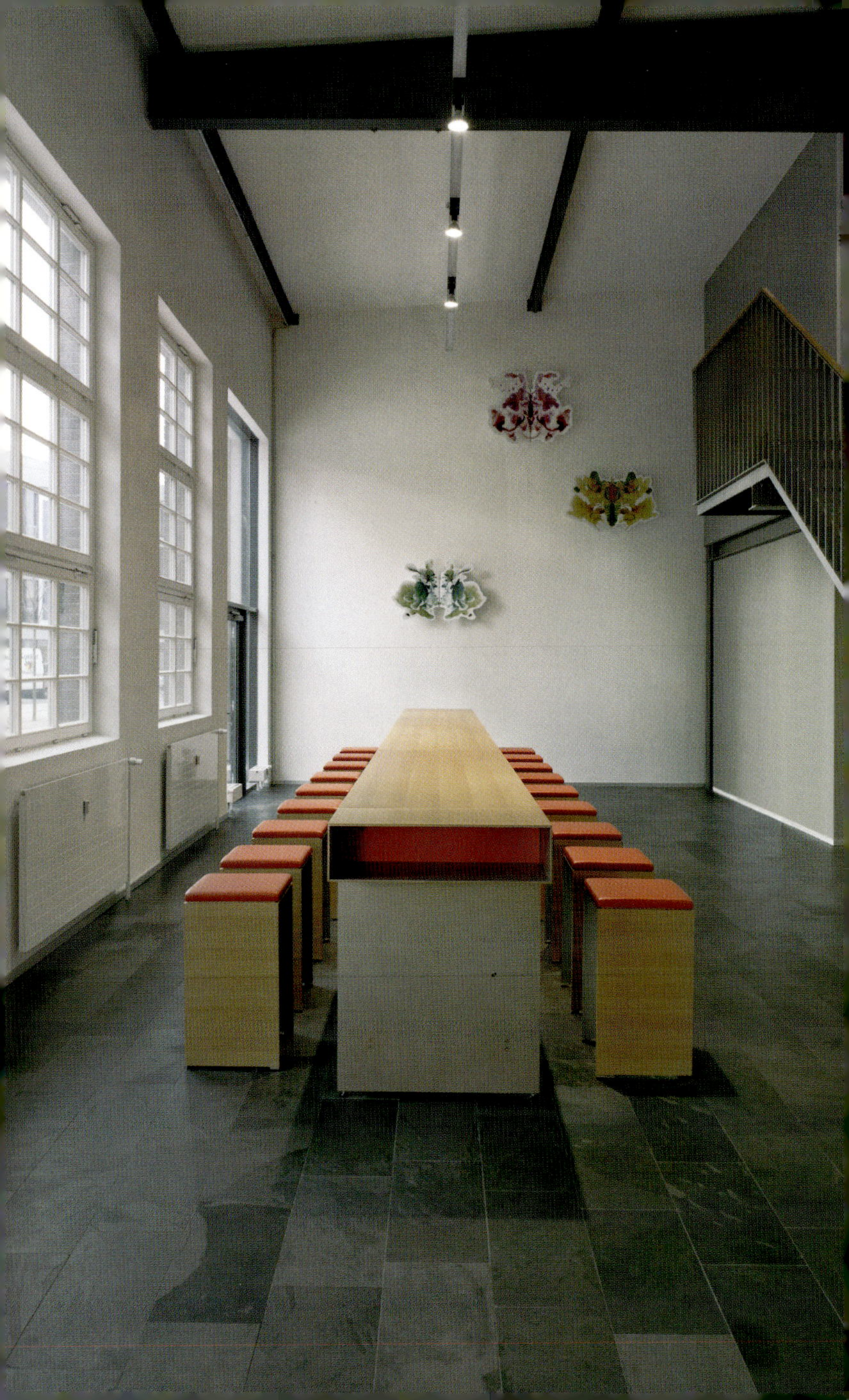

Ground floor plan

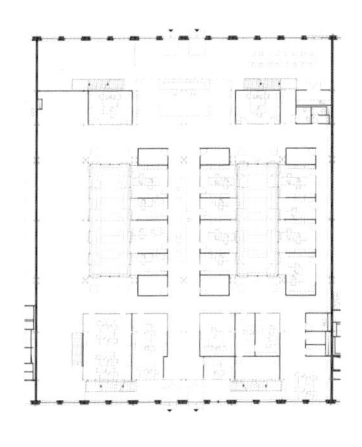

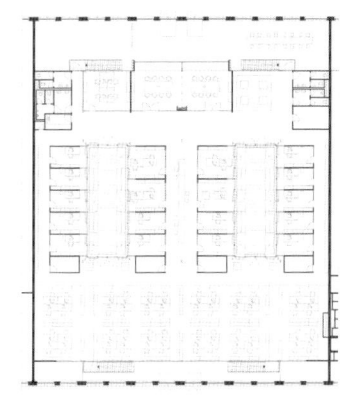

Upper level plan

Eine der Absichten der Architekten war die Förderung der Kommunikation. Die Besprechungsbereiche wurden daher als offene Räume mit linearer, minimalistischer Grundorientierung konzipiert.

L'une des intentions des architectes était de favoriser la communication. La salle de réunions a donc été pensée comme un espace ouvert en respectant les principes de base de linéarité et de minimalisme.

One of the intentions of the architects was to foster good communication. As a result, the meeting area was conceived as an open space following the overarching premises of linearity and minimalism.

De architecten wilden onder meer een goede communicatie stimuleren. Daarom werd de vergaderruimte ontworpen als een open ruimte die volgt uit de lijnen en het minimalisme van de overkoepelende constructie.

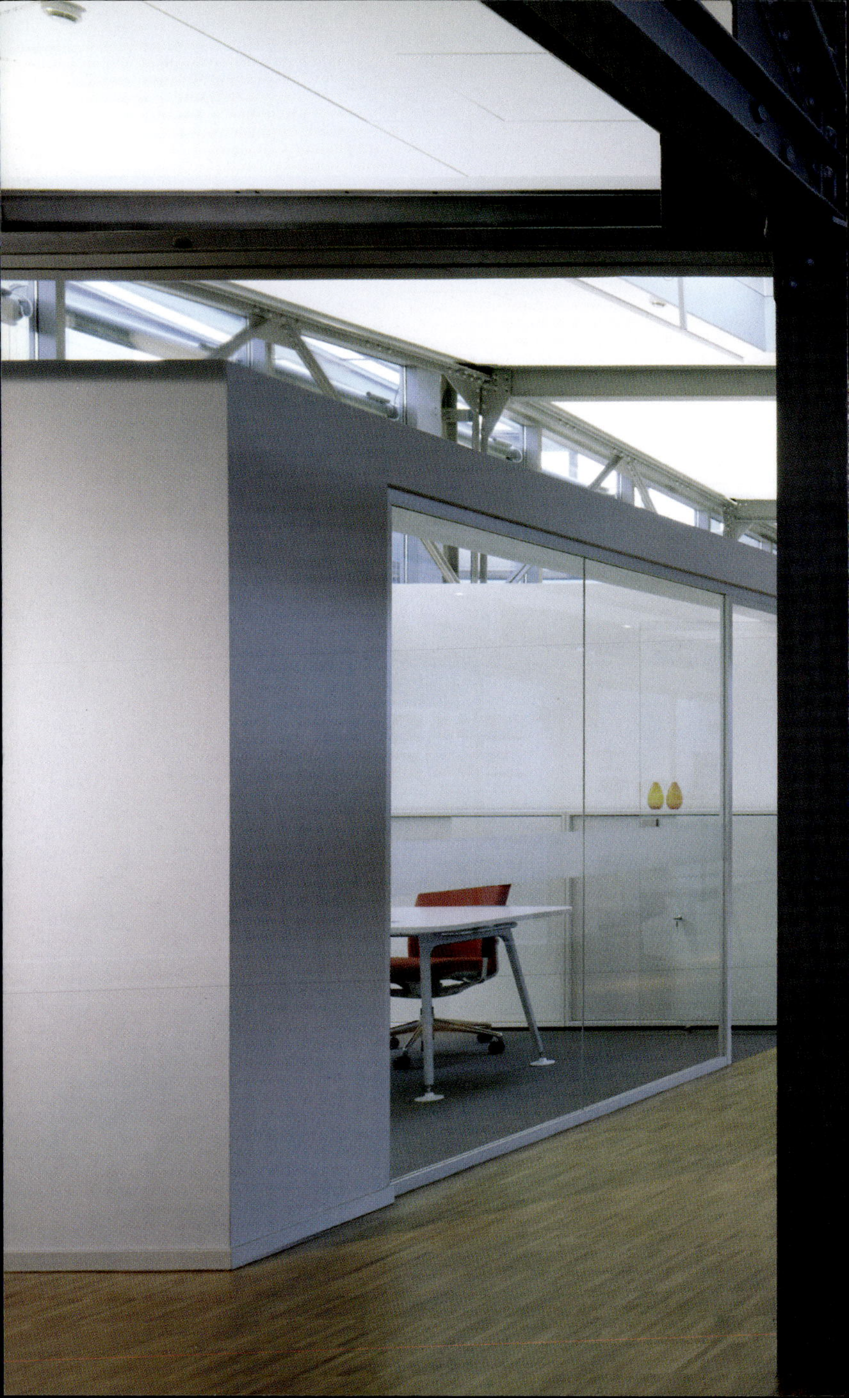

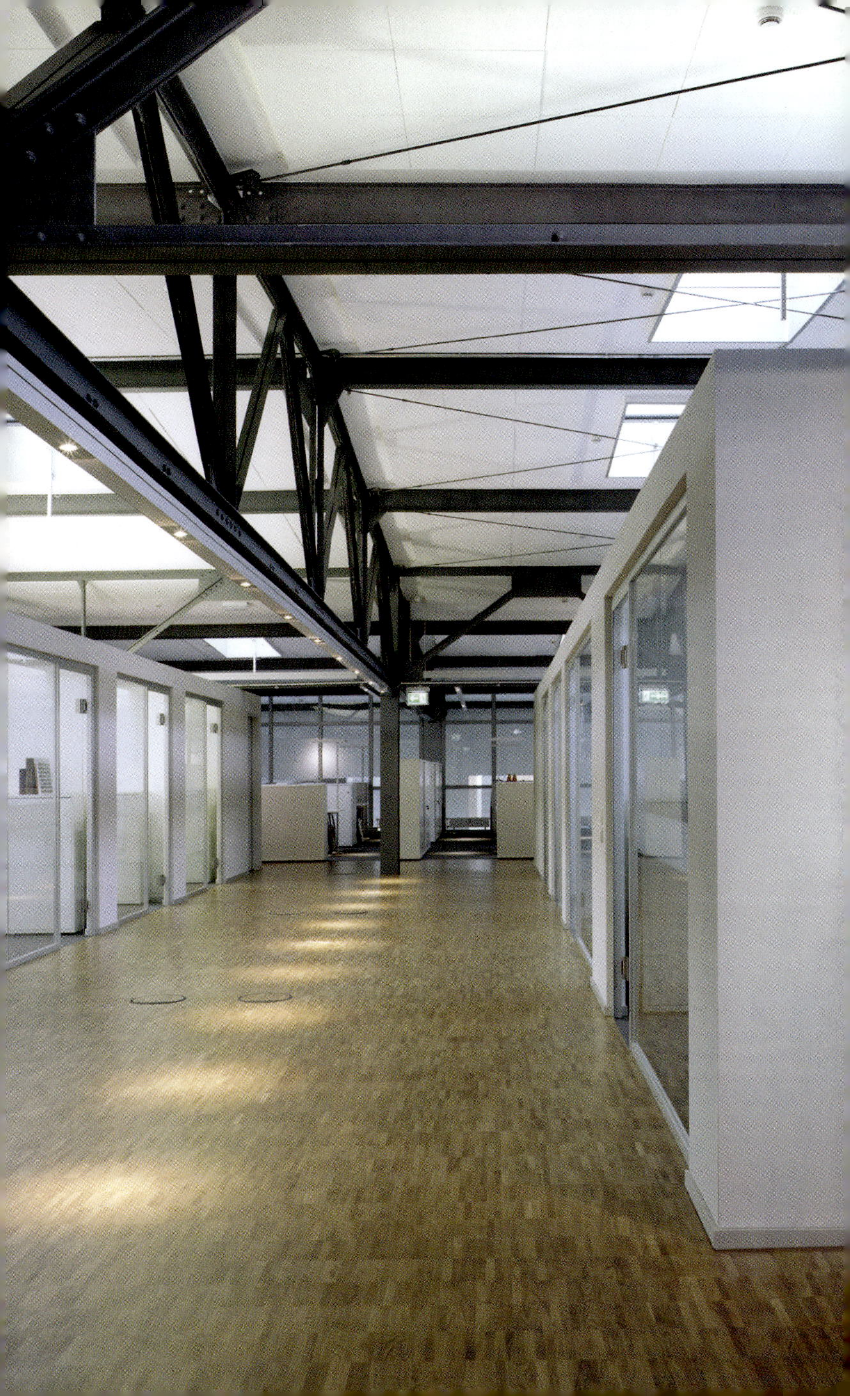

Aufgrund einer Entscheidung des Kunden wurden diese Büroräume im Stil eines Lofts umgebaut. Die großzügigen, offenen und durchgängigen Bereiche wurden wie ein Industriegebäude behandelt. So entstand ein dynamisches Ambiente, das nicht nur Platz für Arbeits-, Besprechungs- und Sitzungsräume, sondern auch für ein Lager, eine Küche und einen Massageraum bietet.

Due to a decision by the clients, these offices were refurbished as if they were a loft. They are generous, open and continuous areas that were given an industrial treatment. A changing, dynamic atmosphere was created, in which there was room for not just work areas, meeting and conference rooms, but also a warehouse, kitchen and a massage room.

IWIN.COM
Shubin + Donaldson Architects

Los Angeles, USA
2,064 m² / 28,029 square feet

À la demande des clients, ces bureaux ont été restaurés comme s'il s'agissait d'un loft. Ces espaces généreux, ouverts et continus ont bénéficié d'un traitement industriel. L'atmosphère changeante et dynamique créée offre non seulement des espaces de travail, de réunions et de conférences, mais aussi un magasin, une cuisine et une salle de massages.

In dit geval heeft de klant besloten deze kantoorruimten de aanblik van een loft te geven. Het zijn royale, open en aaneengeschakelde ruimten die een industriële behandeling kregen. Er ontstaat een steeds wisselende, dynamische sfeer, waarin plaats is voor niet alleen werkruimten, spreekkamers en vergaderzalen maar ook voor een magazijn, keuken en massageruimte.

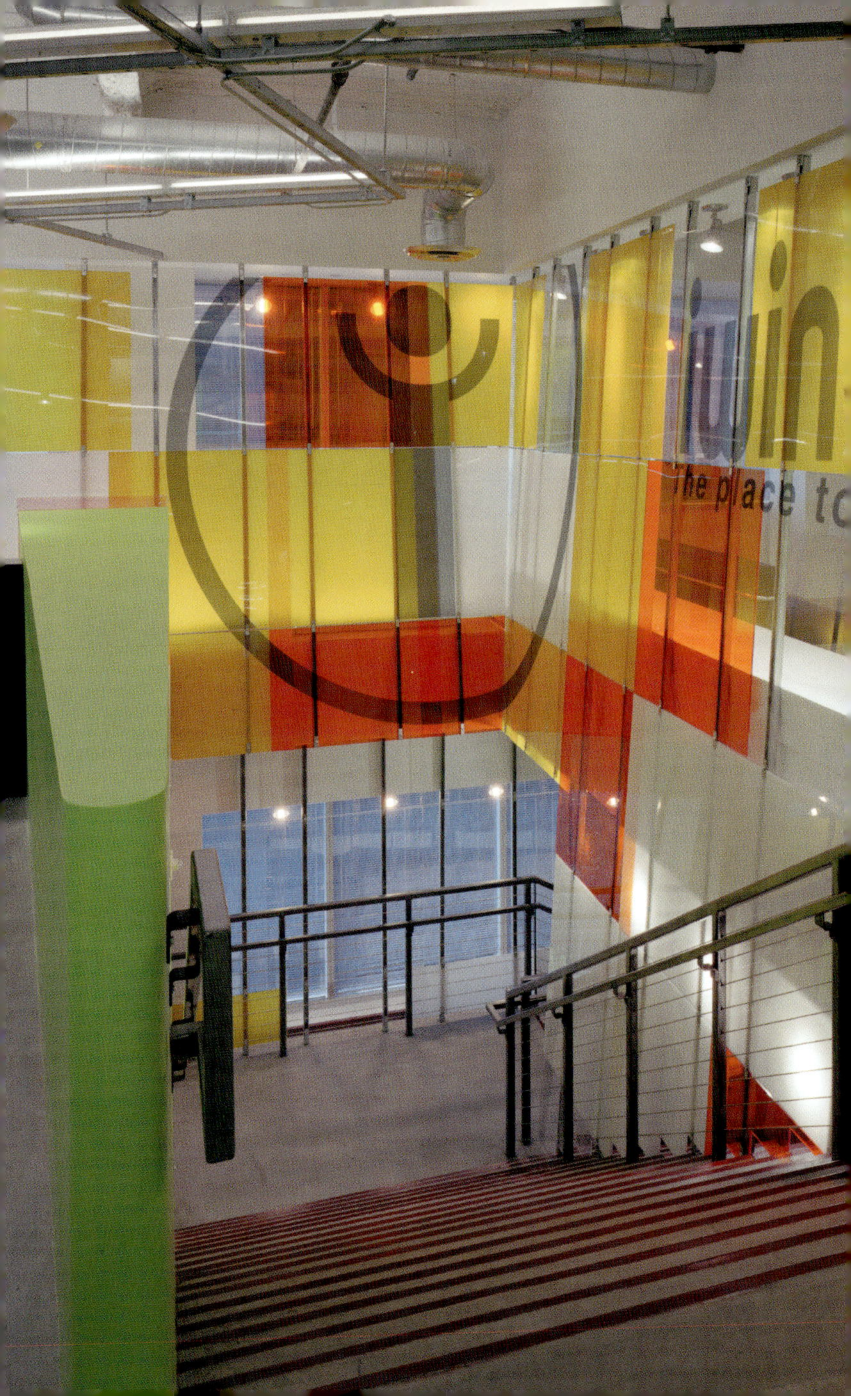
The place

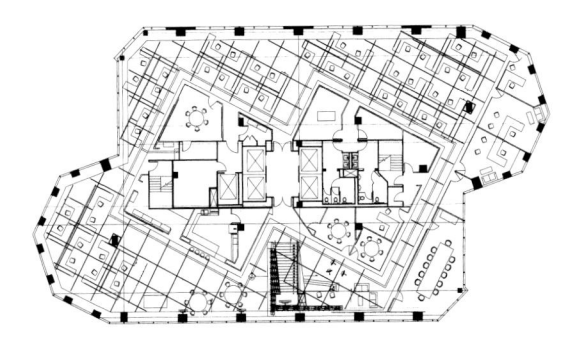

Ground floor plan

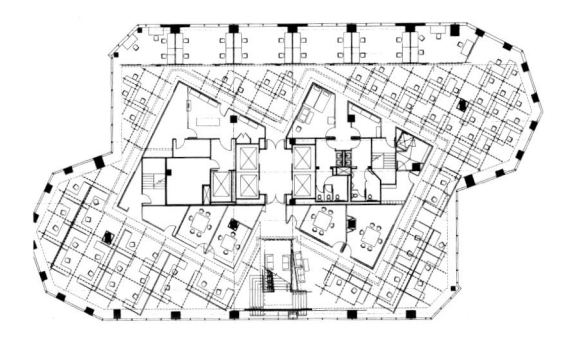

First floor plan

Die Innentreppe wird von einer gewagten Farbkombination lichtdurchlässiger Platten geprägt. Der Empfangsbereich ist offen und frech und mit modernen Möbeln in schwarz und weiß ausgestattet.

L'escalier est doté de panneaux translucides aux couleurs osées. La zone de réception ouverte et aérée possède un mobilier contemporain en noir et blanc.

The inside staircase has translucent panels with daring colour combinations. The reception area is open and fresh and features contemporary furniture in black and white.

Het interne trappenhuis is voorzien van doorschijnende panelen met gedurfde kleurencombinaties. De receptiezone is open en fris en is ingericht met modern meubilair, uitgevoerd in zwart-wit.

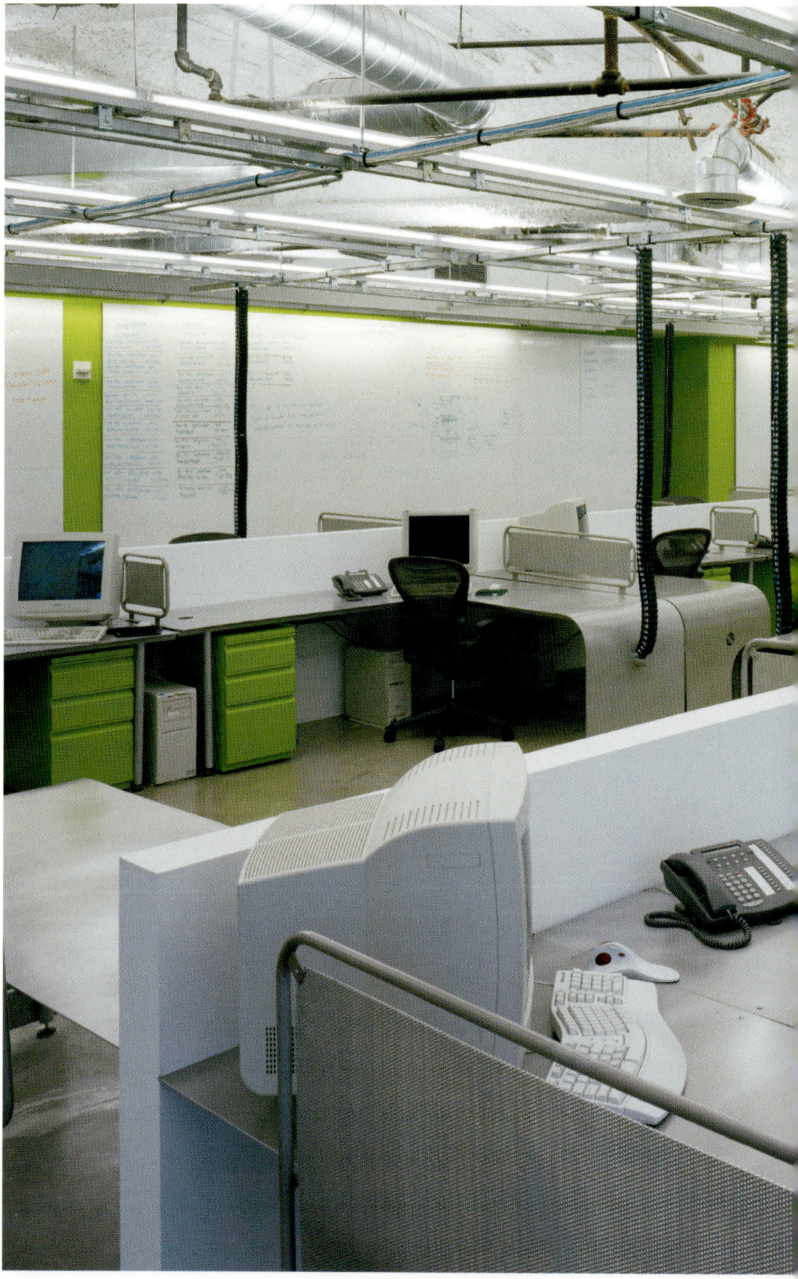

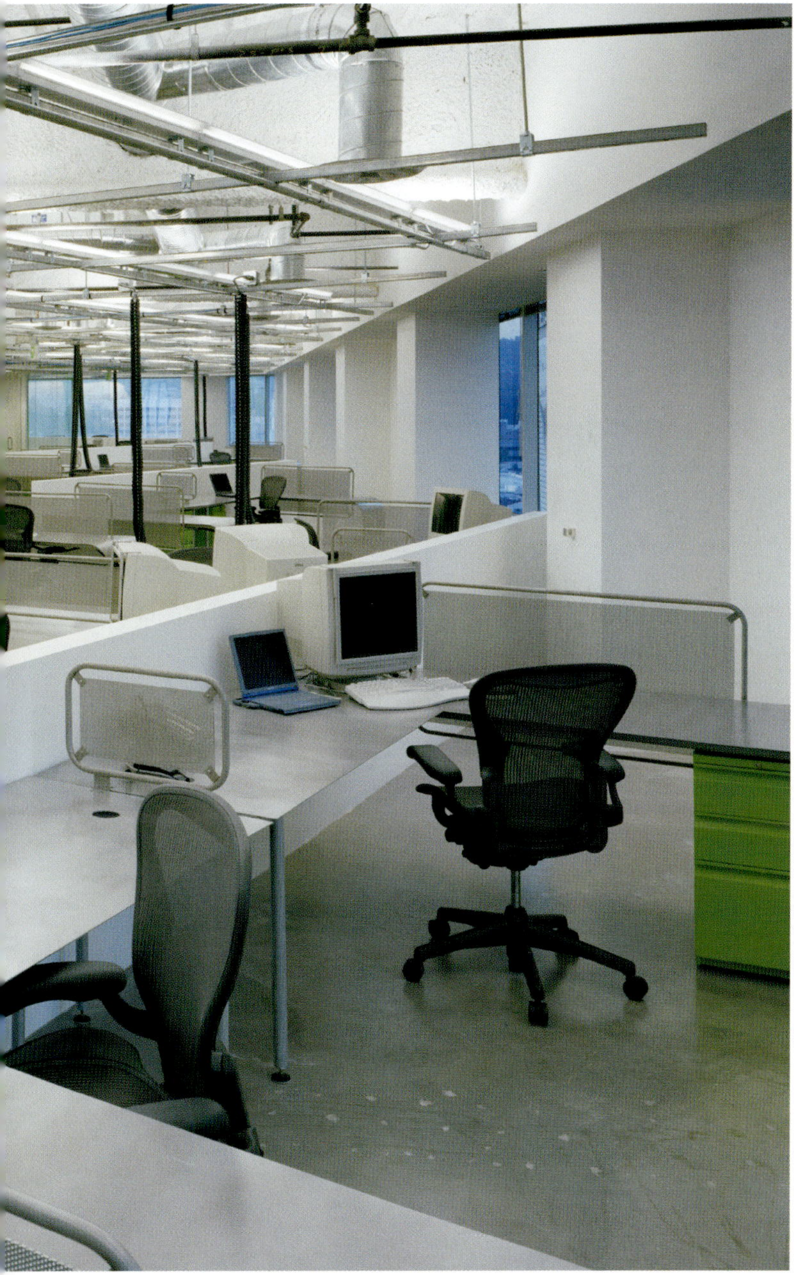

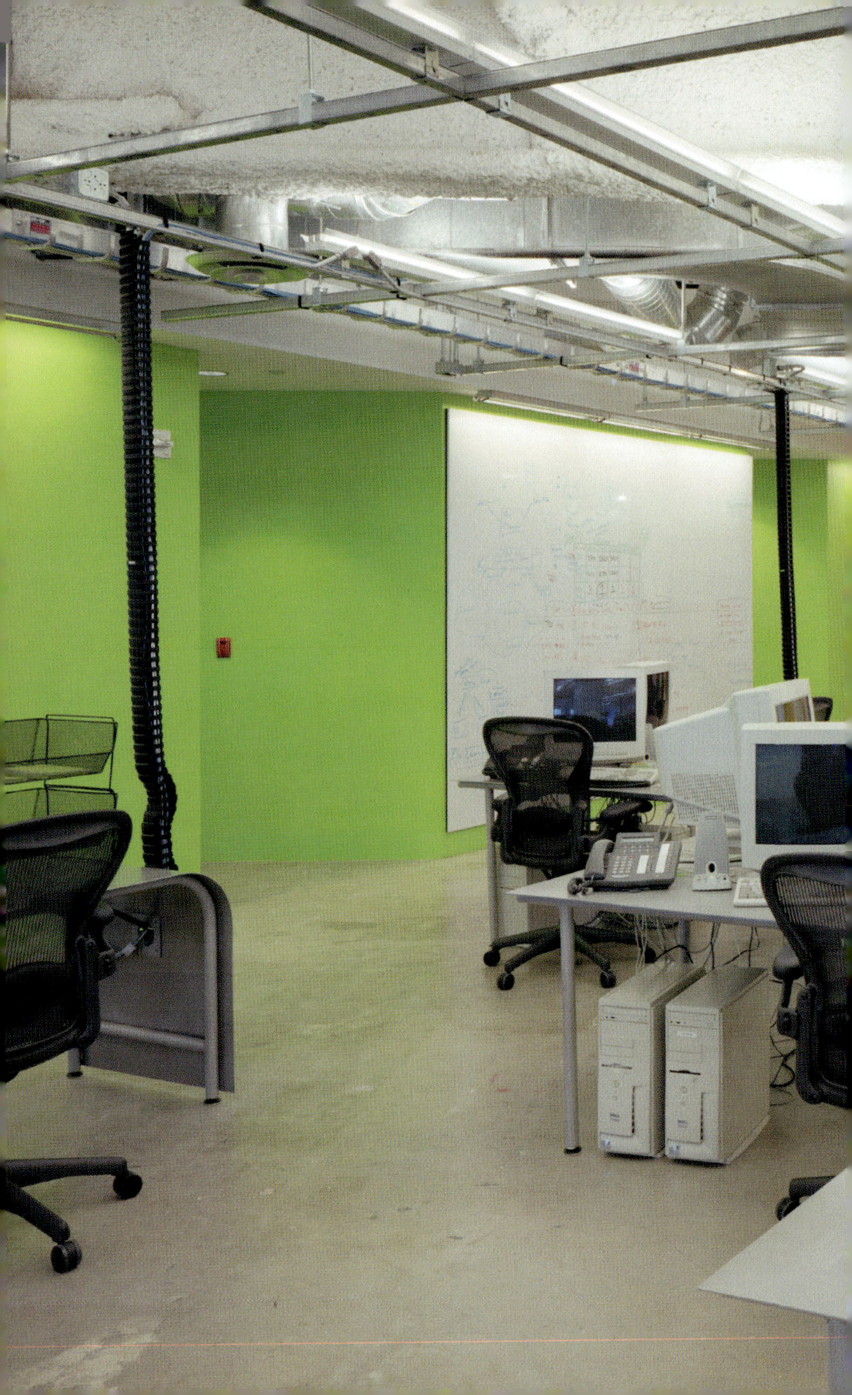

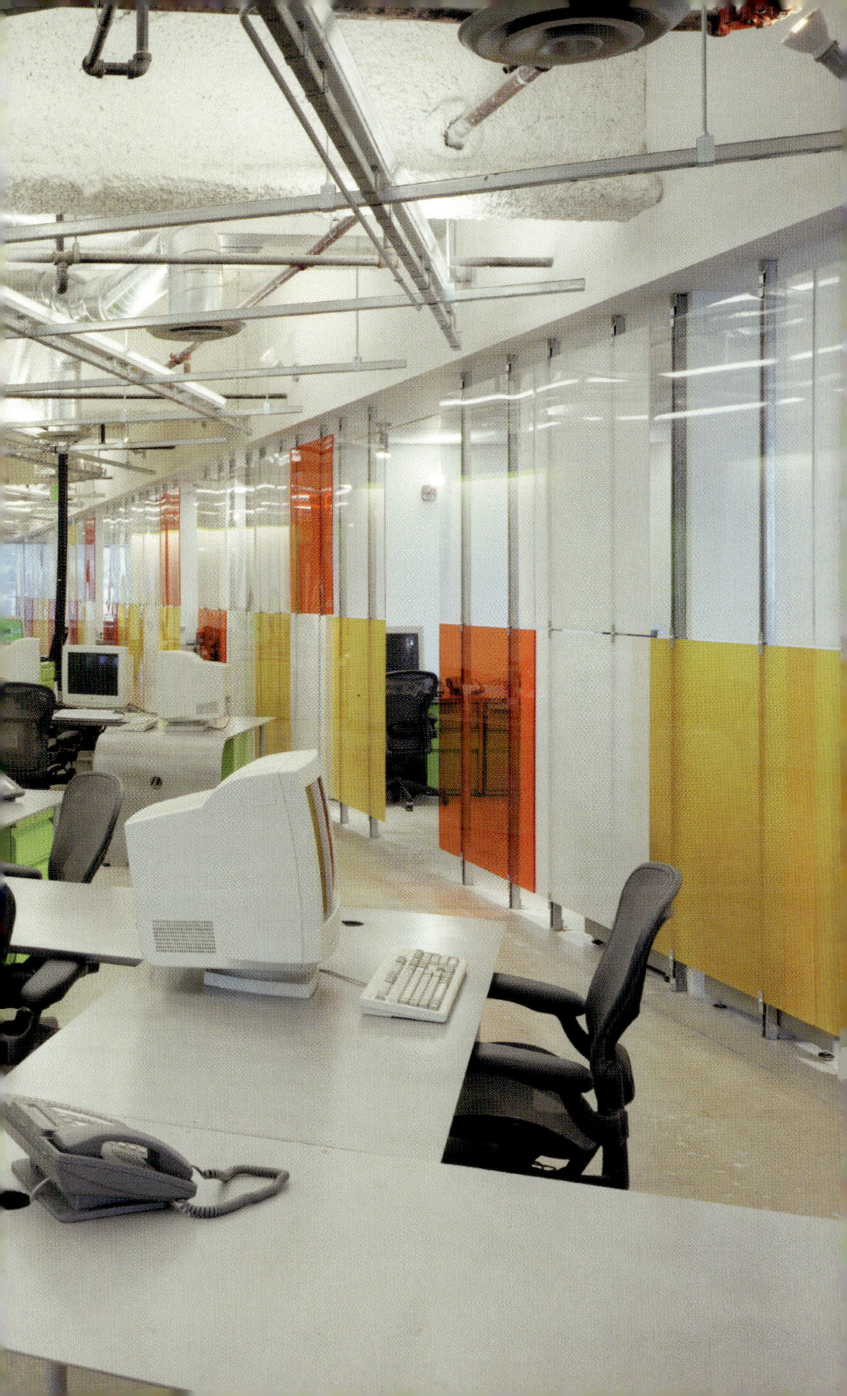

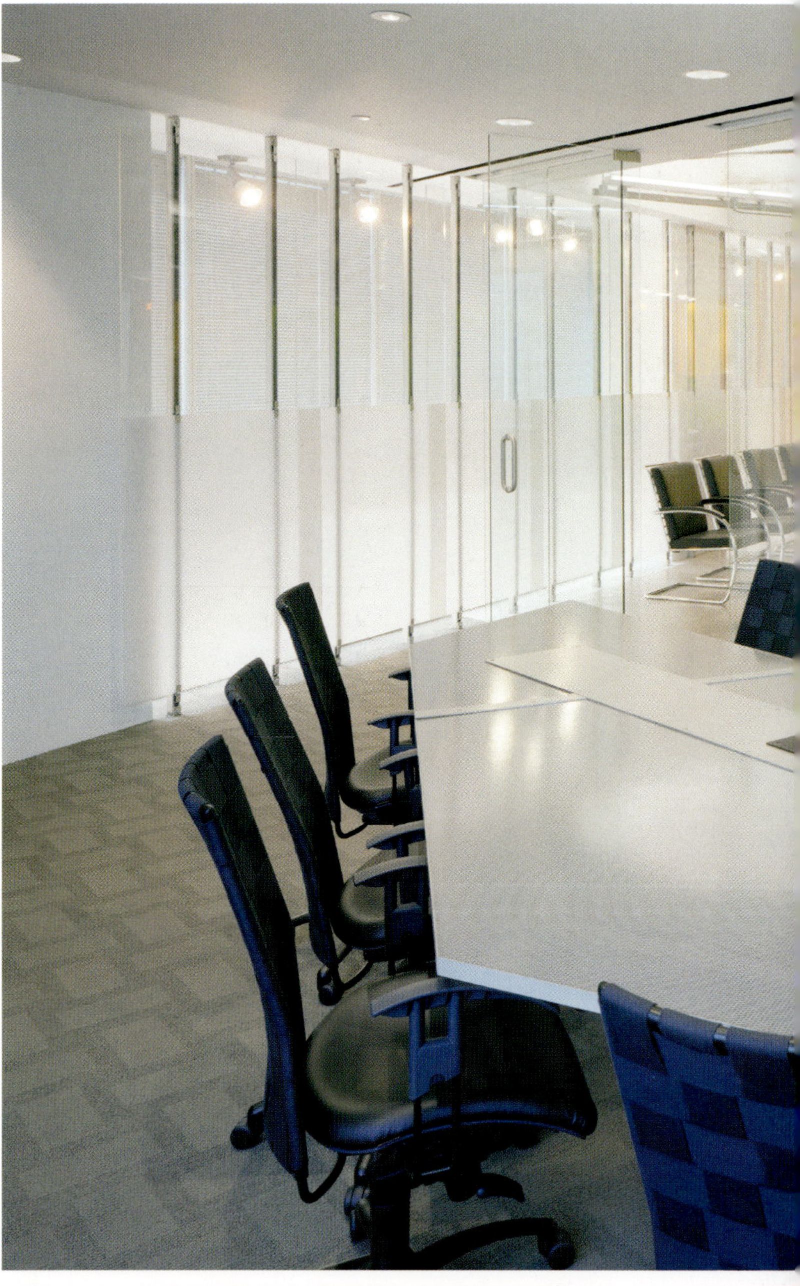

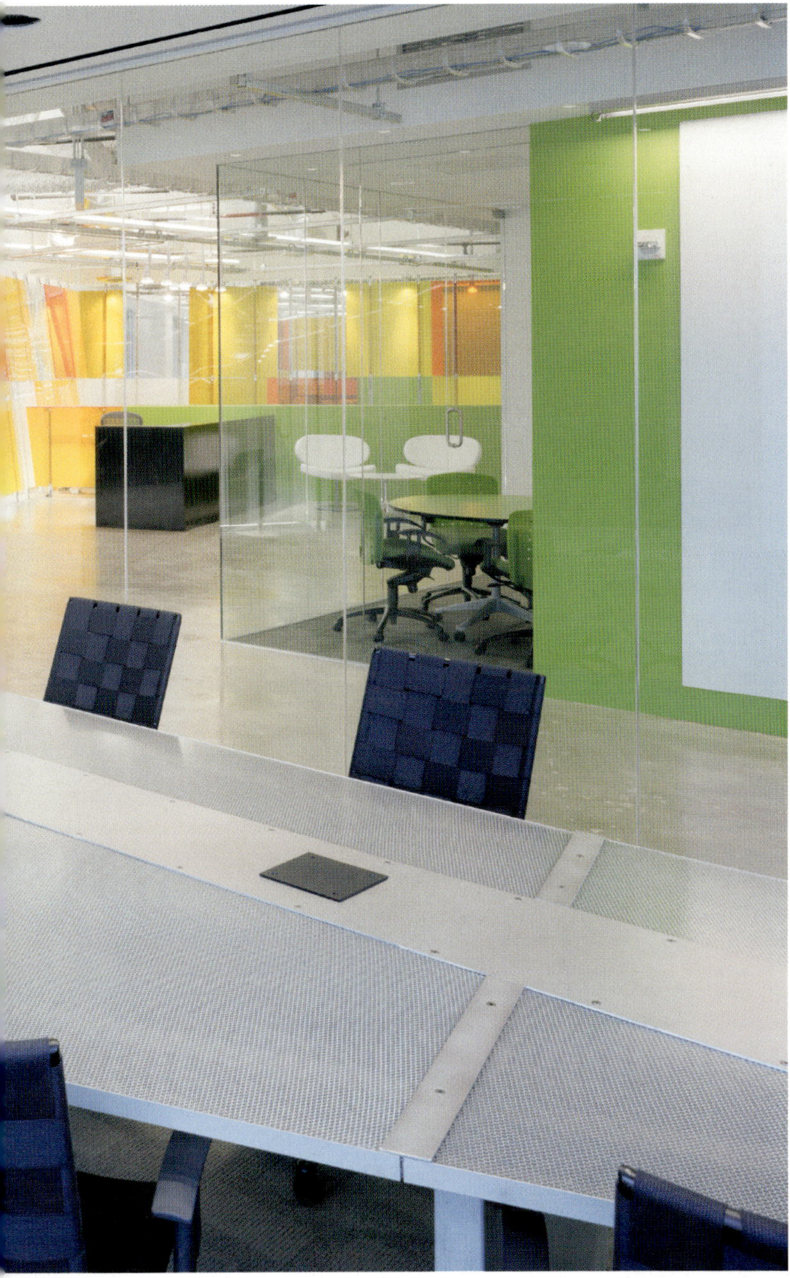

Grundanforderungen für den Umbau dieses historischen Gebäudes waren die Beibehaltung der Grundstruktur, die Nutzung des Tageslichts und die optimale Wegführung durch den Grundriss. Mehrere Vorschläge zur nachhaltigen Gestaltung, wie natürliche Lüftung sowie der Einsatz wiederverwendbarer Materialien für Böden, Bodenbeläge und Wandverkleidungen, wurden sorgfältig untersucht.

The refurbishment plan for this historic building was based on respecting the basic structure, taking advantage of natural light and achieving a floor plan that encouraged optimal movement through the office. Several ideas for sustainability were carefully explored, such as natural ventilation and the use of recyclable materials for the flooring and the floor and wall coverings.

OLSON SUNDBERG KUNDIG ALLEN ARCHITECTS OFFICE
OSKAARCHITECTS

Washington, USA

Le plan de restauration de ce bâtiment historique reposait sur le respect de la structure de base, l'exploitation de la lumière naturelle et un plan favorisant un mouvement optimal à travers le bureau. Plusieurs idées écologiques ont été soigneusement étudiées, comme la ventilation naturelle et l'emploi de matériaux recyclables pour le revêtement des sols et des murs.

Het plan voor dit historische pand is gebaseerd op respect voor de hoofdstructuur, waarbij de natuurlijke lichtinval is benut. De resulterende plattegrond bevordert een optimale beweging door het kantoor. Diverse ideeën voor duurzaamheid zijn afgetast, zoals een natuurlijke ventilatie en het gebruik van recycleerbaar materiaal voor de vloeren en de vloer- en wandbekleding.

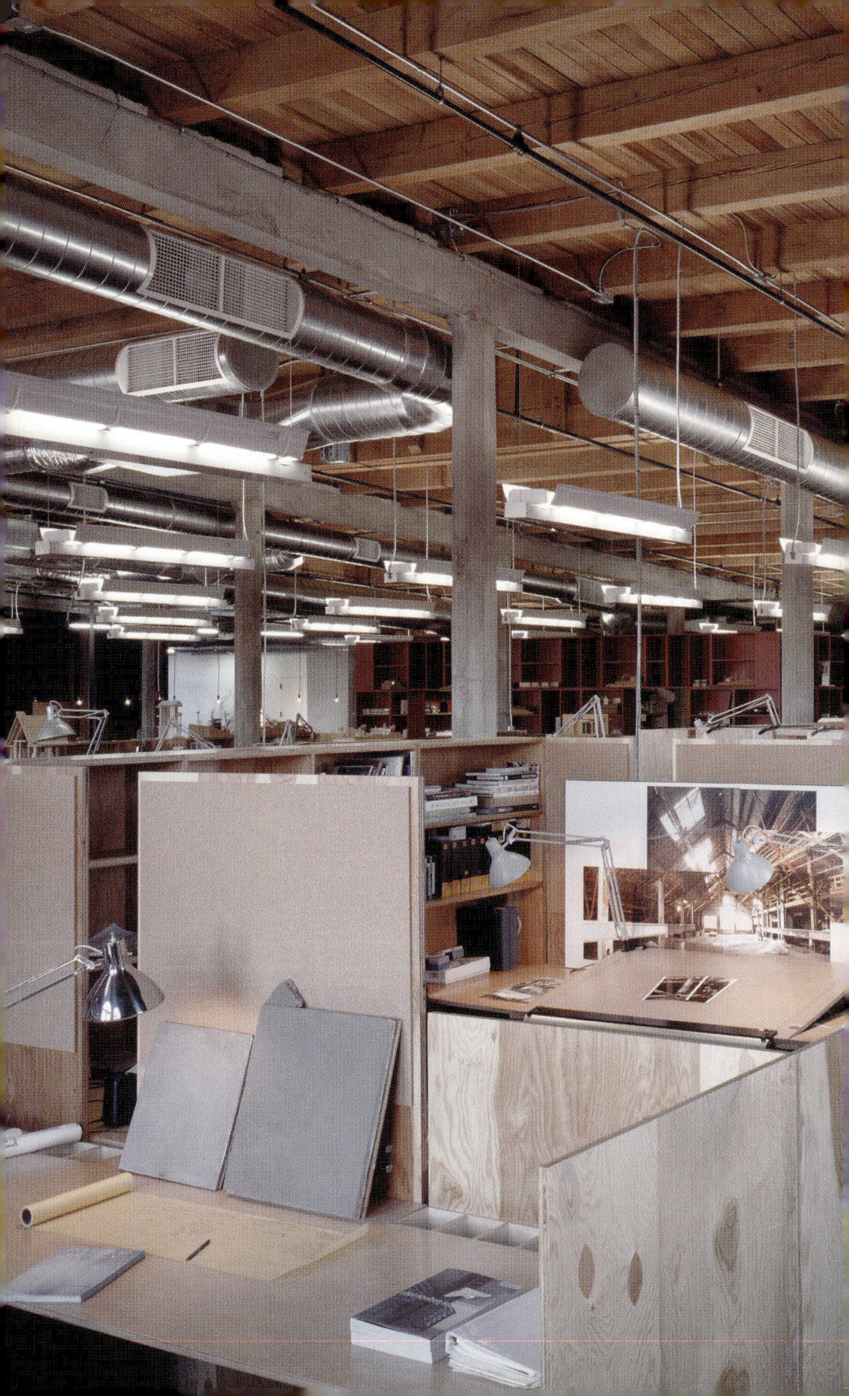

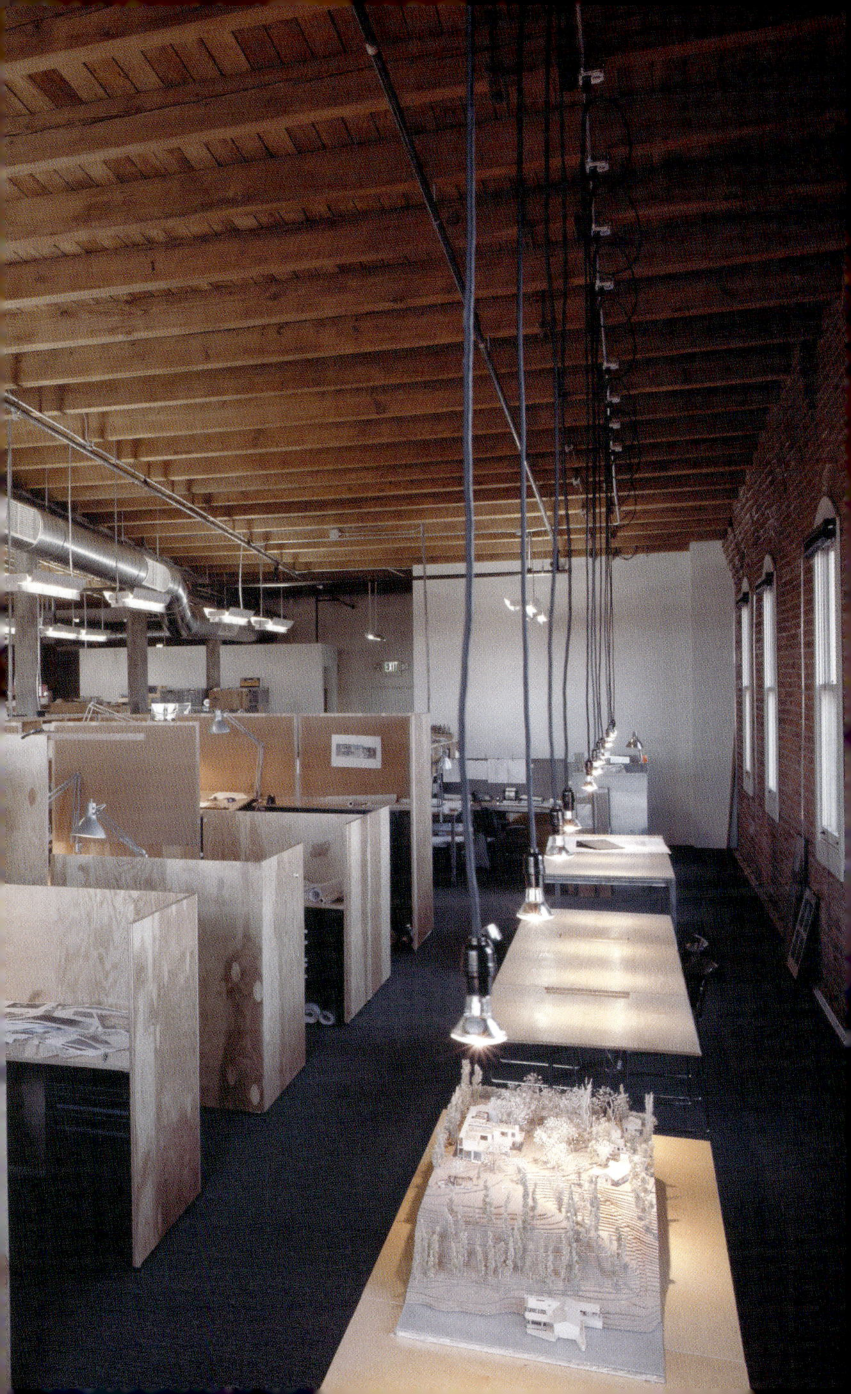

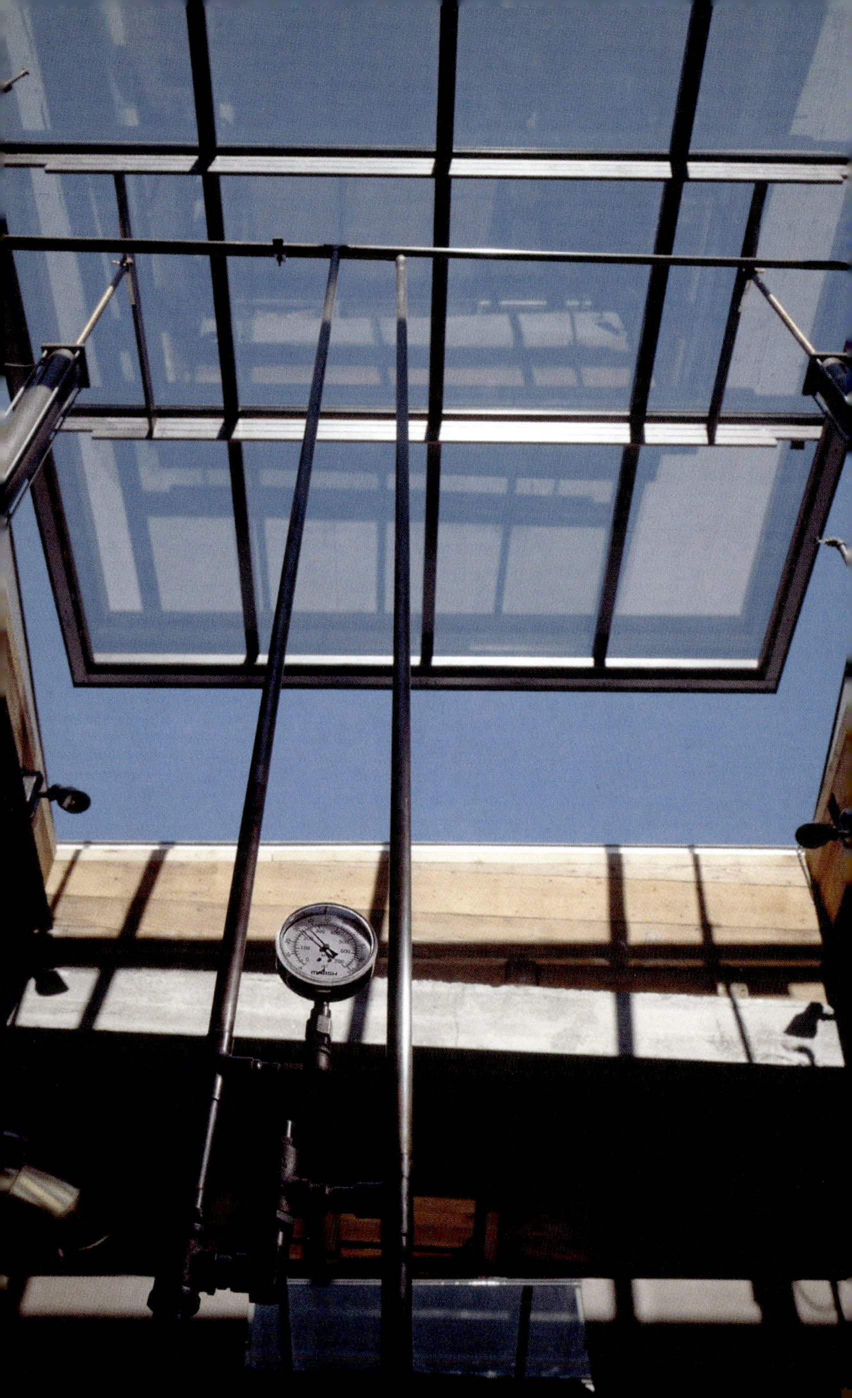
MARSH

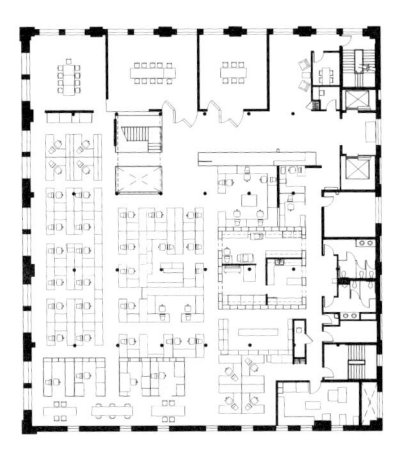

Office's ground floor

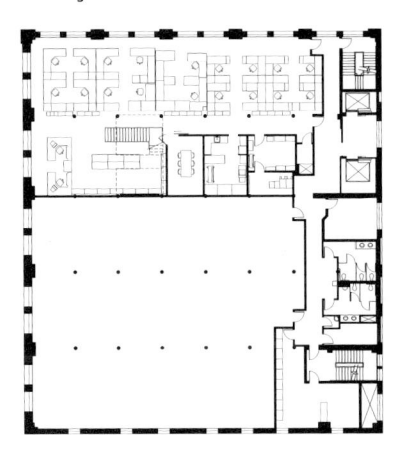

Office's upper level

Das bewegliche Oberlicht ganz oben kann geöffnet werden und lässt Tageslicht ein. Stahl und Glas verleihen diesem attraktiven Gebäude, das auch natürliche Ressourcen wie Tageslicht nutzt, seine Gestalt.

Un lanterneau mobile au point le plus élevé fait office de toit ouvrant et laisse pénétrer la lumière. L'acier et le verre créent une structure qui, au-delà de son attrait, permet l'emploi de ressources naturelles comme la lumière.

A mobile skylight at the highest point acts as an open roof that lets light to enter. Steel and glass give shape to a structure which is not just attractive but also allows natural resources to be used, such as natural light.

Een beweegbaar raam op het hoogste punt fungeert als open dak. Staal en glas geven vorm aan een constructie die niet alleen mooi is maar ook het gebruik van natuurlijke bronnen, zoals daglicht, mogelijk maakt.

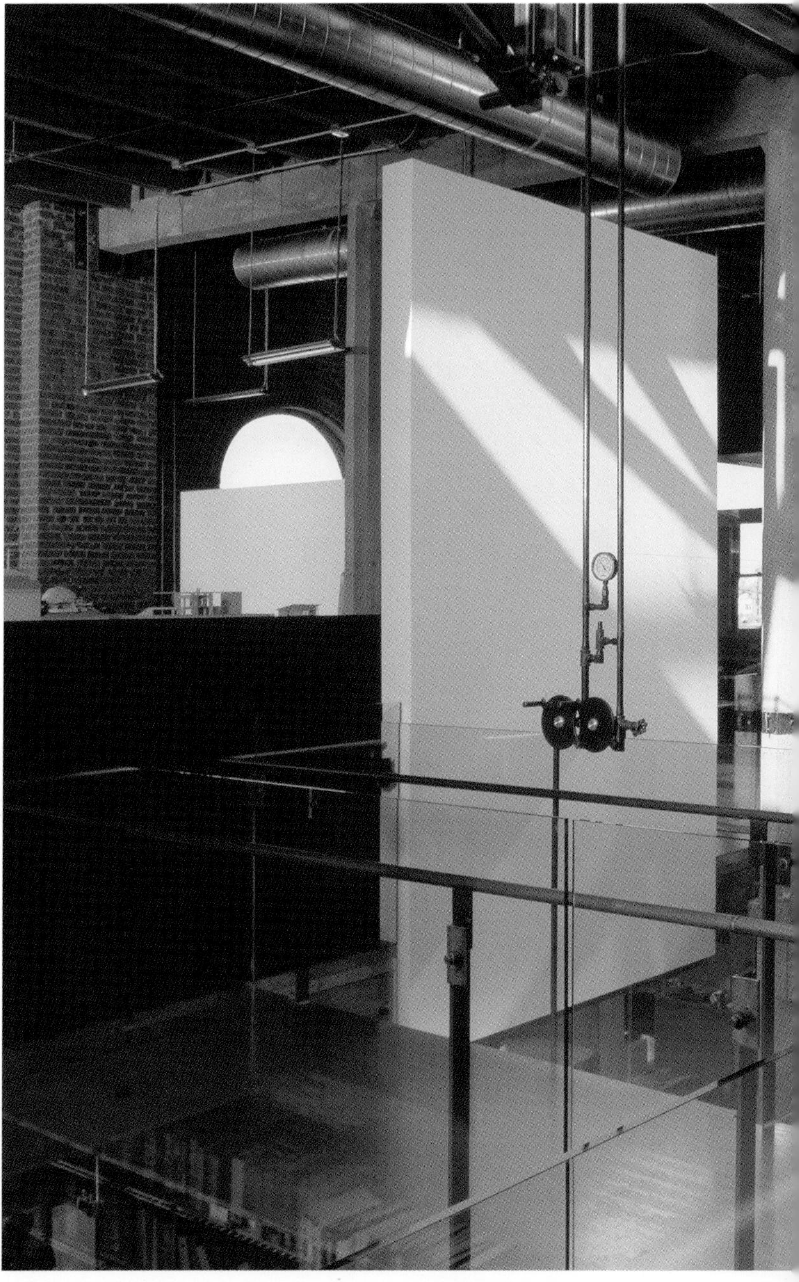

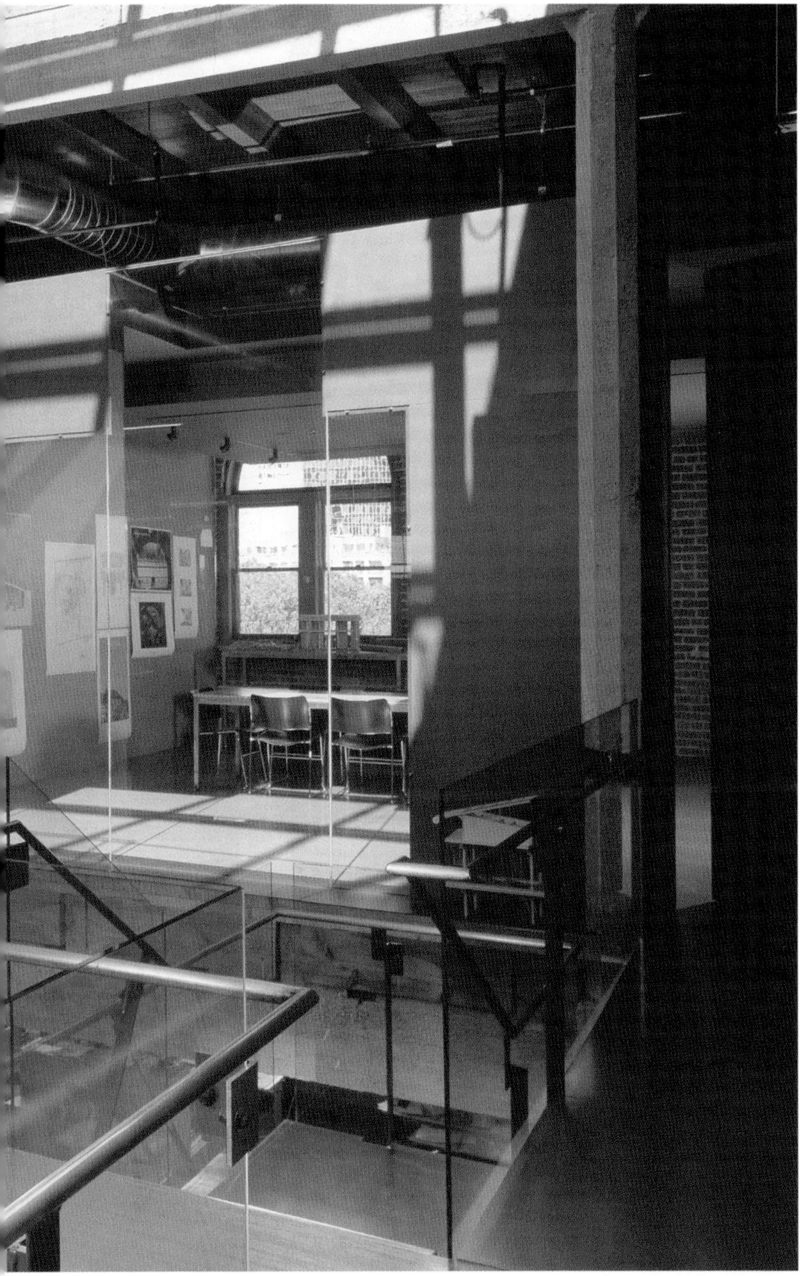

Diese Geschäftsräume befinden sich im Erdgeschoss eines neu errichteten Bürogebäudes. An der Decke des 4,4 Meter hohen Großraumbüros befindet sich ein Oberlicht, durch das natürliches Licht einfällt. Für den Fußboden kam gefärbter Beton zum Einsatz, und zwei Glaskästen bilden die privaten Büroräume am Eingang. Die vorherrschenden Farben sind Schwarz und Weiß.

These premises are located on the ground floor of a newly-constructed office building. It is an open space measuring 14 feet high with a skylight in the ceiling as an entry point for natural light. Dyed concrete was used for the floor, and two glass boxes separate the private offices in the entrance. Black and white is the predominant colour duo.

OFICINAS DE CODESA

GCA ARQUITECTES ASSOCIATS

Barcelona, Spain

Ces locaux se trouvent au rez-de-chaussée d'un nouvel immeuble de bureaux. Il s'agit d'un espace ouvert de 4,4 mètres de haut doté d'une verrière au plafond servant de point d'entrée de la lumière naturelle. Du béton teint a été utilisé pour le sol et deux cubes de verre séparent les bureaux privés de l'entrée. Le noir et le blanc prédominent.

Deze loft bevindt zich op de begane grond van een pasgebouwd kantoorgebouw. Het is een open ruimte van 4,4 meter hoog met een dakraam in het plafond waardoor daglicht naar binnen valt. Op de vloer werd gekleurd beton toegepast en twee glazen dozen schermen de privé-kantoorruimten af bij de ingang. Zwart-wit is de overheersende kleurencombinatie.

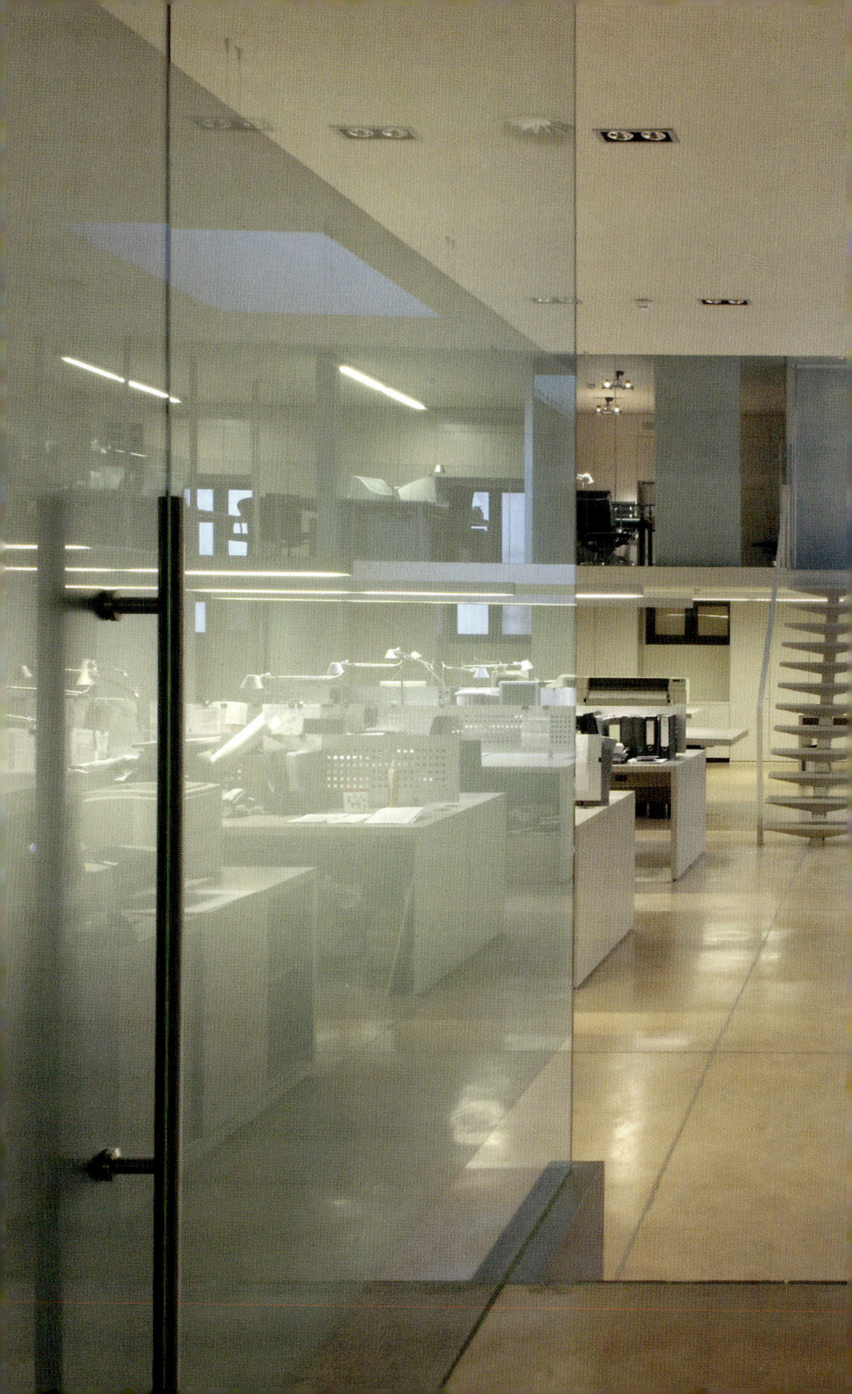

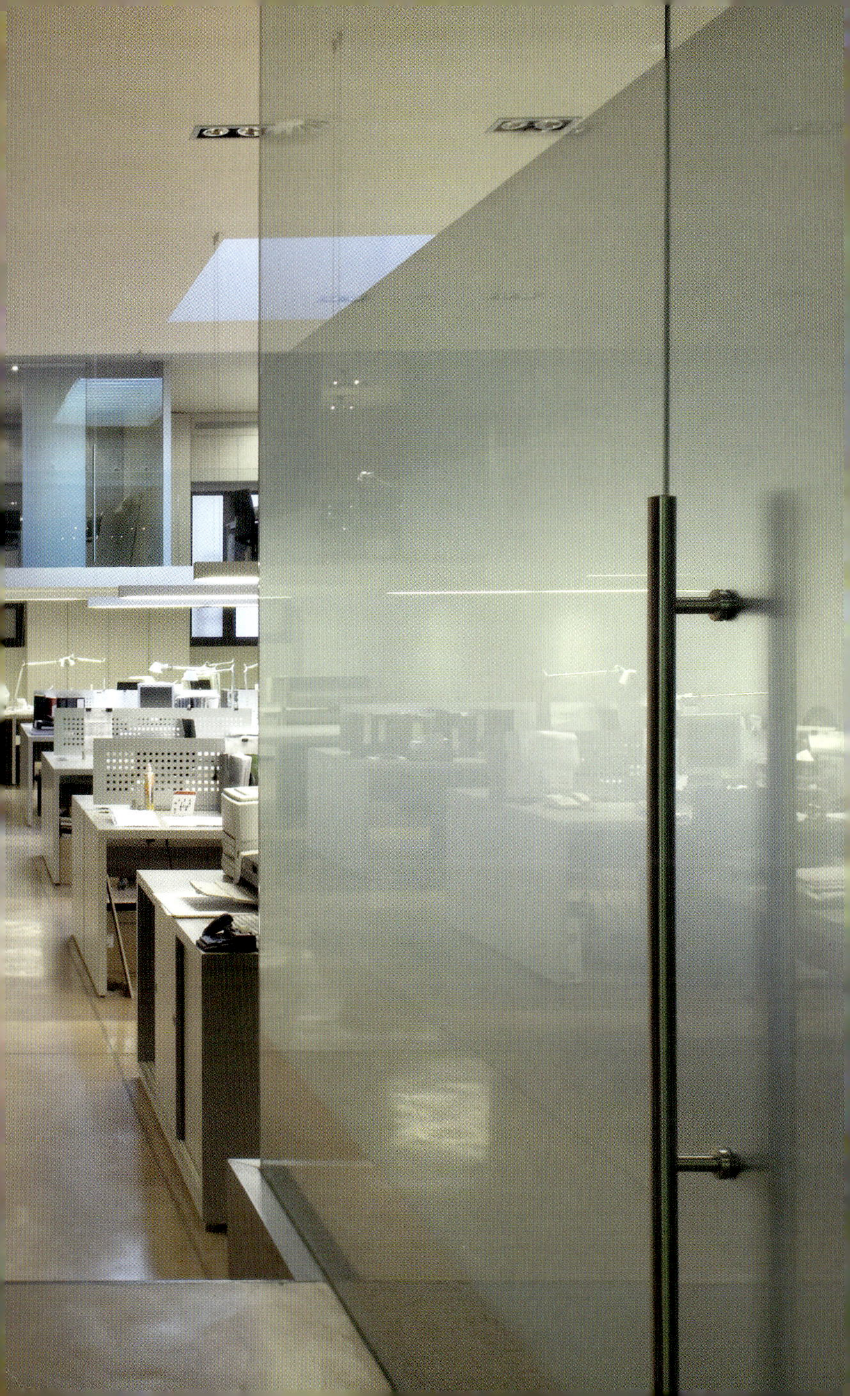

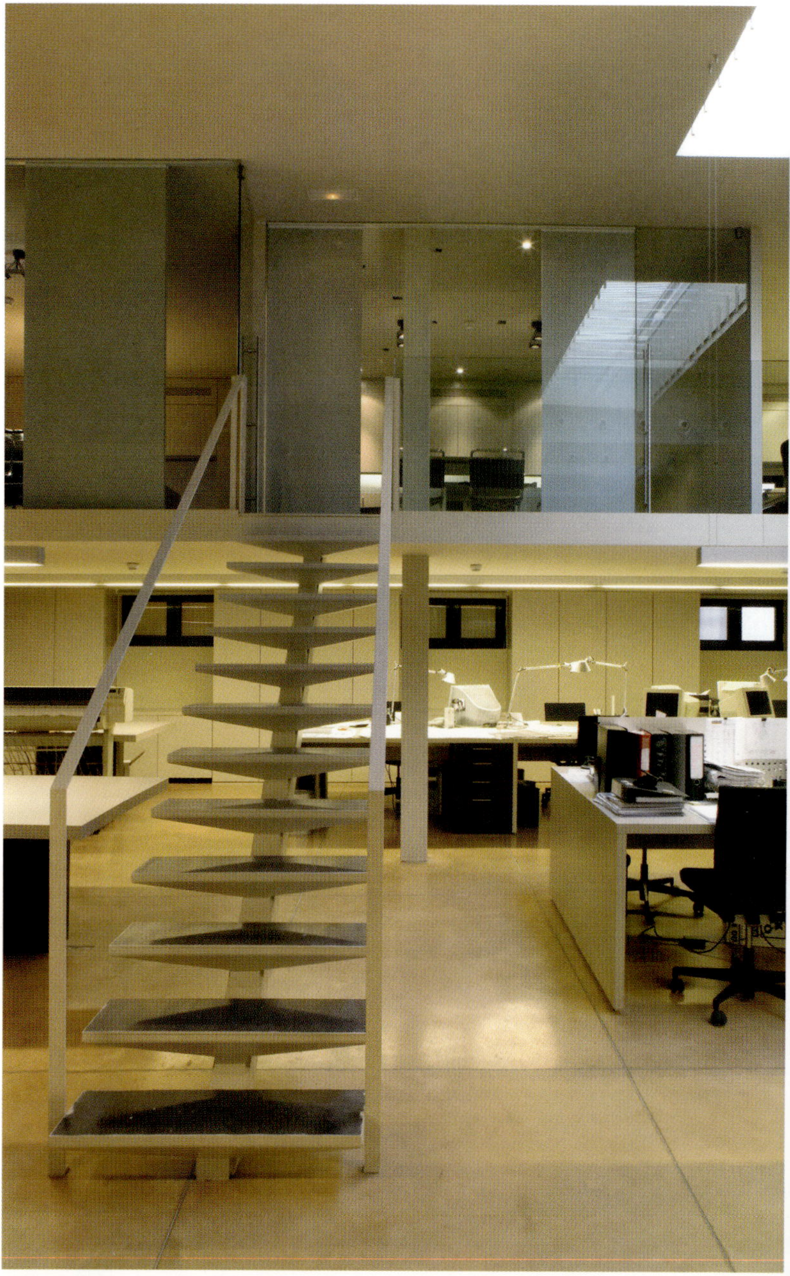

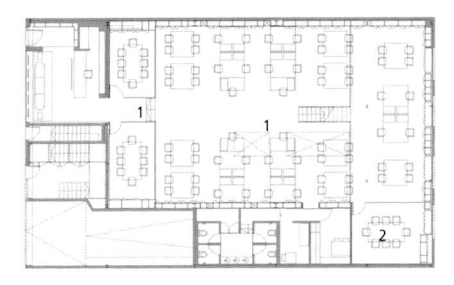

Ground floor plan

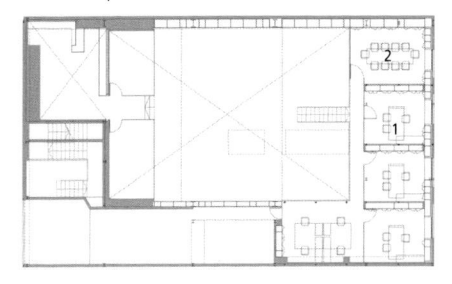

Upper level plan

1. Offices room
2. Meeting room

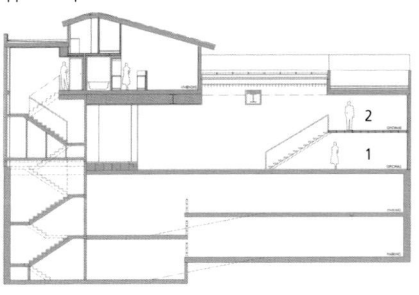

Longitudinal section

1. Ground floor
2. Upper level

Der Arbeitsbereich in der unteren Ebene wurde als großer, offener Raum konzipiert. In der oberen Ebene wurden mit Glaswänden mehrere Büroräume und Besprechungszimmer abgetrennt.

The working area on the ground floor was designed as an area of open spaces. A number of offices and meeting rooms divided by glass walls were fitted out on the upper floor.

La zone de travail au rez-de-chaussée a été conçue comme un ensemble d'espaces ouverts. Plusieurs bureaux et des salles de réunions séparés par des murs de verre ont été installés à l'étage.

De werkruimte op de begane grond is ontworpen als een gebied met open elementen. Op de bovenste verdieping is een aantal kantoren en vergaderzalen ingericht die van elkaar zijn gescheiden door glazen wanden.

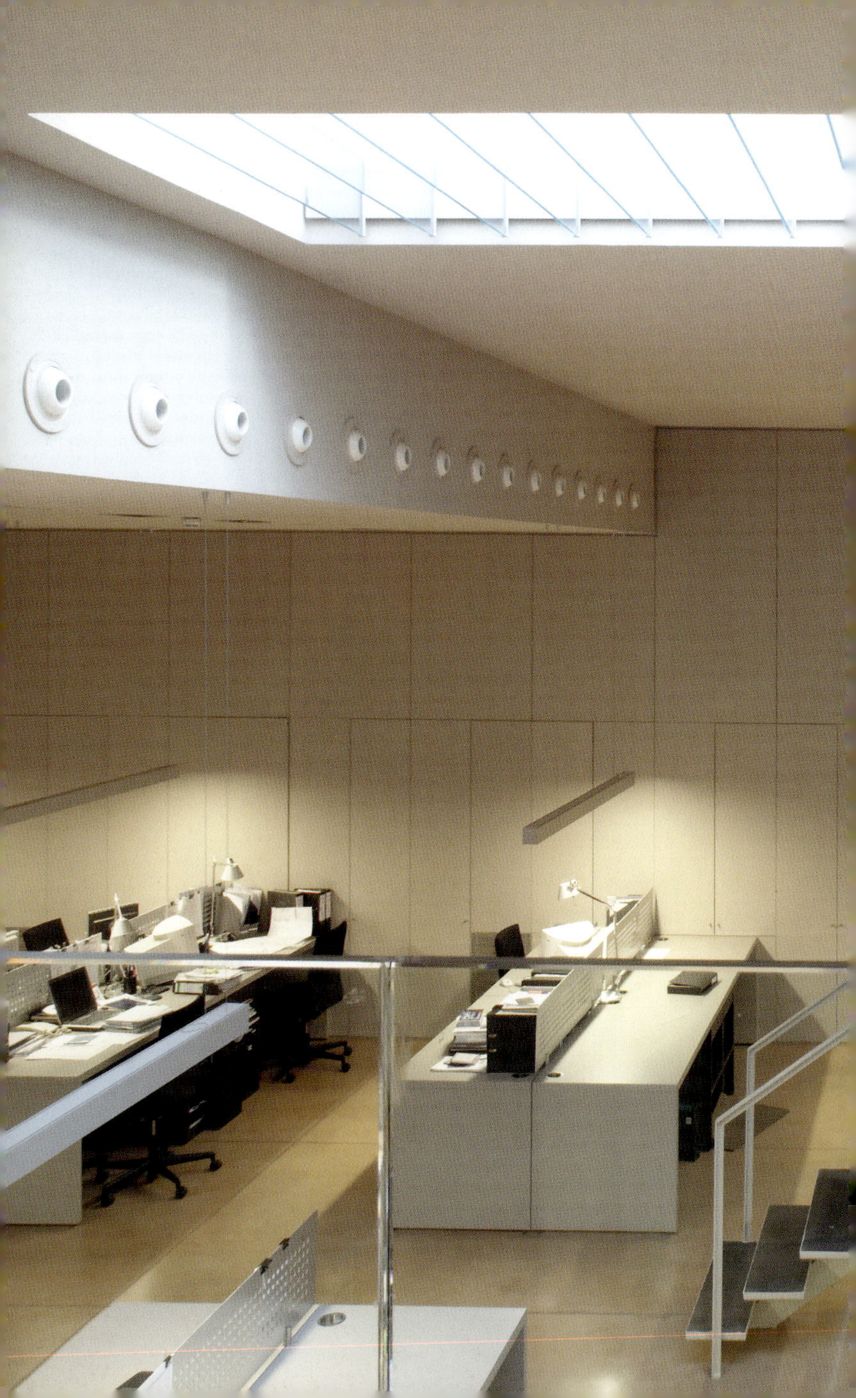

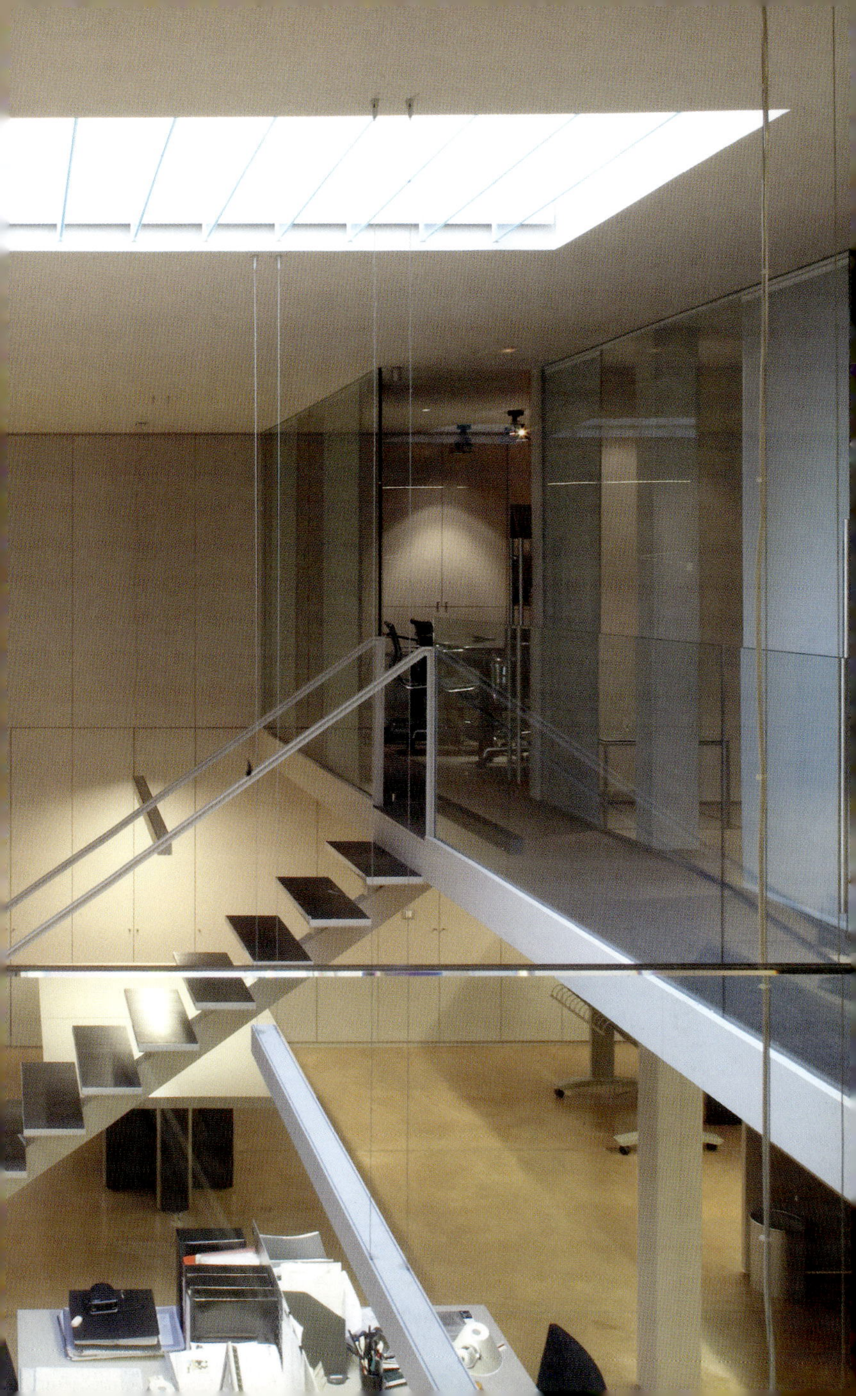

Die Herausforderung beim Umbau des Gebäudes war die Umwandlung eines Lagerhauses in einen Arbeitsbereich mit ausreichend Licht, Luft und freier Sicht. Die Umsetzung erfolgte durch kurze Verfahren, wie das Sprengen der südseitigen Mauer, das Beschichten der Böden mit Epoxidharz und das Ziehen einer roten Linie durch den Hauptraum zur Auflösung des trapezförmigen Grundrisses.

The challenge when remodelling the building was to make an old warehouse into a work space with plenty of light, air and transparency. The project included short procedures such as blasting the southern wall, recoating the floors with epoxy, a type of synthetic resin, and drawing a line of red paint along the main room to resolve the trapezoidal shape of the space.

LEHRER ARCHITECTS' OFFICE
LEHRER ARCHITECTS

Silver Lake, Los Angeles, USA

La difficulté au moment de restaurer le bâtiment était de transformer un ancien entrepôt en espace de travail très lumineux, aéré et transparent. Le projet s'est déroulé en petites étapes, comme la démolition du mur sud, le revêtement des sols en époxy, sorte de résine synthétique, et le tracé d'une ligne de peinture rouge à travers la pièce principale pour résoudre la forme en trapèze de l'espace.

De uitdaging bij deze renovatie bestond uit het omvormen van het oude pakhuis in een werkruimte met voldoende licht, lucht en transparantie. Het werk omvatte beperkte interventies, zoals het wegbreken van de zuidmuur, het voorzien van de vloeren van een epoxylaag, een soort kunsthars, en het trekken van een rode lijn als oplossing voor de trapeziumvormige hoofdruimte.

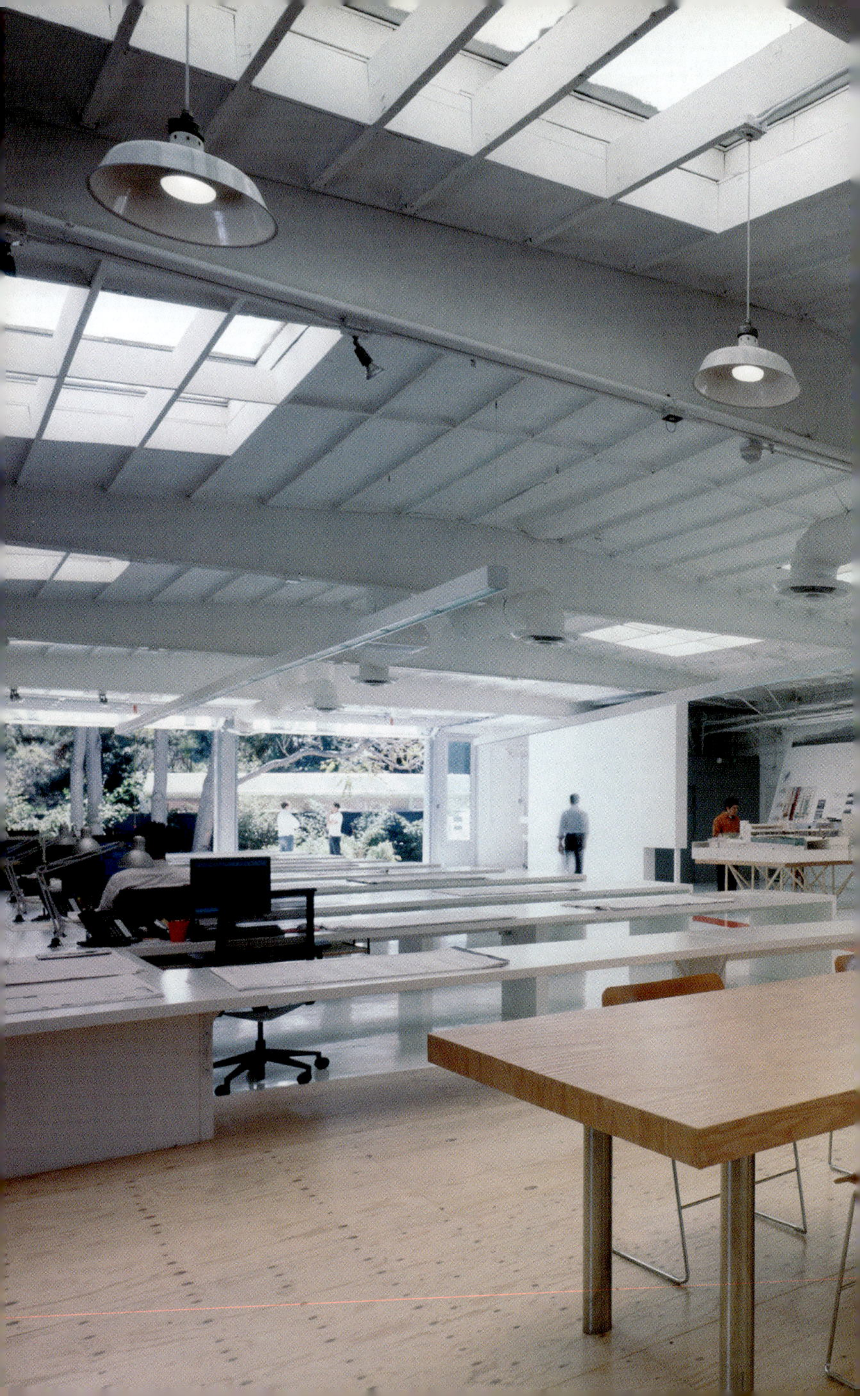

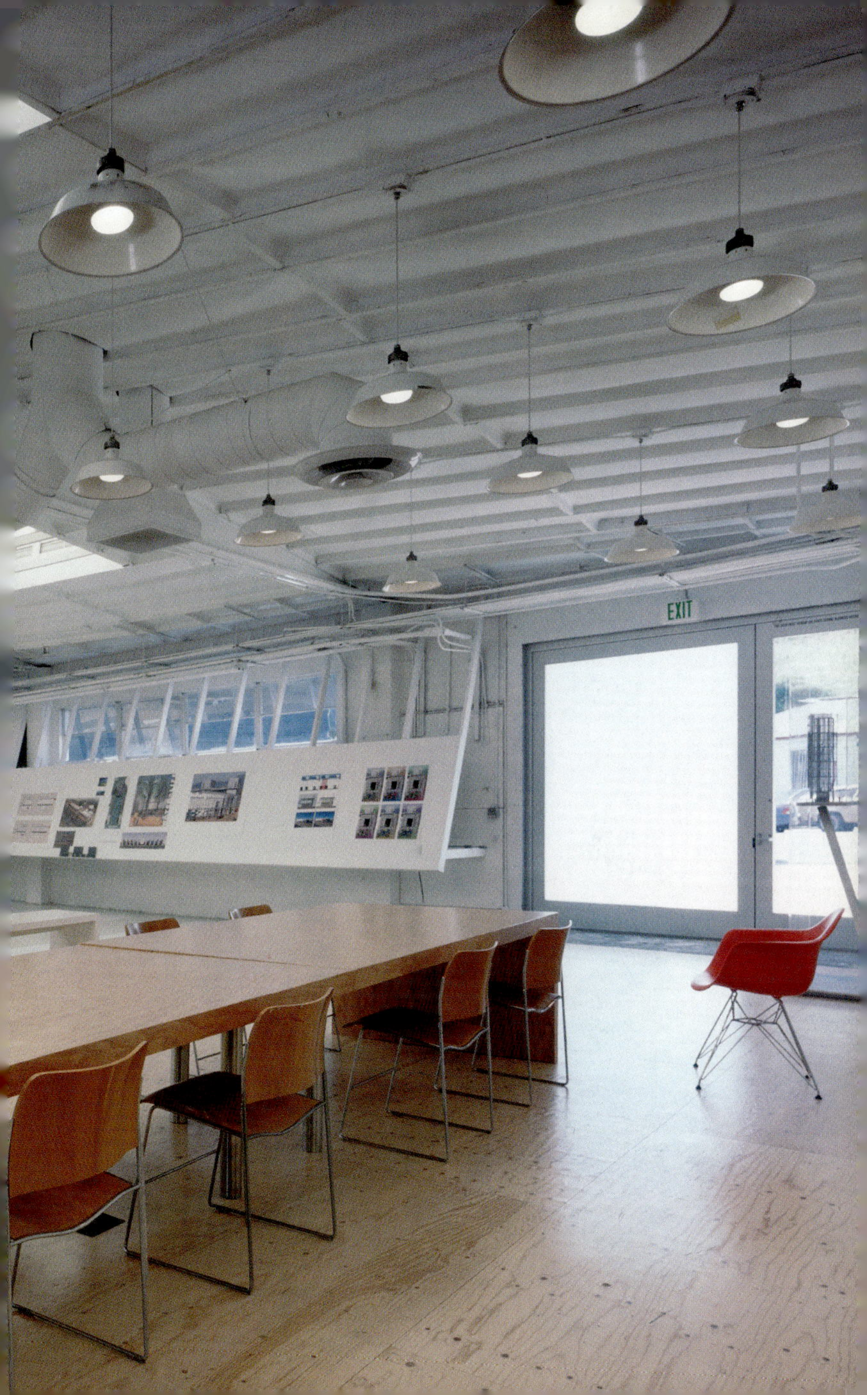
EXIT

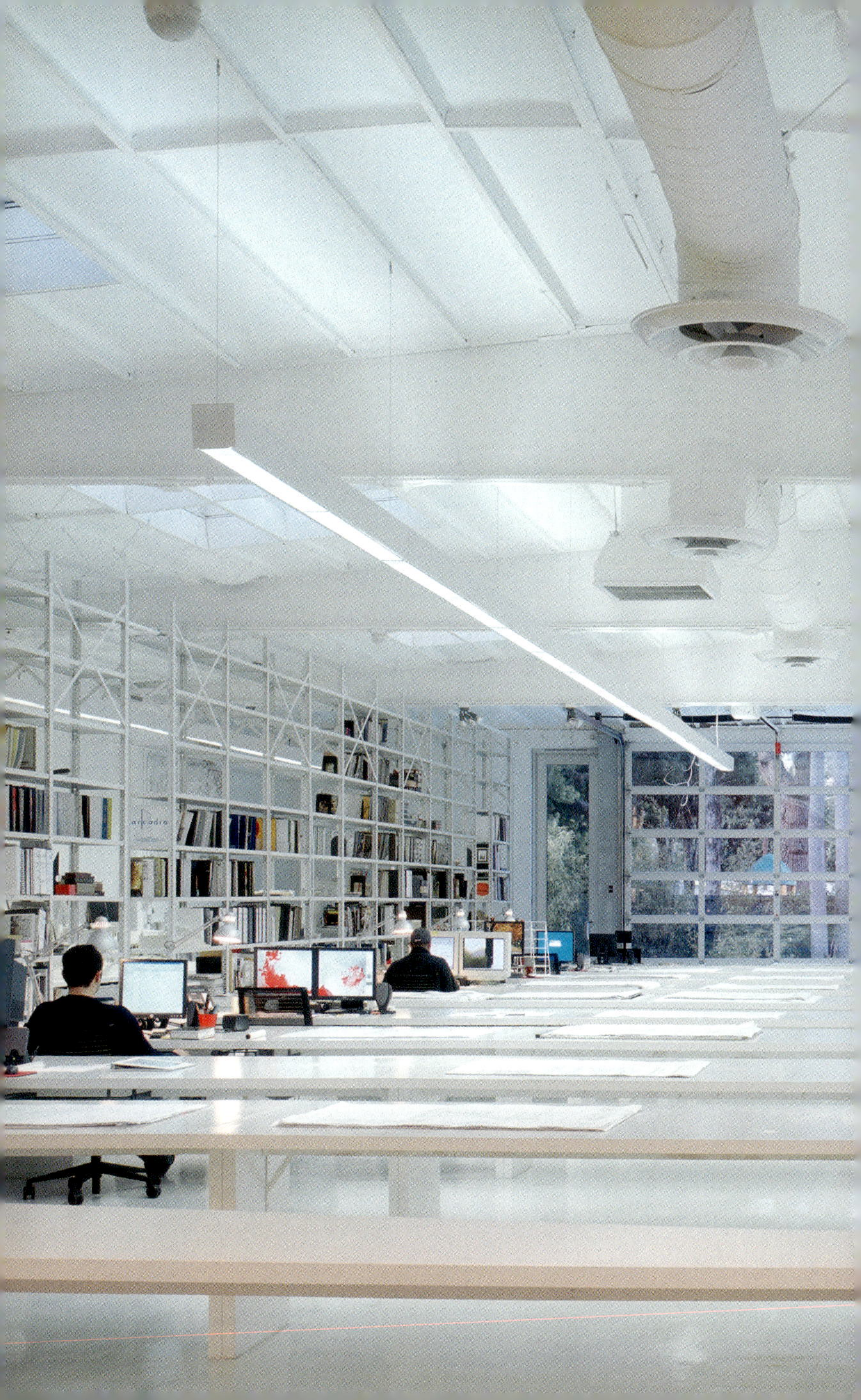
arcadia

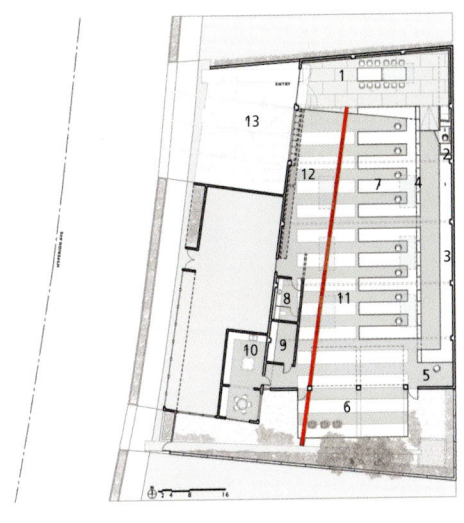

Office's plan

1. Meeting space
2. Computer room
3. Work surfaces
4. Storage shelves
5. Office manager
6. Garden
7. Work stations
8. Bathroom
9. Storage
10. Kitchen
11. Work space
12. Display wall
13. Parking

Eine breite Außenmauer aus Ziegel und Stahl bildet den Zugang zum Garten, der als „Lunge" genutzt wird. Direktes Tageslicht und das Fehlen jeglicher Ornamentik charakterisieren die minimalistische Ästhetik.

Un grand mur extérieur en briques et en acier donne accès au jardin, véritable « poumon » du bureau. La lumière naturelle directe et l'absence de toute décoration caractérisent cet espace d'une esthétique résolument minimaliste.

A broad outside brick and steel wall was built to provide access to a garden area which acts as the "lung" of the office. Direct natural light and no ornaments of any kind define the area, which features a minimalist aesthetic.

Een forse buitenmuur van baksteen en staal leidt naar een tuin, de "longen" van het kantoor. Direct daglicht en de afwezigheid van ornamenten bepalen de ruimte, die daarmee een minimalistische esthetiek krijgt.

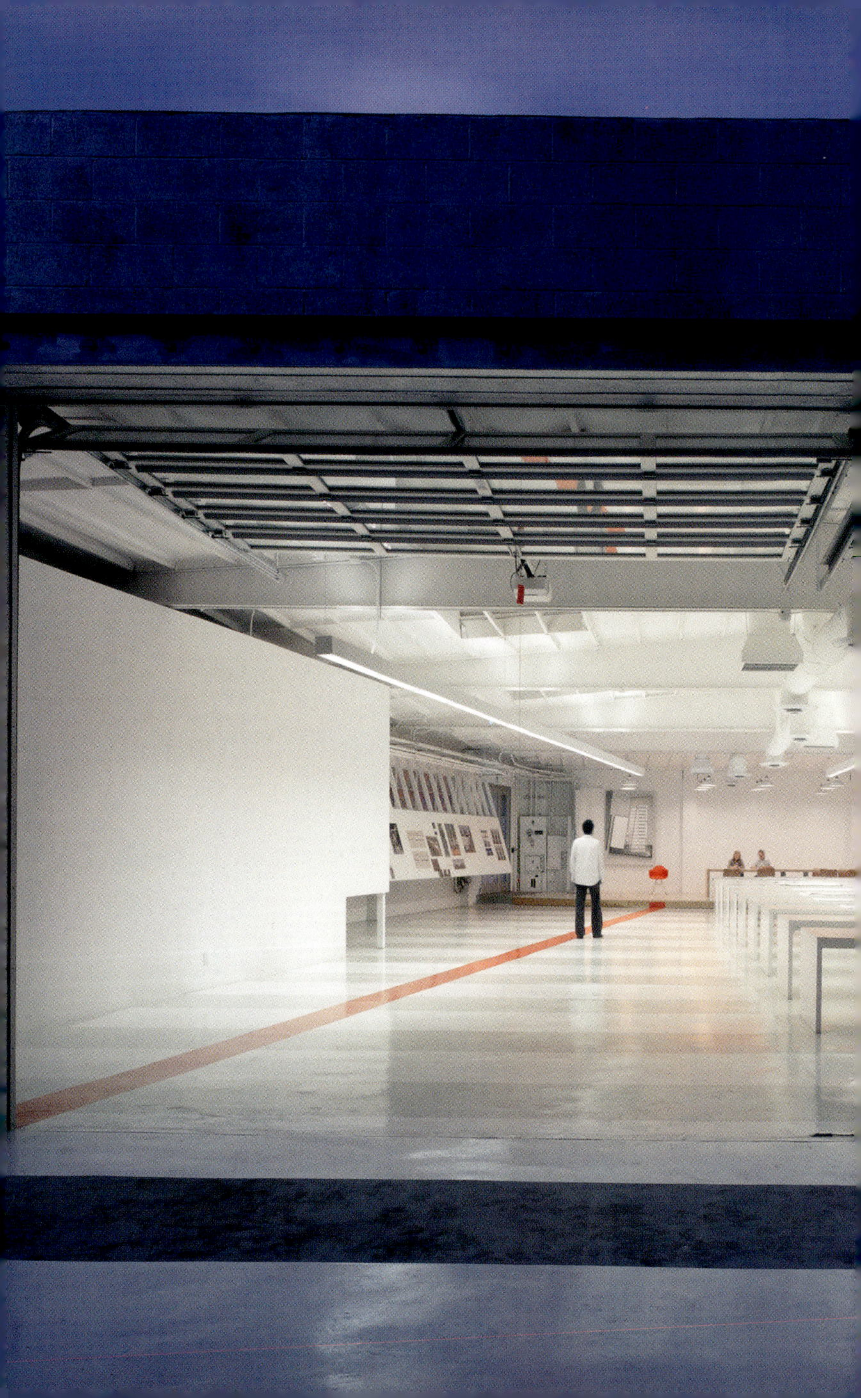

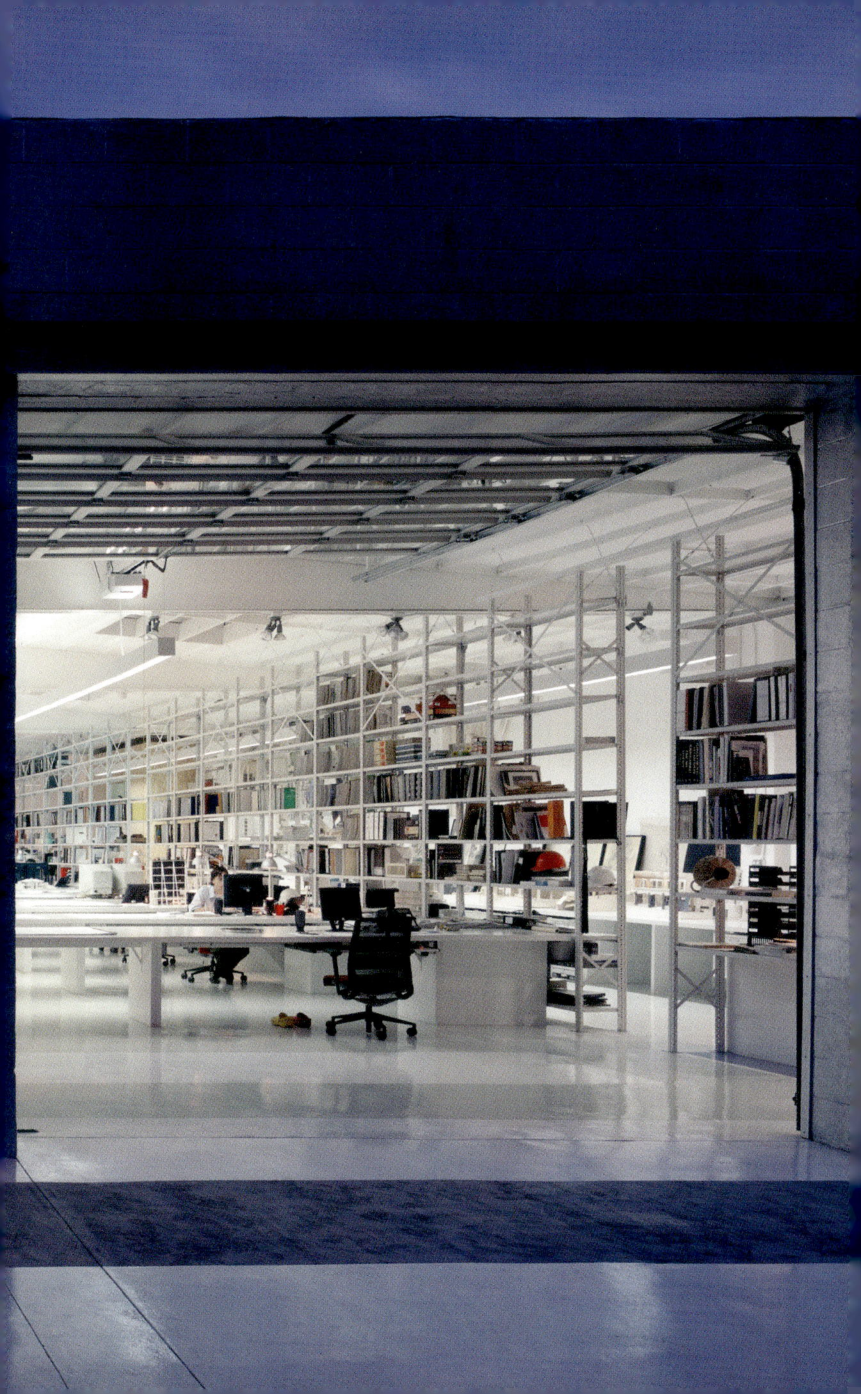

Ground Zero wählte für sein neues Projekt „Mindfield" das gleiche Team, das auch seine Büroräume entworfen hatte. Der Komplex sollte sechs Schnittstudios, einen Empfangsbereich, eine Küche sowie Besprechungsräume aufnehmen. Der Entwurf versteht die Arbeitsräume als offene Bereiche, die mit Wänden aus eloxiertem Aluminium, Holz, Ziegel, Stahl und Acrylscheiben verbunden sind.

Ground Zero chose the same team that had designed its offices for its new project, Mindfield. The facilities had to provide space for six editing studios, a reception area, a kitchen and meeting rooms. The design conceives of the work spaces as open areas linked by metal walls made of anodised aluminium, wood, brick, steel and acrylic panels.

MINDFIELD
Shubin + Donaldson Architects

Marina del Rey, California, USA
1,860 m² / 20,021 square feet

Pour son nouveau projet Mindfield, Ground Zero a fait appel à la même équipe qui a conçu ses bureaux. Les installations devaient dégager de l'espace pour six studios de montage, une zone de réception, une cuisine et des salles de réunions. Les espaces de travail sont conçus comme des zones ouvertes reliées par des parois métalliques en aluminium anodisé, en bois, en brique, en acier et en acrylique.

Hetzelfde team dat de kantoren voor Ground Zero had ontworpen, werd gekozen voor hun nieuwe project, Mindfield. Het gebouw moest zes redactiestudio's, een receptie, een keuken en vergaderzalen huisvesten. In het ontwerp zijn de werkplekken open ruimten geworden, die met elkaar verbonden zijn door metalen wanden van geanodiseerd aluminium, hout, baksteen, staal en acryl panelen.

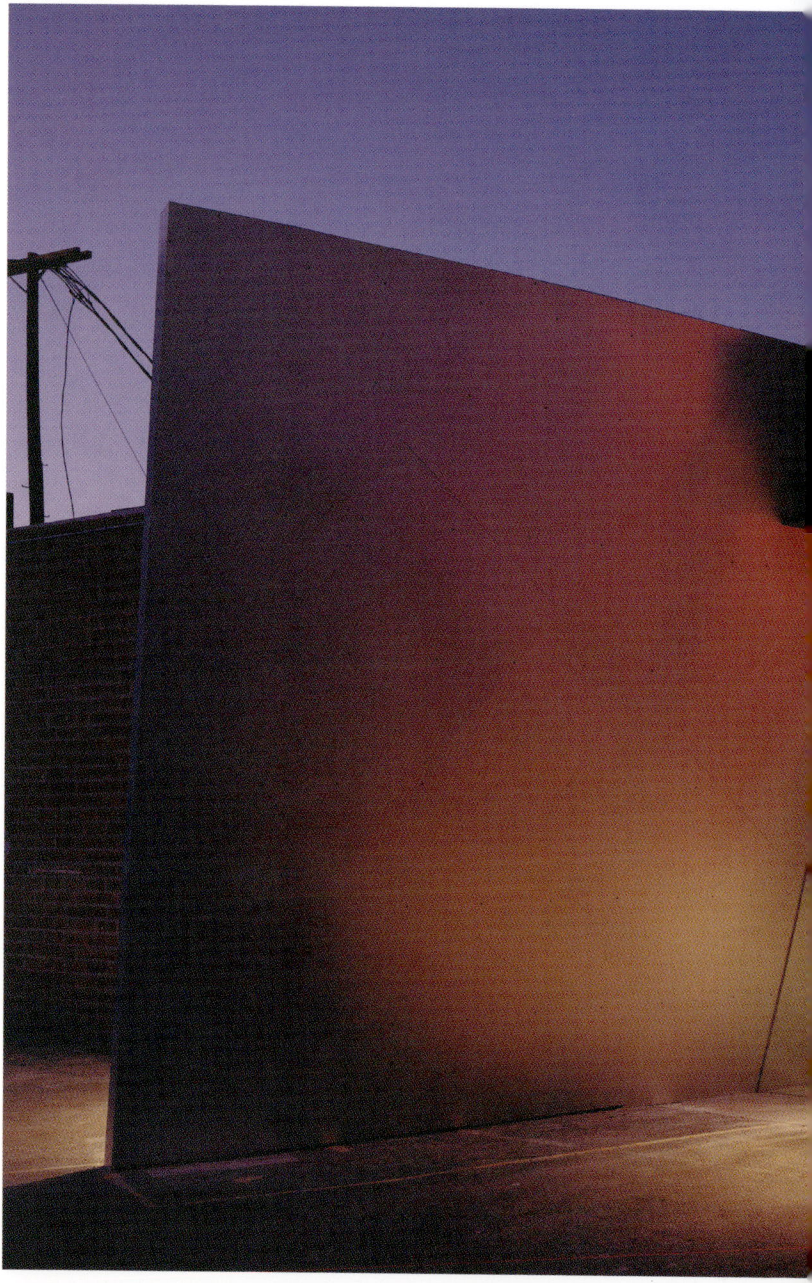

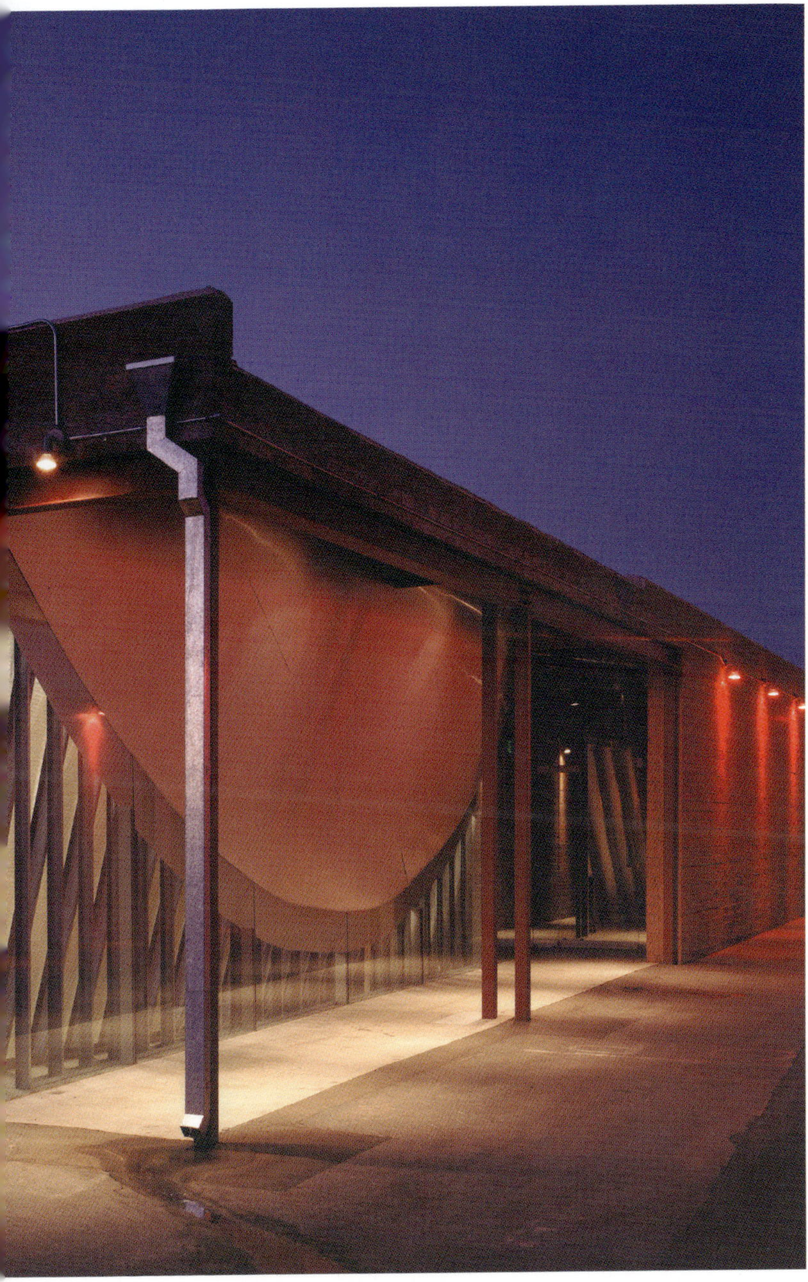

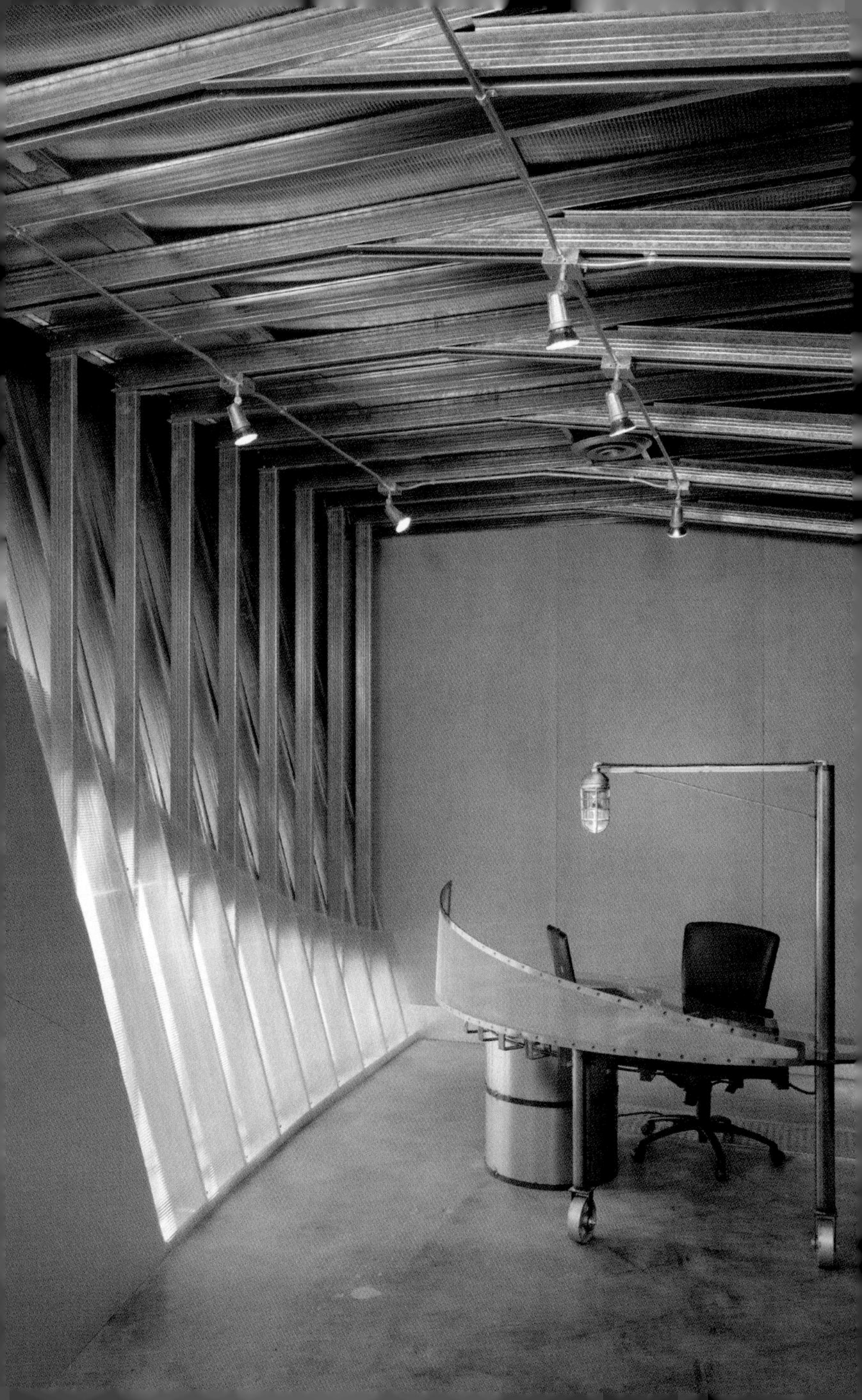

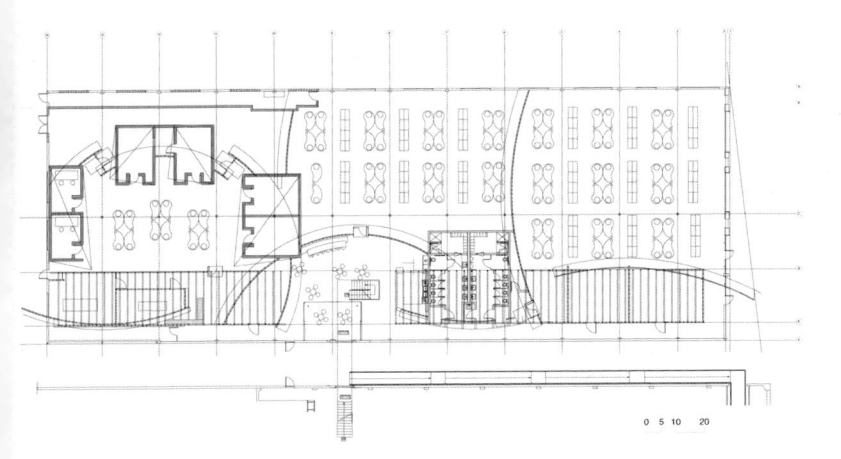

Office's plan

Die Materialien und Strukturen der Diele sorgen für eine futuristische Ästhetik. Ein Metalltisch mit Glas-Tischplatte dominiert den Empfangsbereich. Ergonomische und funktionale Möbel bestimmen den Schnittraum.

Les matériaux et les textures de l'entrée créent une esthétique futuriste. Une table métallique semi-circulaire avec un plateau en verre éclairé décore la zone de réception. Un mobilier ergonomique et fonctionnel a été choisi pour la salle de montage.

The materials and textures in the entrance create a futuristic aesthetic. A semicircular metal table with a lit glass top decorates the reception area. Ergonomic and functional furniture was used in the editing room.

De materialen en texturen bij de ingang creëren een futuristische esthetiek. Een halfronde metalen tafel met verlicht glazen blad verfraait de receptie. De meubels in de redactieruimte zijn ergonomisch en functioneel.

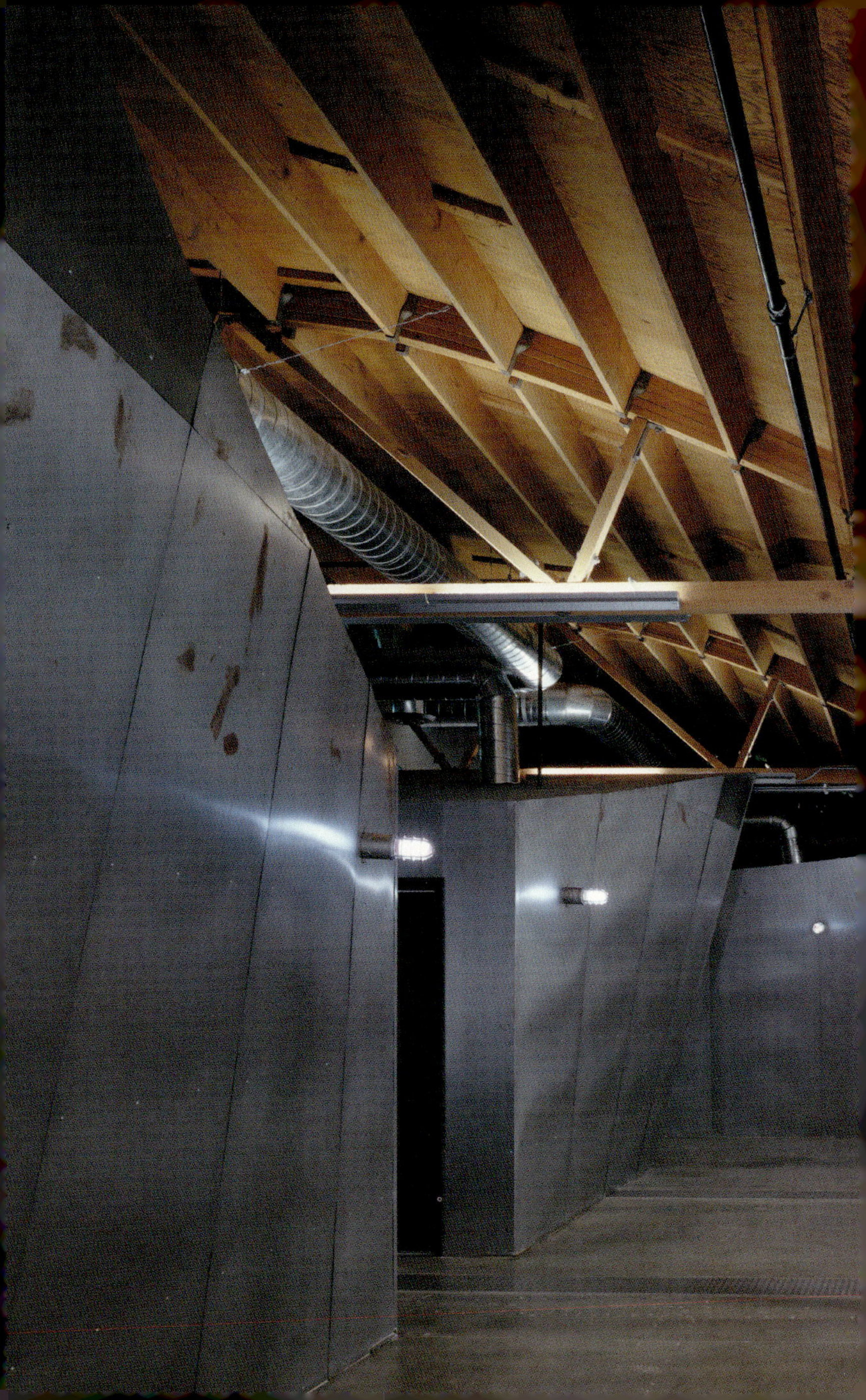

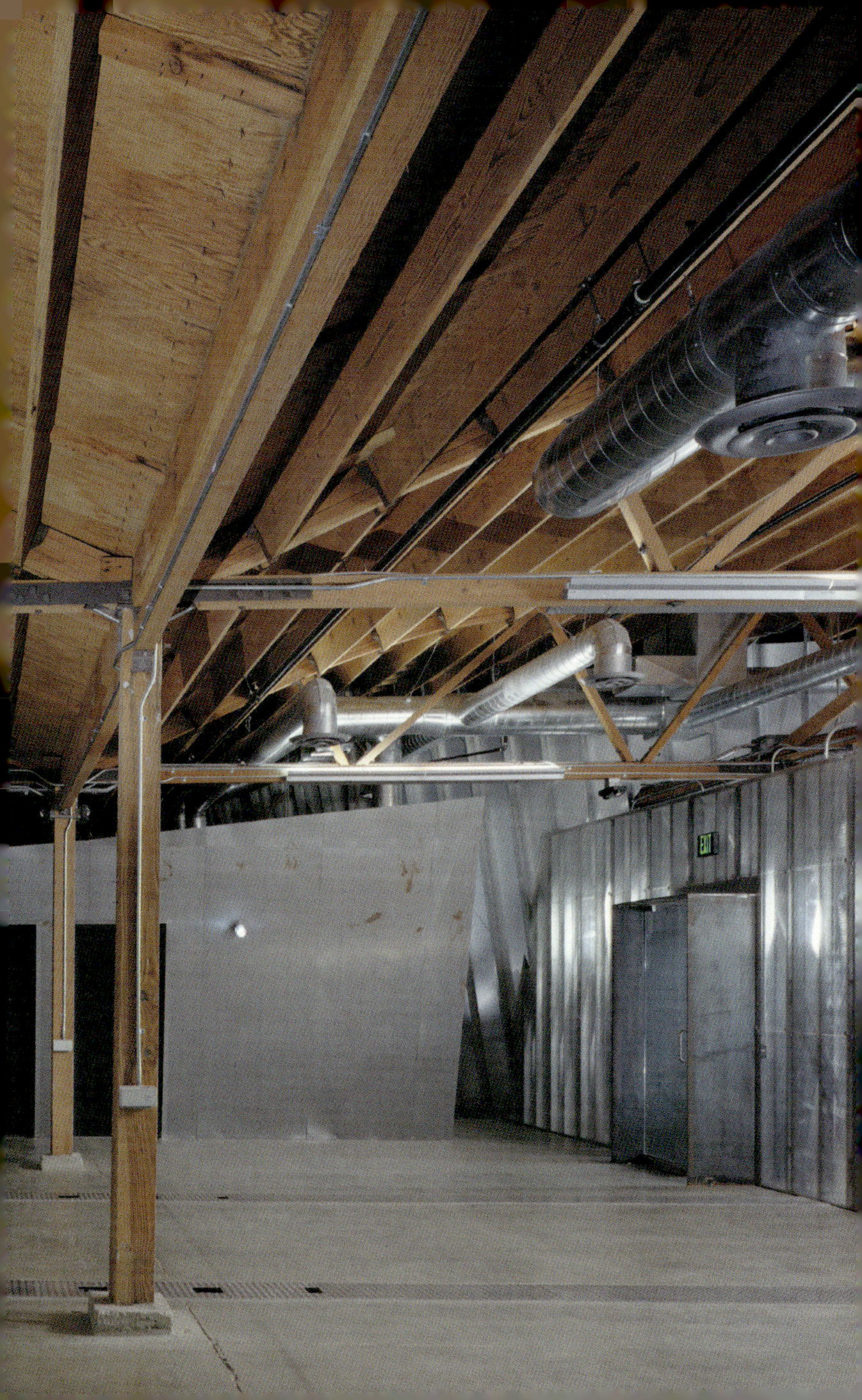
EXIT

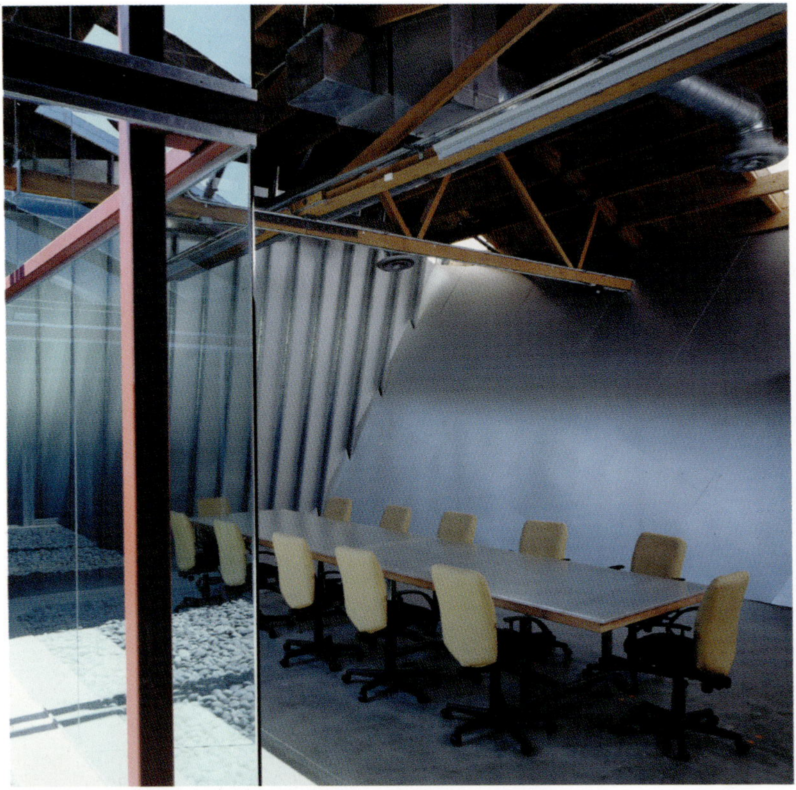

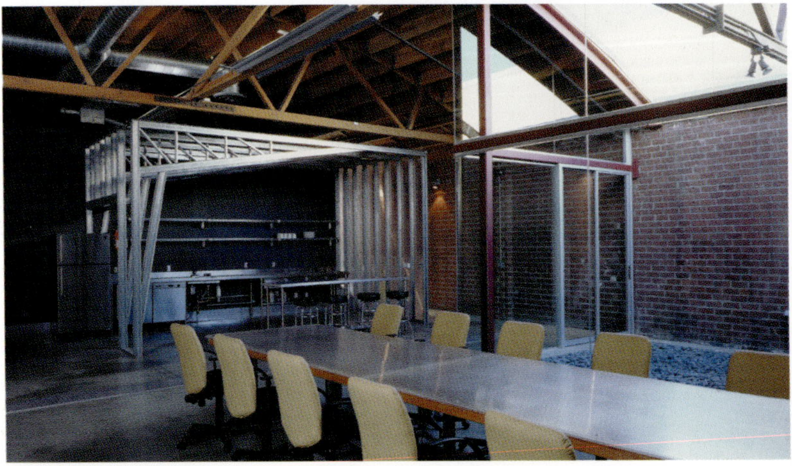

243

Der Auftraggeber, eine Werbeagentur, wünschte sich ein innovatives, fantasievolles und funktionales Bauwerk unter Einschluss neuer Technologien. Das Gebäude verfügt über ein längliches Holztragwerk, das mit Stahl- und Metallbauteilen ergänzt wurde, und weist großzügige Glasfenster auf, die reichlich Tageslicht einlassen.

An advertising agency's request to those in charge of the project was to design a cutting-edge, imaginative and functional space which included new technologies. The space was designed with a large wooden structure, construction solutions using steel and metal, and generous glass windows which provide plenty of natural light.

OGILVY & MATTHER
Shubin + Donaldson Architects

Culver City, Los Angeles, USA
2,790 m² / 30,031 square feet

L'une des demandes de l'agence de publicité aux responsables du projet était d'obtenir un espace futuriste, imaginatif et fonctionnel faisant appel aux nouvelles technologies. L'espace a été conçu avec une grande structure en bois, des éléments de construction à base d'acier et de métal, et de grandes fenêtres laissant pénétrer quantité de lumière naturelle.

Een reclamebureau wilde een ontwerp voor een spraakmakende, tot de verbeeldingsprekende en functionele ruimte waarin de nieuwste technologische snufjes zouden zijn geïntegreerd. De ruimte werd ontworpen op basis van een enorme houten structuur. In deze constructieve oplossingen zijn staal en metaal toegepast, met royale glazen vensters die voldoende daglicht binnenlaten.

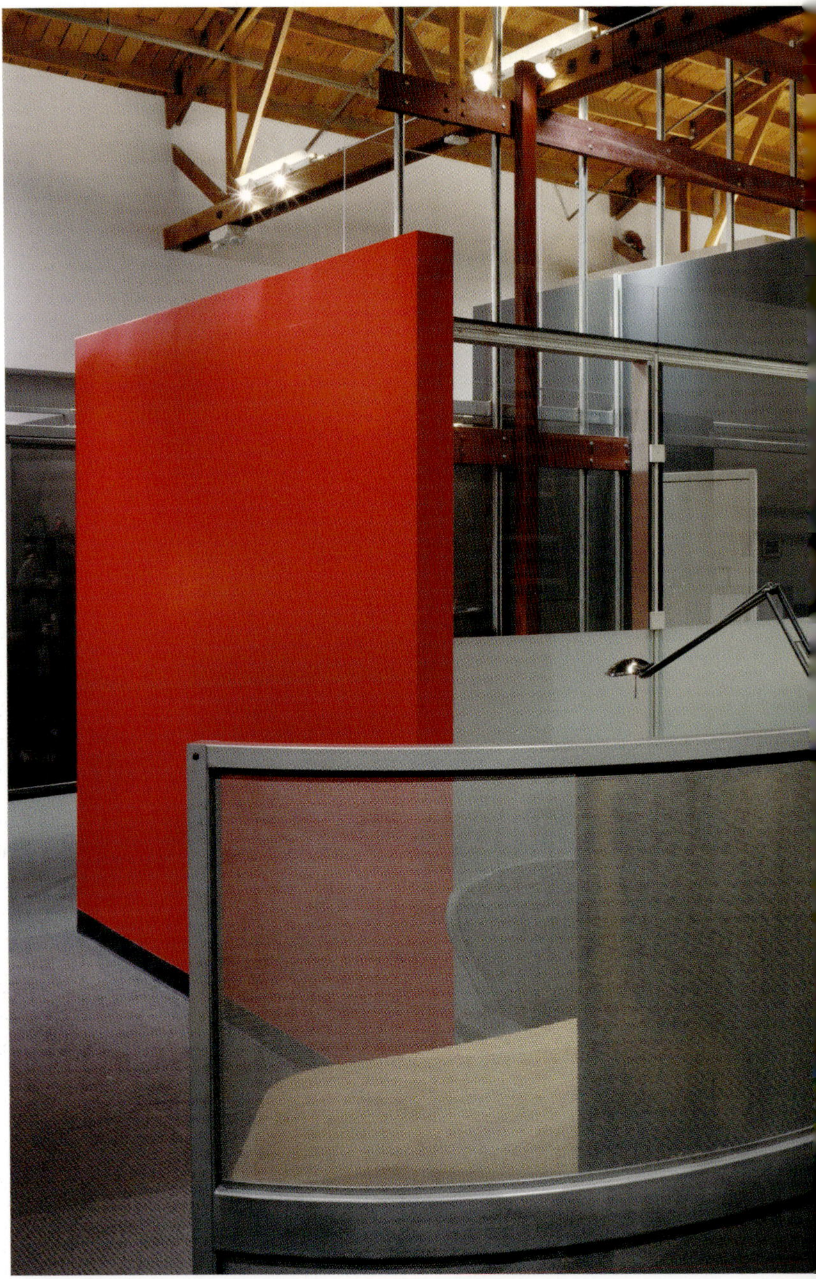

247

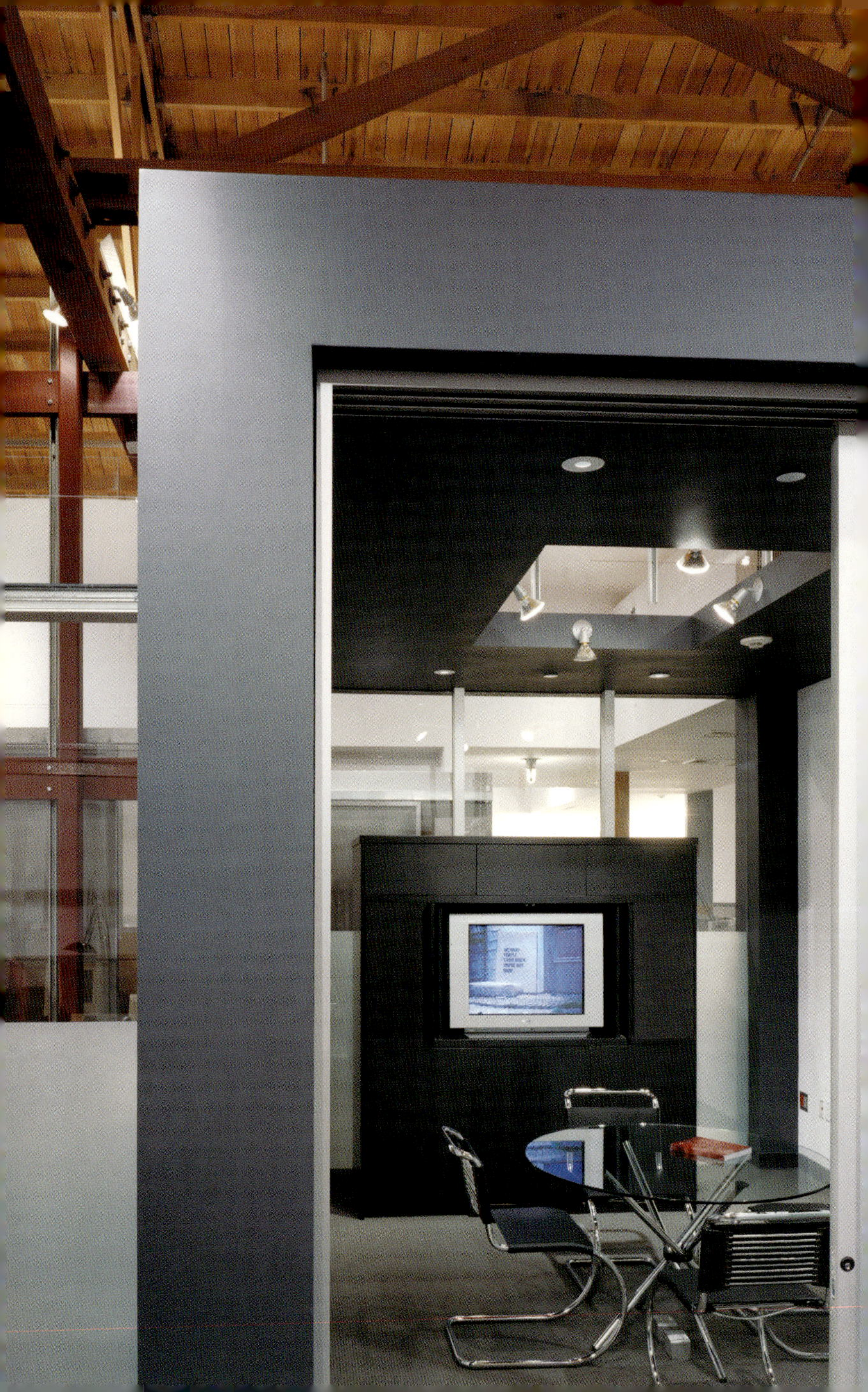

Eine Alu-Struktur und Glasscheiben verbinden Empfangsbereich, Büros und den Rest des Gebäudes. Die einzelnen offenen Arbeitsbereiche fördern die Kommunikation. Glaswände durchziehen das ganze Projekt.

An aluminium structure and glass panels connect the reception area, offices and the rest of the building. The work areas, which are private but open, facilitate communication. Glass walls are present throughout the entire project.

Une structure en aluminium et des panneaux en verre connectent la zone de réception, les bureaux et le reste du bâtiment. Les salles de travail, à la fois privées et ouvertes, facilitent la communication. Les murs en verre sont omniprésents dans ce projet.

Een aluminium structuur en glazen panelen verbinden receptie, kantoren en de rest van het gebouw. De besloten maar toch open werkruimten maken de communicatie gemakkelijk. Overal zijn glazen wanden aanwezig.

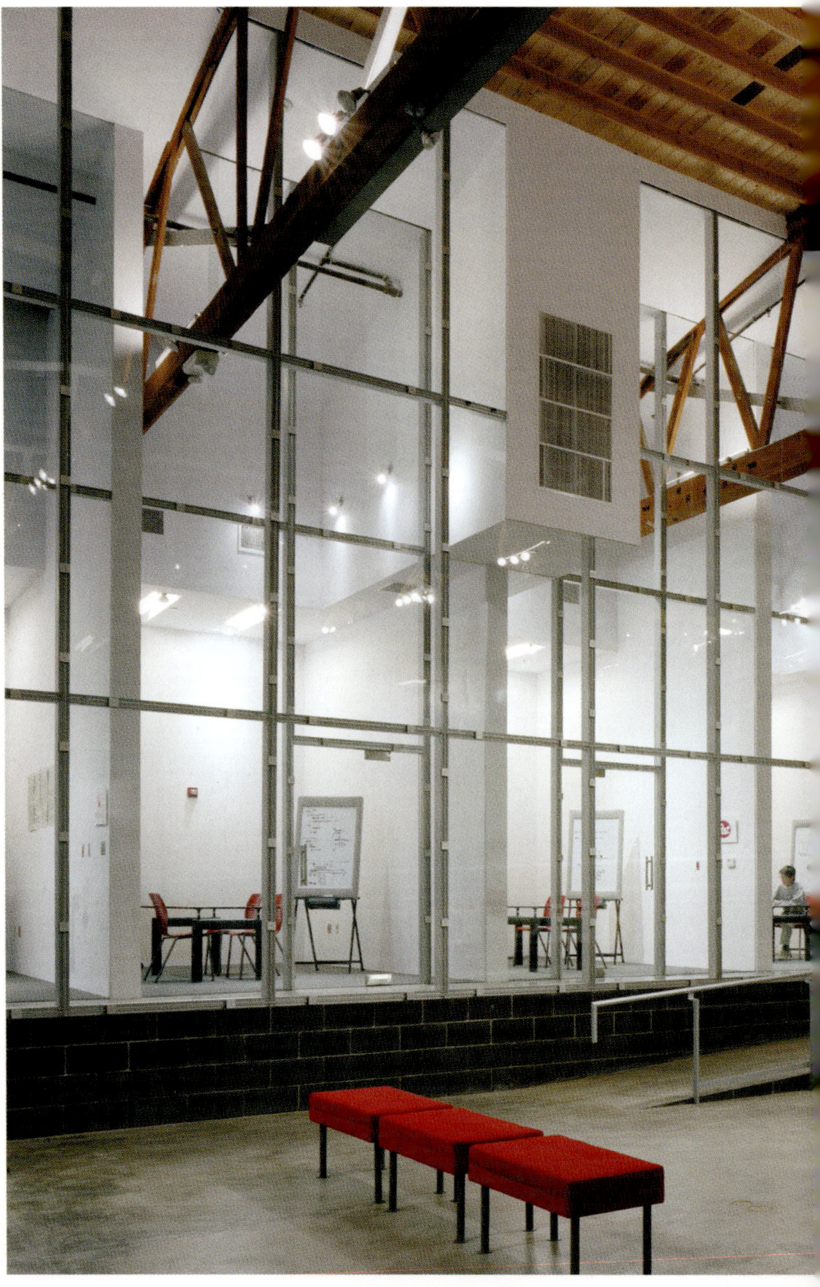

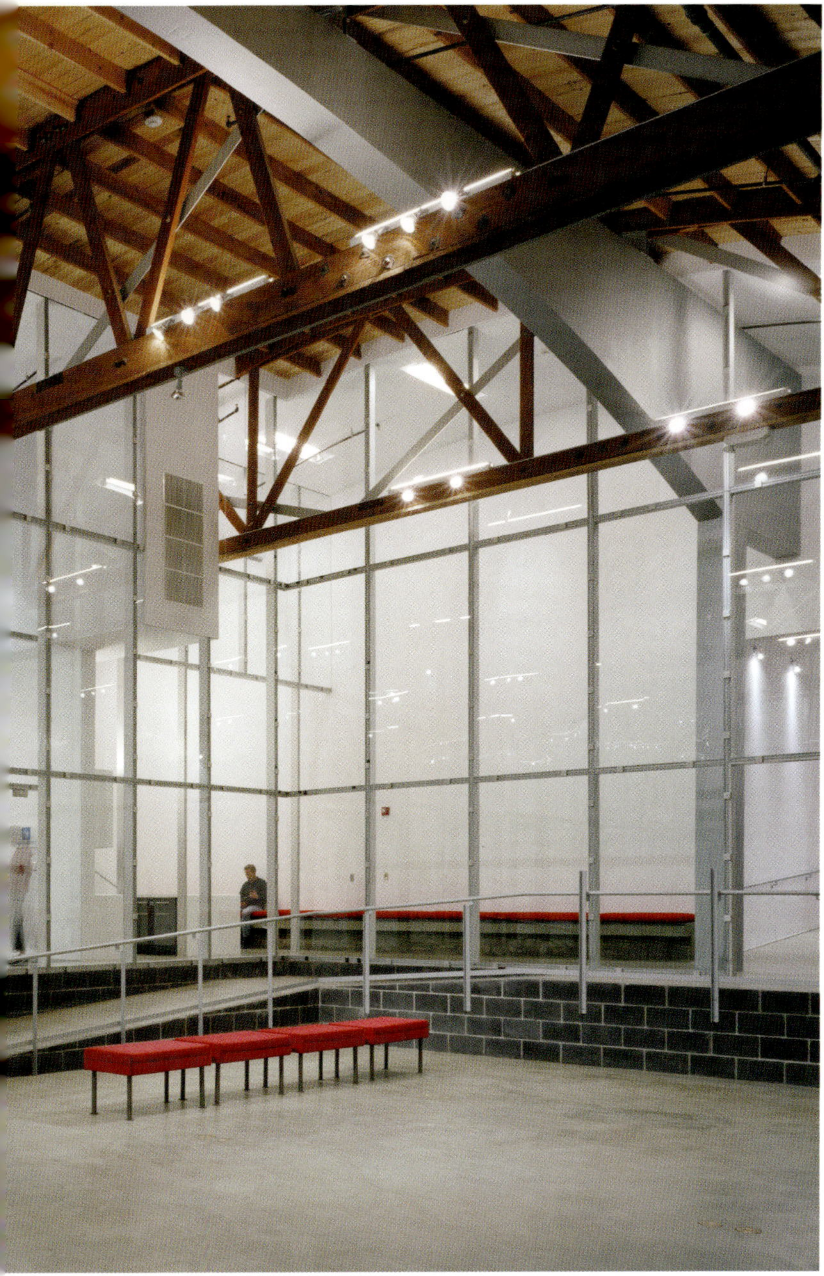

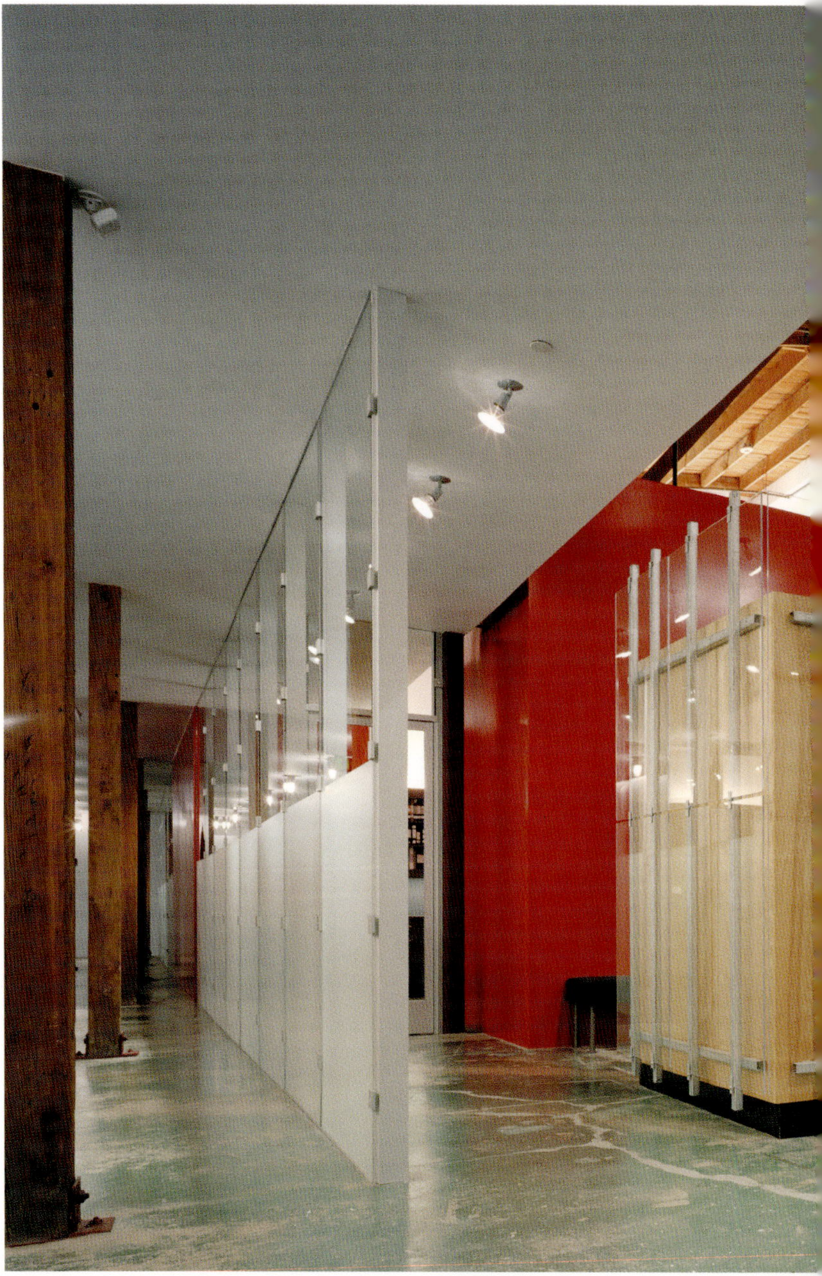

DIRECTORY

pg. 14 **Studio Damilano**
Via Vecchia di Cuneo, 128, 12011 Borgo San Dalmazzo, Cuneo, Italy
+39 0171 26 29 24
www.damilanostudio.com
© Michele De Vita

pg. 24 **Pablo Uribe/Studio Uribe**
1225 Lenox Avenue, Miami Beach, FL 33139, USA
+1 305 695 14 15
www.studiouribe.com
© Claudia Uribe

pg. 34 **Mandy Rafaty/Tag Front**
818, South Broadway, 700, Los Angeles, CA 90014, USA
+1 213 623 23 30
www.tagfront.com
© Dean Pappas/Tag Front

pg. 42 **Alejandro Calabrese/Unlugar**
Valentín Beato, 11, 3ºD, 28037 Madrid, Spain
+34 91 440 09 28
www.unlugar.es
© Luis Hevia

pg. 52 **Studio Associato Bettinelli**
Via Carrozzai, 6/B, 24122 Bergamo, Italy
+39 035 23 57 96
www.bitbit.it/bettinellistudio
© Andrea Martiradonna

pg. 60 **Alberto Marcos & Pablo Sanz/AMPS**
Buenavista, 16, Local D, 28012 Madrid, Spain
+34 91 539 18 54
www.amps.es
© Luis Hevia

pg. 70 **Huiswerk Architecten**
Oranjeplein, 103, 6224 KV, Maastricht, Netherlands
+43 350 03 30
www.huiswerkarchitecten.nl
© Vercruysse & Dujardin/owi.bz

pg. 76 **Manuel Serrano Arquitectos**
Padilla, 54, Bis, 28006 Madrid, Spain
+34 91 309 36 35
serrano-arquitectos.net
© José Latova

pg. 84 **Joan Bach**
© Jordi Miralles

pg. 92 **Peter Tow/Tow Studios**
131, Varick Street, Suite 1033, New York, NY 10013
+1 646 638 47 60
www.towarchitecture.com
© Björg Magnea

pg. 102 **Kar-Hwa Ho, AIA**
117, West 17th Street, Suite 4H, New York, NY 10011, USA
+1 212 989 26 93
© Björg Magnea

pg. 106 **Eduard Samsó**
Tallers, 77, Ático, 08001 Barcelona, Spain
+34 93 412 12 43
© Jordi Miralles

pg. 118 **James Slade/Slade Architecture**
150 Broadway, 807, New York, NY 10038, USA
+1 212 677 63 80
www.sladearch.com
© Jordi Miralles

pg. 128 **Anima LLC**
20, Jay Street, Suite 308, Brooklyn, NY 11201, USA
+1 718 643 11 23
www.anima.cc
© Anima LLC

pg. 138 **Joan Pons Forment**
© Jordi Miralles

pg. 146 **Luis Cuartas**
Carrera 11, 84-42, Int. 5, Bogota, Colombia
+57 1 531 28 10
www.octubre.com.co
© Eduardo Consuegra

pg. 154 **Marco Guido Savorelli Architetto**
© Matteo Piazza

pg. 164 **Silvia Via**
+34 636 82 18 38
© Gogortza & Llorella

pg. 172 **Enrique Bardají**
Manuel Tovar, 25, 4ª Planta, 28034 Madrid, Spain
+34 91 358 51 40
www.ebardaji.es
© Lionel Malka

pg. 178 **Xavier Claramunt**
Pellaires, 30-38, 08019 Barcelona, Spain
+34 93 303 46 60
www.xclaramunt.com
© Gogortza & Llorella

pg. 184, 200, 234 **Shubin + Donaldson**
1 N. Calle Cesar Chavez, Suite 200, Santa Barbara,
CA 93103, USA
+1 805 966 28 02
www.shubinanddonaldson.com
© Tom Bonner

pg. 192 **Cossmann de Bruyn**
Comeniusstrasse, 1, D-40545 Düsseldorf, Germany
+49 211 559 00 69
www.cossmann-debruyn.de
© ArtDoku

pg. 210 **Olson Sundberg Kundig Allen Architects**
159, South Jackson Street, Suite 600, Seattle,
WA 98104, USA
+1 206 624 56 70
www.oskaarchitects.com
© Ben Benschneider

pg. 218 **GCA Arquitectes Associats**
Valencia, 289, 08009 Barcelona, Spain
+34 93 476 18 00
www.gcaarq.es
© Jordi Miralles

pg. 226 **Lehrer Architects**
2140, Hyperion Avenue, Los Angeles,
CA 90027-4708, USA
+1 323 664 47 47
www.lehrerarchitects.com
© Benny Chan

pg. 244 **Shubin + Donaldson**
1 N. Calle Cesar Chavez, Suite 200, Santa Barbara,
CA 93103, USA
+1 805 966 28 02
www.shubinanddonaldson.com
Eric Owen Moss Architects
8557, Higuera Street, Culver City, CA 90232, USA
+1 310 839 11 99
www.ericowenmoss.com
© Tom Bonner